BLV Gartenberater

Cevat	Was fehlt denn meiner Zimmerpflanze?
Lohmann	Öko-Gärten als Lebensraum
Jacobi/Mierswa	Gärtnern unter Glas und Folie
Oldale	Garten- und Zimmerpflanzen richtig vermehren

Weitere BLV Gartenbücher

Brookes	Der eigene Garten richtig geplant und gestaltet
de Haas	Naturgemäßer Obstbaumschnitt
Fleig-Harbauer	Der japanische Garten
Herkner	Rund um den Wassergarten
Herwig	Gartengestaltung – Tips und Ideen
Herwig	350 Gartenpflanzen in Farbe
Jacobi	Pflanzen auf Balkon, Dachgarten und Terrasse
Kreuter	Der Bio-Garten
Kreuter	Kräuter und Gewürze aus dem eigenen Garten
Lelley	Pilze aus dem eigenen Garten
Michaeli-Achmühle	Gartenpraxis A–Z
Mierswa	Kleingewächshäuser – Folien und Frühbeete
Oudshoorn	201 Stauden in Farbe
Scheerer	Rosen in unserem Garten
Schmitt/Jacobi	Der Garten im Jahreslauf
Schubert	Im Garten zu Hause
Stangl	Gesundes Obst und Gemüse aus dem eigenen Garten
Stangl	Neuer Ratgeber für Hobby-Gärtner
Toms/Dahl	Krankheiten und Schädlinge an Obst und Gemüse

BLV Garten- und Blumenpraxis

301 Gartenblumen
302 Gartenarbeit richtig gemacht
303 Kakteen und andere Sukkulenten
304 Bonsai
305 Ziergehölze
306 Obstbaumschnitt
307 Obst aus eigenem Garten
308 1×1 der Hydrokultur
309 Blattpflanzen für jede Wohnung
310 Gartengestaltung
311 Gemüseanbau
312 Gestalten mit Blüten und Blumen
313 Steingärten
314 Der gesunde Gartenboden
315 Biologischer Pflanzenschutz
316 Balkon- und Terrassengärten
317 Rosen
318 1×1 des Bio-Gärtnerns
319 Der Garten in den Jahreszeiten
320 Der naturgemäße Kräutergarten

BLV GARTENBERATER

Michael Lohmann

Öko-Gärten als Lebensraum

Grundlagen und
praktische Anleitungen
für einen Naturgarten

BLV Verlagsgesellschaft
München Wien Zürich

Gewidmet dem großen Forscher
im Naturgarten, Jean-Henri Fabre,
und Gretel, die mir die Kinder
vom Schreibtisch fernhielt.

CIP-Kurztitelaufnahme der Deutschen Bibliothek

Lohmann, Michael:
Öko-Gärten als Lebensraum: Grundlagen und
prakt. Anleitungen für einen Naturgarten /
Michael Lohmann. – München; Wien; Zürich:
BLV Verlagsgesellschaft, 1983.
  (BLV Gartenberater)
  ISBN 3-405-12832-3

© 1983 BLV Verlagsgesellschaft mbH, München

Gesamtherstellung: Pustet, Regensburg

Printed in Germany · ISBN 3-405-12832-3

Bildnachweis

Andratschke: 147
Angermayer: 10, 52, 53, 161, 169 l
Apel: 17, 99, 100, 102, 103, 128, 131
Briemle: 75, 96, 113
v. Damnitz: 14
Danegger: 69, 95 ur, 164
Daudt: 11, 64, 122, 155 o
Diedrich: 63 u, 95 o, 110, 123 u, 165 l
Dittmer: 157
Eisenbeiss: 30, 56, 154 r
Eisenreich: 35, 43, 49, 51, 123 o, 126, 155 u
Ewald: 15, 18
Hörster: 132, 133, 136, 137
Jesse: 85
Limbrunner: 60, 61, 63 o, 169 r
Lohmann: 2, 13, 27, 72, 86 o, 87, 108, 109, 115, 119,
  120, 150, 151
Pforr: 118, 154 l, 165 r, 170
Pott: 16, 123 M, 166
Reinhard: 78, 104, 105
Ruckstuhl: 107
Schauer: 129
Stehling: 70, 71, 76, 81, 89, 93, 114, 127
Wolfstetter: 46, 47
Wothe: 44
Zeininger: 86 u, 95 ul, 138
Zepf: 162, 163

Titelfoto: Wolfram Stehling

Grafiken: Hermut Geipel

Tafel S. 146 aus:
Schauer/Caspari »Der große BLV Pflanzenführer«

Entwürfe der Gartenpläne: Helga Briemle

Inhalt

Inhalt

Je mehr Natur im großen zur bloßen Nutzflä-che verkommt, desto wichtiger werden Gär-ten. Wichtig für unser unausrottbares Bedürf-nis, an einem Sommertag im Gras zu liegen, Insekten summen zu hören, Erde zu riechen, Wolken ziehen zu sehen. Wichtig für unser Verlangen, Rinde anzufassen, im Boden zu graben, mit Wasser zu spielen, Holz und Stein zu erleben. Wichtig für unsere Sehnsucht nach Wachsendem, nach Düften, nach geheimnis-vollen Schatten unter Büschen, nach der Me-lancholie des Amselgesangs in der Dämme-rung.

Wichtig aber auch für Pflanzen und Tiere. Nicht für gärtnerische Prachtexemplare und auch nicht unbedingt für Naturschutz-Rari-täten. Nein. Immer mehr Gärten werden zu Lebensräumen von Tier- und Pflanzenarten, die noch vor gar nicht langer Zeit als so ge-wöhnlich galten, daß sich niemand für sie in-teressierte – jedenfalls nicht mehr, seit es außer Mode kam, mit Schmetterlingsnetz und Botanisiertrommel den Spaziergang mit dem Lehrreichen und das Lehrreiche mit dem Schönen zu verbinden.

Wir haben sie lange mißachtet, diese bunte Welt vor unseren Füßen, seit wir uns haupt-sächlich mit Autos fortbewegen, seit die Ferne reizvoller ist als die Nähe, seit teure Sport- und Freizeitausrüstungen Lupe und Fernglas, Rucksack und Wanderschuh verdrängt haben. Wir haben sie aus den Augen verloren, die prächtigen Falter und Käfer, und wir hatten kein Ohr mehr für das andächtige Konzert der Vögel beim Aufgehen der Sonne.

Und plötzlich finden wir sie wieder, die Wach-tel und die Heidelerche, Braunkehlchen und Neuntöter, Goldwespe und Mörtelbiene, Samthummel und Smaragdlibelle, Schillerfal-ter, Waldportier und Trauermantel, Arnika und Gänsefuß, Sonnentau und Goldstern, Herzgespann und Fieberklee, Sommerwurz und Knabenkraut – all diese schönen und wohlvertrauten Namen, wir finden sie wieder in den »Roten Listen« der vom Aussterben bedrohten Pflanzen und Tiere.

Das Gewöhnliche und Unscheinbare hat Sel-tenheitswert bekommen. Leider. Aber das ist vielleicht seine Rettung. Manche Art hat die Schwelle zur Ausrottung schon überschritten. Der Untergang ihrer versprengten Popula-tionsreste ist nur noch eine Frage der Zeit. Andere Arten haben noch eine Chance. Und es besteht, skeptischen Äußerungen zum Trotz, kein Zweifel daran, daß der sogenannte **Naturgarten** seinen Teil dazu beitragen kann. Einen um so größeren Teil, je mehr Menschen diesen Gedanken aufgreifen und verwirkli-chen.

Das wirklich Neue an der Konzeption des Na-turgartens ist der ökologische Gedanke der **Lebensgemeinschaft.** Mehr oder weniger na-turnahe botanische Anlagen gibt es schon lan-ge. Vom englischen Landschaftspark bis hin zum standortgerechten Alpinum reicht ein traditionsreiches Spektrum. Die Hege eines Brennesselgestrüpps um des Tagpfauenauges und um des Sumpfrohrsängers willen, das ist etwas, was erst seit etwa zehn bis fünfzehn Jahren anfängt, Schule zu machen. Einige Schweizer, wie Schwarz, Wildermuth, Zim-merli, und der Holländer Le Roy haben sich um die Verbreitung und Verwirklichung des Gedankens verdient gemacht (siehe Literatur-verzeichnis).

Die folgenden Sätze, die vor 100 Jahren der französische Naturalist und Insektenforscher Jean-Henri Fabre schrieb, beweisen freilich auch, daß es immer schon Vorgänger gibt: »Das ist es, was ich mir wünschte: eine kleine ländliche Besitzung, oh, nicht sehr groß, aber abgeschlossen und den Unzuträglichkeiten der Landstraße entzogen, ein verlassenes Stück unfruchtbares Land, ausgedörrt von der Son-ne, günstig für die Disteln und die Hautflügler. Hier, ohne befürchten zu müssen, von Vor-übergehenden gestört zu werden, würde ich die Sandwespe (Ammophila) und die Grab-wespe (Sphex) befragen und mich dem be-schwerlichen Gespräch hingeben können, bei dem sowohl die Frage als auch die Antwort sich im Experiment ausdrücken. Hier würde ich, ohne langwierige Entdeckungsfahrten, ohne mühsame Gänge, die die Aufmerksam-keit schwächen, meine Kriegspläne ausbrüten, meine Fallen stellen und jeden Tag und zu

Einführung

jeder Stunde die Dinge verfolgen können. Ja, das war mein Wunsch, mein alter Traum, der sich stets im Nebel der Zukunft verflüchtigt hatte.«

Fabre war fast sechzig, als er sich nach einem mühsamen und kinderreichen Leben als Provinzlehrer endlich seinen Lebenswunsch erfüllen konnte. Ich war noch Student der Biologie, als ich durch Guggenheims schönes Buch »Sandkorn für Sandkorn« von Fabres »Harmas« (eine provencalische Bezeichnung für ein Stück Ödland) erfuhr. Ich weiß nicht mehr, ob das der entscheidende Anstoß oder nur die Bekräftigung eines längst schon bestehenden Zieles war. Auf jeden Fall waren all meine Unternehmungen seitdem nur noch Wege (und Umwege) zur Verwirklichung eines eigenen »Harmas«. Vor nunmehr dreizehn Jahren gelang es schließlich. Der Kauf eines ländlichen Anwesens mit einem Grundstück, groß genug, um Natur sich entfalten zu lassen. Nicht die imposante Natur der Großwildreservate, sondern die der kleinen, aber nicht minder artenreichen Lebensgemeinschaften eines Tümpels, einer Hangwiese, einer Wildhecke, eines alten Obstgartens, eines Bienenhauses (in dem nicht nur Bienen wohnen). Natur also wie die, von der in diesem Buch die Rede ist. Jeder Garten ist geeignet, Natur darin zu erleben, zu beobachten. Manche Gärten mehr, manche weniger. Es geht mir im folgenden nicht darum, Normen aufzustellen, sondern Anregungen zu geben für möglichst viele Gartenbedingungen. Anregungen, sich gründlich und mit liebevoller Zuwendung mit den Dingen zu beschäftigen, mit denen wir es in jedem Garten (in manchem mehr, in manchem weniger) zu tun haben: mit dem Wetter, mit dem Boden, mit den Pflanzen, mit den Tieren und mit all den unzähligen Beziehungen zwischen diesen Naturreichen.

Es mag sich paradox anhören. Aber das ist ein so riesiges Gebiet, daß ich das meiste hier nur gerade berühren konnte. Es ging mir darum, zu zeigen, auf welch vielfältige Weise die kleine Natur des Gartens uns Einblicke gewährt in die großen Zusammenhänge, deren Bedrohung uns ihre lebentragende, für uns alle existentielle Bedeutung bewußt macht.

Ich halte die Beschäftigung mit diesen Dingen für etwas ungemein erfüllendes und beglükkendes, denn sie spricht viele Bereiche in uns an: unser Bedürfnis nach Exaktheit und Ordnung, nach Schönheit, nach Elementarem, nach Zusammenhängen, nach Zuneigung, nach Geborgenheit ...

Ich halte sie aber auch für eine Notwendigkeit in einem überpersönlichen, gesellschaftlichen oder politischen Sinn: Nur die intime Kenntnis und die daraus erwachsende Verbundenheit mit der Natur kann uns davor bewahren, sie weiter zu zerstören. (Einen ersten praktischen Schritt in dieser Richtung tun wir schon, indem wir in unserem Garten bleiben, statt die Masse derer zu vermehren, die in ihrer Freizeit Landschaften, Lebensräume und – im Ferntourismus – Sozialgefüge konsumieren und zerstören.)

Das Buch besteht aus drei Teilen. Im ersten wird versucht, ein möglichst tragfähiges Fundament zu legen. Ein kühnes Unternehmen, auf wenigen Seiten eine Wetterkunde, eine Bodenkunde, eine Pflanzenkunde und eine Tierkunde schreiben zu wollen. Da kann vieles nur Andeutung sein und Anregung, anhand eigener Beobachtungen und weiterführender Literatur tiefer einzudringen. Im zweiten Teil geht es um die Anlage einzelner Lebensräume im Garten. Teil drei schließlich enthält eine Reihe von Vorschlägen zum praktischen Selbermachen.

Michael Lohmann

Von Sonne, Regen und Wind

Seit es den täglichen Wetterbericht gibt, ist die Kunst der Wetterbeobachtung ausgestorben, selbst bei jenen, deren Arbeit so eng mit dem Wetter verbunden ist: bei Bauern und Gärtnern. Zwar sind viele Menschen durchaus neugierig, zu erfahren, wie das Wetter morgen oder am nächsten Wochenende ist, aber selten geht das Interesse so weit, daß man sich auch für die Hintergründe und Ursachen interessiert oder gar für die Zusammenhänge zwischen Klima und Vegetation, zwischen den einzelnen Klimafaktoren – Licht, Wärme, Regen, Wind – und den Ökosystemen, den Lebensgemeinschaften, in denen und von denen wir leben und mit denen wir im Garten arbeiten.

Vielleicht liegt es auch daran, daß so viele Menschen so wenig über die grandiosen Wechselwirkungen zwischen Atmosphäre und Biosphäre wissen, weil man gewohnt ist, das Wetter und schon gar das größere Klima als etwas Unveränderbares hinzunehmen. Und wenn man schon nichts daran ändern kann, meint man, braucht man auch nicht zu wissen, wie es funktioniert.

Es gibt aber gute Gründe für Garten- und Naturfreunde, sich ausführlicher mit diesen Zusammenhängen zu beschäftigen. So gehört es mit zu den frustrierendsten und häufigsten Fehlern, Sorten und Arten (die wir heute aus aller Welt zur Verfügung haben) dort anzupflanzen, wo sie klimatisch nicht hingehören. Da kämpft man dann Jahr für Jahr gegen Trockenheit oder Kälte, gegen Schädlinge und Krankheiten, gegen Kümmerwuchs und schlechte Erträge – und erreicht am Ende doch fast nichts. Wer die **Bedürfnisse seiner Pflanzen** und die **Möglichkeiten seines Gartens** kennt, der kann sich so manchen Ärger ersparen.

Nicht immer bedeutet das Verzicht, denn – und das ist der zweite wichtige Grund – wir können zwar am Klima und an der Großwetterlage nichts ändern, aber doch einiges am sogenannten **Kleinklima,** an den klimatischen Bedingungen des unmittelbaren Standorts. Denn diese Bedingungen werden in ganz erheblichem Maße von der Bodengestalt, vom Untergrund und vor allem auch von der Vegetation selbst mitgeprägt. Und da wir auf Boden und Vegetation doch größeren Einfluß nehmen können, können wir dadurch auch das Kleinklima mitgestalten.

Nicht zuletzt aber, so hoffe ich, wird der naturbeobachtende Gartenfreund auch um der erstaunlichen und bewundernswerten Phänomene selbst willen versuchen, einzudringen in die komplizierten Zusammenhänge der Atmosphäre, die Klima und Wetter bestimmen, und ihre Auswirkungen auf Pflanzen und Tiere.

Wärme und Kälte

Leben ist nur in einem engen Temperaturbereich möglich. Zwischen den tödlichen Extremen des eisigen Weltraums und der sengenden Sonne haben sich auf unserem Planeten gemäßigte Temperaturbedingungen herausgebildet, die die Entstehung von Leben überhaupt erst ermöglichten. Aber immer noch gibt es extreme Temperaturen, krasse Temperaturschwankungen. Die Organismen haben sich ihnen teilweise angepaßt. Teilweise haben sie sie überwunden: durch Veränderung des Kleinklimas (Beispiel Wald) oder durch Veränderung des »Innenklimas« (Beispiel Warmblüter).

Die entscheidende Wärmequelle ist die Sonne. Von der eingestrahlten Sonnenenergie wird ein Teil sofort wieder reflektiert, während der absorbierte Rest praktisch vollständig in Wärme umgewandelt wird. Die Beschaffenheit (Struktur) der Erdoberfläche bedingt das Ausmaß der Reflexion.

Die durch die Sonne direkt erwärmte Boden-

Reflexwerte verschiedener Oberflächen
(nach Geiger aus Lerch)

Neuschnee	75–95 %
Sandboden	15–40 %
dunkler Ackerboden	7–10 %
Wiesen	12–30 %
Wälder	5–20 %
Wasserflächen, Meer	3–10 %

Tau spielt weniger für den Wasserhaushalt als für den Temperaturausgleich eine Rolle.

schicht ist außerordentlich dünn (weniger als 1 mm). Darunterliegende Schichten können nur durch **Wärmetransport** erwärmt werden. Und da gibt es bekanntlich verschiedene Möglichkeiten: direkte Wärmeleitung, Massenaustausch durch strömende Gase oder Flüssigkeiten (Konvektion) und Wärmestrahlung. Die Wärmeleitfähigkeit der Stoffe ist sehr unterschiedlich. Metall leitet die Wärme besser als Holz. Alle am Boden beteiligten Stoffe leiten die Wärme nur langsam. Rasche Temperaturänderungen beruhen daher immer auf Wärmestrahlung oder Luftbewegung.

Luft ist zwar ein sehr schlechter, langsamer Wärmeleiter, aber durch ihre geringe Dichte und große Beweglichkeit ein sehr rascher Transporteur. (Darum ist Luft nur dann ein gutes Isolationsmaterial, wenn sie durch feinporige Strukturen am Strömen gehindert ist.) Luftige, lockere Böden, wie trockene Sand- und Moorböden, oder auch mit lockerer Streu bedeckte Böden erwärmen sich rasch in der Sonne, kühlen allerdings ebenso schnell auch wieder aus. Feuchte, schwere Böden hingegen erwärmen sich langsamer, speichern dafür die Wärme viel besser, da **Wasser** eine hohe Wärmekapazität hat. Die für das Pflanzenwachstum wichtigen täglichen und jährlichen Temperaturschwankungen im Boden hängen daher von der **Bodenart** ab. Etwas undifferenziert spricht man ja auch von »warmen« (leichten) und »kalten« (schweren) Böden.

Nachts gibt der Boden einen Teil seiner Wärme durch **Wärmestrahlung** wieder ab. Dadurch kühlen vor allem Bodenoberfläche und bodennahe Luftschichten stark ab, so daß hier die Luftfeuchtigkeit zu **Tau** (oder Reif) und Bodennebel kondensiert. Für den Wasserhaushalt des Bodens und der Pflanzen hat der Tau wenig Bedeutung. (Nur unter ganz speziellen Bedingungen kann er ein gewisser Ersatz für Regen sein.) Für den Wärmehaushalt spielt er eine viel wichtigere Rolle, da beim Kondensieren von Wasser die vorher zum Verdampfen erforderliche Wärme wieder freigesetzt wird – und das sind je g Wasser immerhin rund 600 Kalorien. Tau mildert also den nächtlichen Temperatursturz in Bodennähe.

Da kalte Luft schwerer ist als warme, fließt sie in hügeligem Gelände nach unten und kann sich in abflußlosen Mulden ansammeln. Das hat zwar eine Verbesserung des Kleinklimas am Hang, aber eine ausgesprochene Verschlechterung in der Mulde zur Folge. Solche »**Kaltluftlöcher**« sind starken Temperaturschwankungen ausgesetzt und besonders spätfrostgefährdet. Vor allem dann, wenn die Mulde eine geschützte, sonnige Lage hat mit ho-

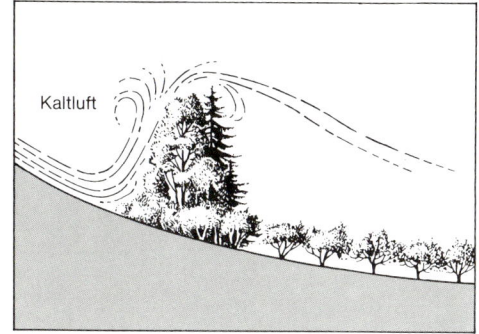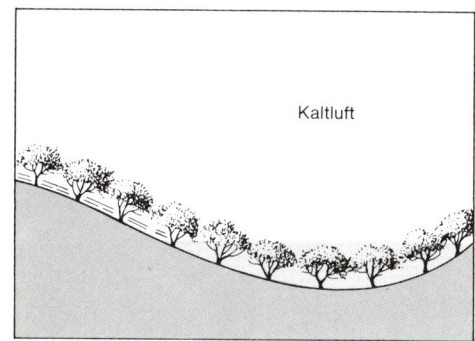

Kalte Luft fließt wie Wasser zu Tal. Hindernisse am Hang schützen darunter liegende Flächen vor Abkühlung (links), abflußlose Mulden sind stark frostgefährdet (rechts).

hen Tagestemperaturen, die den Frühjahrsaustrieb der Pflanzen fördern. In klaren, windstillen Nächten können dann noch im Mai böse Schäden an Knospen, Trieben und Blüten durch »Strahlungsfröste« entstehen.

Die nächtliche Abkühlung des Bodens hängt von einer ganzen Reihe von Bedingungen ab, schließlich vor allem auch vom **Grad der Bedeckung.** Besonders kräftig und rasch kühlt es ab bei freiem, klarem Himmel. Durch Wolken, nahe Berge, Häuser, Bäume kann sie stark eingeschränkt sein. Im Waldesinnern treten nie solche Strahlungsverluste auf wie im freien Feld. Der frühe Blütenzauber in unseren Laubwäldern – mit Anemonen und Leberblümchen, Schneeglöckchen und Märzenbecher, Lungenkraut und Scharbockskraut – hat daher zwei verschiedene thermische Beweggründe: einmal erwärmt sich die lockere Laubstreu rasch unter der Märzsonne, zum andern verhindern die Bäume eine starke nächtliche Abkühlung.

Mehr Sonne und rasche Erwärmung der Laubstreu zaubern die Frühblüher hervor.

Von Sonne, Regen und Wind

Licht und Schatten

Das von der Sonne ausgestrahlte Licht hat nicht nur eine Wärmewirkung, sondern auch eine unmittelbare Lichtwirkung, vor allem auf die Organismen. Für das Leben auf der Erde von grundlegendster Bedeutung ist die Funktion des Lichtes als **Energiequelle** für die Photosynthese der Pflanzen, bei der aus rein anorganischen Bausteinen (nämlich aus Wasser, Kohlendioxid und Mineralsalzen) hochkomplizierte organische Stoffe, wie Zucker, Stärke, Zellulose, Eiweiß usw. gebildet werden (s. S. 29). Darüber hinaus werden viele Wachstumsvorgänge und Organbildungen bei Pflanzen und eine erstaunliche Vielfalt von Erscheinungen bei Tieren von der Intensität und täglichen Dauer des Lichtes gesteuert.

Die **Lichtmenge** an einem Standort wird – neben dem breitengradabhängigen Einfallswinkel – vor allem durch den Staub- und Feuchtigkeitsgehalt der Luft und die Bewölkung bestimmt. Hohe Wolken schlucken bis zu 70% des Sonnenlichtes, niedrige, dunkle sogar bis zu 95%.

In einem Lebensraum ist die Lichtmenge aber auch ökologisch bedingt. In einem Fichtenwald ist es bekanntlich viel dunkler als in einem Birkenhain. Selbst in einer 1 m hohen Wiese macht die Strahlungsintensität am Boden nur noch 20% und weniger aus. Gleichzeitig verschiebt sich die spektrale Zusammensetzung: das Licht in einem Buchenwald ist grünlich.

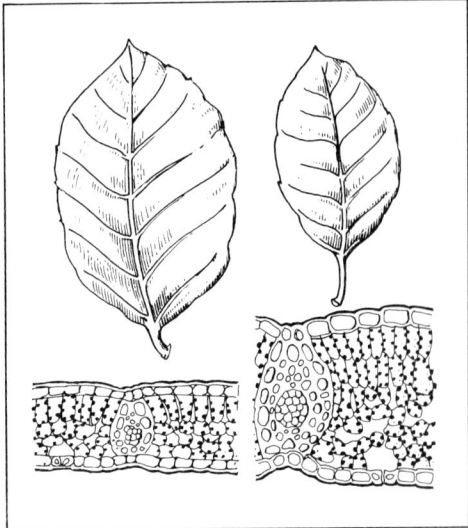

Die Schattenblätter der Rotbuche wirken gegenüber den Lichtblättern wie ausgebügelt: sie sind dünner aber wesentlich größer.

Die Pflanzen haben sich diesen unterschiedlichen Lichtverhältnissen auf mannigfache Art angepaßt, vor allem durch verschiedenartig geformte und aufgebaute Blätter, die sogenannten **Licht- und Schattenblätter.** Sie können an derselben Pflanze, speziell bei Bäumen und Sträuchern, vorkommen.

Es gibt aber auch ausgesprochene Licht- und Schattenspezialisten. **Sonnenpflanzen** brauchen immer volles Licht, kommen daher nur in offenen oder niedrigen Pflanzengesellschaften vor, in Wüsten, Steppen, Tundren, Hochlagen der Gebirge, an Wegrändern usw. **Schattenpflanzen** wachsen dagegen nie auf ungedeckten Flächen, sie kommen noch mit 2–5% der maximalen Lichtmenge aus. Bei 1% und weniger gedeihen in der Regel nur noch Farne, Moose und Algen. Manche Arten sind sehr anpassungsfähig und können ebenso in vollem Licht wie auch im Halbschatten oder Schatten gedeihen.

Die verschiedenen Lichtansprüche der Pflanzen spielen eine wichtige Rolle bei der **Entwicklung von Pflanzengesellschaften** und Lebensgemeinschaften insgesamt. Auf kahlen

Mittlere Jahreshelligkeit und Lichtminimum (in Prozent des Außenlichtes) am Boden verschiedener Wälder (nach Dylla/Krätzner)

Baumart	mittlere Helligkeit	Lichtminimum
Birke	37 %	11 %
Lärche	31 %	20 %
Kiefer	27 %	10 %
Esche	24 %	17 %
Eiche	8 %	4 %
Fichte	6 %	3 %
Buche	5 %	2 %

Flächen siedeln sich zunächst sogenannte **Pionierarten** an, die volle Bestrahlung, starke Temperaturschwankungen und trockene Luft vertragen. In ihrem Schutz wachsen dann ganz andere Pflanzen heran (s. S. 48).

Tageslänge als Kalender

Außerhalb der Tropen hat die Tageslänge für viele Pflanzen und Tiere die Bedeutung eines Kalenders. Sie teilt ihnen mit, wann es Zeit ist, zu blühen, zu brüten, Reserven zu bilden, Winterruhe zu halten oder in den Süden aufzubrechen.

Von praktischer Bedeutung ist die Blütenbildung der sogenannten Langtag- und Kurztagpflanzen. **Langtagpflanzen** blühen nur dann, wenn die Tageslänge eine kritische Grenze überschreitet. (Bekanntlich schwankt ja die Tageslänge in unseren Breiten jahreszeitlich zwischen etwa 8 und 16 Stunden.) So kommt Spinat nur dann zur Blüte (beginnt zu »schießen«), wenn die Tage länger als 13 Stunden sind. Da man dies gewöhnlich vermeiden will, baut man ihn nur im Frühjahr und Herbst an. Die meisten unserer Wildpflanzen sind Langtagpflanzen, also Sommerblüher.

Kurztagpflanzen bilden dagegen nur dann normal Blüten aus, wenn sie eine ungestörte tägliche Dunkelzeit von bestimmter Dauer bekommen. Schon eine kurze (experimentelle) Unterbrechung der Dunkelheit kann die Blütenbildung bei ihnen verhindern. Zu den Kurztagpflanzen gehören heimische Frühblüher wie die Schlüsselblume und viele Kulturpflanzen tropischer Herkunft, wie Reis, Hirse, Hanf, Soja und Tabak.

Bei vielen Tierarten spielt die Tageslänge eine entscheidende Rolle für die Anpassung ihres Verhaltens an die verschiedenen Jahreszeiten. Bei Vögeln werden z. B. Fortpflanzungsverhalten, Mauser und Zugunruhe durch die Tageslänge ausgelöst, bei Insekten Ruhephasen und Verpuppung. Daß andere Faktoren, wie Temperatur und Nahrungsangebot, dabei nicht mitwirken müssen, läßt sich im Labor nachweisen.

Beim Pfaffenhütchen rufen die herbstlichen Kurztage oft eine zweite Blüte hervor.

Niederschläge und Großwetterlage

Alles Gute kommt von oben, hieß es einmal, und dabei hatte man gewiß auch den Regen im Sinn, von dem so wesentlich die Fruchtbarkeit eines Landes abhängt.

Aber nicht nur die **Menge der Niederschläge** (die in mm = l/m² gemessen wird), sondern auch ihre **Verteilung** entscheidet darüber, ob sich eine reiche Vegetation entfalten kann. In manchen Gegenden vor allem der Tropen gehen gewaltige Wassermengen in sehr kurzer Zeit nieder. Wenn aber in der übrigen Zeit praktisch kein Tropfen Regen mehr fällt, kann sich keine geschlossene Pflanzendecke entwikkeln, und die Fluten zerfurchen nur den Boden, ohne ihn zu befruchten.

Auch die mit den Temperaturen zusammenhängende **Verdunstung** spielt eine Rolle. In den polaren Gebieten fallen im Jahresdurchschnitt nicht mehr Niederschläge als in den subtropischen Trockengebieten (weniger als 250 mm). Im einen Fall reicht die Feuchtigkeit

Von Sonne, Regen und Wind

für die Entwicklung einer bodendeckenden, kräftig-grünen Vegetation aus, im andern Fall verdunstet das meiste, und es bleibt kaum etwas für eine dürftige Pflanzendecke.

Daß die Zusammenhänge zwischen Niederschlägen und Vegetation nicht nur einseitig von klimatisch-physikalischen Faktoren bestimmt werden, sondern auch die Vegetation selbst von großer Bedeutung für den Wasserhaushalt ist, das wissen wir zumindest von den vielen dramatischen Beispielen, wo nach der Vernichtung von Wäldern Wüsten oder Halbwüsten entstanden. Vor allem im Bergland kommt es sehr rasch zu oberflächlichem Ablauf des Wassers und Bodenerosion, wenn einmal der Wald – der für die Wasserführung die günstigste Vegetationsform darstellt – vernichtet oder auch nur reduziert oder in seiner Alters- und Artenzusammensetzung verändert wurde. Auch in den Alpen gibt es dafür viele Beispiele. Darin erkennen wir wieder – wie schon beim Ausgleich von Temperaturschwankungen – die harmonisierende Wirkung von Lebensgemeinschaften auf ihre eigenen Lebensbedingungen (s. S. 11).

Die **Niederschläge** hängen hauptsächlich von Luftströmungen ab, die durch Temperatur- und Druckunterschiede zustande kommen. Die dem Wettergeschehen zugrunde liegenden physikalischen Gesetze sind eigentlich einfach – jedenfalls verglichen mit den oft recht komplizierten Auswirkungen. Die wichtigsten Erscheinungen lassen sich damit erklären, daß warme Luft leichter ist als kalte und mehr gasförmiges Wasser aufnehmen kann (bei 30° C rund 30 g Wasser, bei 0° C nur noch 5 g/ m³). Zusätzlich sollte man vielleicht noch wissen, daß sich Gase bei steigendem Druck erwärmen und umgekehrt sich abkühlen, wenn der Druck sinkt. Da der Luftdruck mit der Höhe abnimmt, kühlt schon aus diesem Grund rasch steigende Luft ab, während sich fallende Luft erwärmt. Im übrigen nimmt aber die Luft vor allem die Wärme der Erdoberfläche auf, und das ist meist auch mit der Aufnahme von Wasserdampf verbunden, zumal 75% der Erdoberfläche von den Meeren eingenommen wird.

Im einfachsten Fall (z. B. in den Tropen) steigt die am Boden erwärmte, feuchte Luft auf, kühlt sich dabei ab, sinkt in größerer Entfernung wieder zu Boden und fließt dort aufgrund des Druckunterschiedes dorthin, wo die Luft nach oben entweicht. Aufsteigende Luft ver-

Erwärmte Luft steigt auf und kühlt sich dabei unter Wolkenbildung ab (Tief). Die kalte, trockene Luft sinkt zu Boden (Hoch). Durch die Erddrehung kommt es zum Linksdrall im Tief und zum Rechtsdrall im Hoch (nach Roth).

An Gebirgen aufsteigende Luft führt zu Wolkenbildungen und vermehrten Niederschlägen.

ursacht verständlicherweise eine Abnahme des Luftdrucks (Tiefdruck), während fallende Luft den Druck erhöht (Hochdruck). Die Großwetterlage in den Tropen und Subtropen ist daher durch einen äquatorialen Tiefdruckgürtel mit geringer Luftbewegung (Kalmen) und nördlich und südlich angrenzende subtropische Hochdruckzonen mit äquatorwärts gerichteten (und durch die Erddrehung nach Westen abgelenkten) Winden gekennzeichnet. Wenn die in Äquatornähe aufsteigenden Luftmassen bis zum Kondensationspunkt abgekühlt werden, kommt es zu ergiebigen Niederschlägen; eine entsprechend üppige Vegetation (tropische Regenwälder) ist die Folge. Die Trockengebiete der Erde liegen dagegen mehr in den Subtropen.

Auch an den Polen ist die Großwetterlage einfach: Die kalte (schwere) Luft strömt im wesentlichen von den Polen weg und bekommt durch die Erdrotation einen Schub nach Westen. Wir haben hier also entsprechende Nordost- bzw. (in der Antarktis) Südostwinde wie in den subtropischen Roßbreiten.

Komplizierter wird es in den gemäßigten Zonen. Da herrschen westliche, feuchtwarme Luftströmungen vor, die mit den entgegengerichteten kalten Polarströmungen gewissermaßen in ständigem Kampf liegen. Dabei entstehen (vereinfacht gesagt) gewaltige Wirbelbewegungen, die einen Durchmesser von mehreren tausend Kilometern haben können. Wenn in einem solchen Wirbel (Zyklon) die Luft aufsteigt, dann dreht er sich links herum und ist ein Tief; die fallende Luft eines Hochs dagegen dreht sich rechts herum (s. Abb.).

Die europäischen Tiefdruckgebiete wandern bevorzugt über England und Skandinavien nach Nordosten. Da sich in den Tiefdruckwirbeln kalte und feuchtwarme Luftmassen durchdringen, kommt es dort, wo sie aufeinanderstoßen (Fronten) zum Kondensieren des Wasserdampfs und damit zu Wolkenbildungen, zu Regen oder Schnee.

Durch höhere Gebirge können diese allgemeinen Regeln des Großwetters stark abgewandelt werden. Es gelten aber natürlich die gleichen physikalischen Grundgesetze. Trifft eine Luftströmung auf ein Gebirge, so wird die Luft zum Aufsteigen gezwungen, dabei abgekühlt bis zur Wolkenbildung, bis zum Niederschlag. Darum liegen die durchschnittlichen Jahresniederschläge in den Alpen bei 1500 mm und mehr (bis 2500 mm) während das mitteleuropäische Mittel 700–800 mm beträgt.

Im Windschatten der Gebirge bilden sich vielfach trocken-warme Fallwinde aus (der Föhn des Alpenvorlandes), und es können regelrechte Wüsten entstehen, wie das vor allem auf der Ostseite der quer zur Hauptwindrichtung verlaufenden Gebirgszüge im Westen der beiden amerikanischen Kontinente der Fall ist.

Von Sonne, Regen und Wind

Wasser und Wind

Nun kommt längst nicht die gesamte Menge des Regenwassers den Pflanzen oder auch nur dem Boden zugute. Nur bei ebener Fläche und guter Bodendurchlässigkeit versickert der größere Teil der Niederschläge.

In geneigtem Gelände fließt ein Teil des Wassers oberirdisch ab. Dadurch kommt es zu einer ungleichmäßigen Verteilung mit trockeneren Hängen und feuchteren Tälern – und einer entsprechenden Vegetation. Ein weiterer Teil des Regenwassers verdunstet sofort wieder, und zwar um so mehr, je trockener und wärmer die Luft und je stärker die Sonneneinstrahlung und damit die Bodenerwärmung ist.

In den **Wäldern** halten die Baumkronen einen beträchtlichen Teil der Niederschläge zurück: je nach Stärke des Regenfalls 20–80% im Fichtenwald und etwa 10–40% im Buchenwald. Ein großer Teil davon verdunstet und erreicht daher den Boden überhaupt nicht. Durchschnittlich kommen auf dem Waldboden nur 25–35% der Niederschläge an. Andererseits ist aber auch die Verdunstung des Waldbodens minimal, da die Waldluft praktisch ständig feuchtigkeitsgesättigt ist. Insgesamt hat der Wald eine hervorragende Wirkung auf die Beziehung zwischen Wasser und Boden.

Der Wald als Wasserregulator (n. Dylla/Krätzner)

	mit Wald	ohne Wald
Wasserkapazität des Bodens	groß	gering
oberirdischer Abfluß	gering	sehr stark
Hochwassergefahr	gering	groß
Erosionswirkung	gering	stark
Sickergeschwindigkeit	langsam	rasch
Auswaschung der Nährsalze	gering	beachtlich
Speisung der Quellen	regelmäßig	stoßweise

Auch der **Wind** hat ökologische Bedeutung. Ganz allgemein fördert er die Verdunstung und trocknet dadurch nicht nur Boden und Pflanzen aus, sondern kühlt auch ab. Außerdem verweht er die mit Kohlendioxid angereicherte bodennahe Luftschicht, die für das Wachstum der Pflanzen förderlich ist. Auf der Verminderung dieser Wirkungen beruhen die positiven Eigenschaften von Feldhecken.

Aber der Wind hat nicht nur Nachteile. So sind wenigstens geringe Luftbewegungen durchaus wünschenswert, da stehende, insbesondere feuchtwarme Luft z. B. in dichten Kulturen Pilzerkrankungen fördert. Und schließlich sei auch die Bedeutung des Windes bei der Bestäubung vieler Blüten und bei der Verteilung vieler Samen erwähnt. Auch kleinere Tiere, wie z. B. Spinnen, bedienen sich des Windes zu ihrer Verbreitung (Altweibersommer).

Feldhecken verbessern das Kleinklima und tragen zur ökologischen Stabilisierung bei.

Eine Handvoll Erde

In einer Handvoll Erde, sagt man, leben so viele Organismen wie Menschen auf dem ganzen Erdball. Das zeigt schon, daß es mit dem Boden, dieser duftenden, krümeligen Substanz, mehr auf sich hat, als wir normalerweise annehmen.

Aber nicht nur der Asphaltgewohnte hat unzureichende Vorstellungen von der dünnen, aber im wahrsten Sinne lebentragenden obersten Schicht unserer Erde. Sogar viele von denen, die von Beruf oder Liebhaberei wegen mit dem lebendigen, pflanzentragenden Boden zu tun haben, sehen darin nicht viel mehr als ein Substrat zur bloßen Aufnahme und Abgabe von Wasser und Nährsalzen und zur Verankerung der Pflanzenwurzeln.

Diese verbreitete Unkenntnis über die Beschaffenheit von Böden, die unendlich komplizierten Vorgänge in ihnen und die vielschichtigen Wechselwirkungen zwischen Boden und Pflanzen ist einer der Gründe für die fortschreitenden Zerstörungen, denen dieses ökonomisch ebenso wie ökologisch wahrhaft fundamentale Ökosystem auf der ganzen Welt ausgesetzt ist.

In der Ökologie ist der belebte Boden eine der drei Grundkomponenten, aus denen jedes vollständige Ökosystem besteht:

■ Die **Pflanzen** bauen organische Substanz auf, man nennt sie daher »Produzenten«.

■ Die **Tiere** leben von dieser organischen Substanz, verbrauchen sie, und heißen darum »Konsumenten«.

■ Die **Bakterien** und **Pilze** des Bodens schließlich zersetzen alle pflanzlichen und tierischen Abfallstoffe, reduzieren sie wieder auf ihre mineralischen Bestandteile (machen sie damit den Pflanzen neuerlich als Nährstoffe zugänglich) und heißen darum »Reduzenten«, »Destruenten« oder »Zersetzer«.

Bodenorganismen haben im Naturhaushalt die Funktion der Rohstoff-Rückgewinnung.

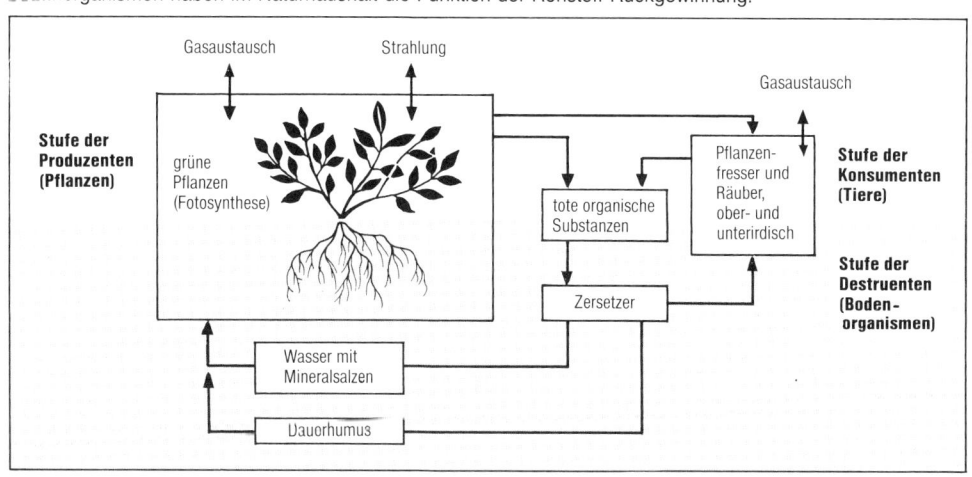

Die mechanische Verwitterung der Gesteine ist der erste Schritt der Bodenbildung.

Vom Gestein zum Boden

Doch betrachten wir zuerst einmal die Entstehung von Böden aus der unbelebten Materie, aus den Gesteinen. Boden entsteht dort, wo sich die drei großen »Sphären« in einer verhältnismäßig hauchdünnen Grenzschicht begegnen und durchdringen: Das Feste, das Flüssige und das Gasförmige, Lithosphäre, Hydrosphäre und Atmosphäre, Stein, Wasser und Luft müssen zusammenwirken, damit fruchtbarer Boden entstehen kann. Daran sind zwei, gleichsam polare Prozesse in gleichem Maße beteiligt:

■ die Verwitterung des Mineralischen von unten und

■ die Zersetzung des Organischen von oben.

Beide Vorgänge greifen so ineinander, daß man sie nur einen Teil des Weges getrennt verfolgen kann.

Ausgangsmaterial eines jeden Bodens sind die **Gesteine.** Das sind von ihrer Herkunft Erstarrungen des glutflüssigen Erdinnern (Magma) und von ihrer Zusammensetzung her in der Regel Gemenge verschiedener **Mineralien.** Die Gesteinskruste der Erde setzt sich aus folgenden Mineralien zusammen:

Mineral	Gewichtsprozent
Feldspäte (= Silikate)	60
Augite und Hornblenden (= Silikate)	17
Quarz (Siliciumoxid)	12
Glimmer (= Silikat)	4
sonstige (nahezu 3000 verschiedene Mineralien	7

Die Mineralien wiederum bestehen entweder (selten!) aus reinen Elementen (z. B. Gold, Silber, Schwefel, Diamant und Graphit), oder – zum ganz überwiegenden Teil – aus bestimmten chemischen Verbindungen, insbesondere der Elemente Sauerstoff, Silicium und Aluminium.

Die bei weitem größte Gruppe von Mineralien ist die der **Silikate.** Sie machen zusammen 81% der Gesteinsmassen aus. Zählt man den Quarz als weitere häufige Silicium-Verbindung hinzu, so kommt man auf 93 Gewichtsprozent. Die prächtige Welt der nahezu 3000 bekannten Mineralien macht nur einen verschwindend geringen Teil der Gesteine aus.

Bei den **Gesteinen** unterscheidet man solche, die an Ort und Stelle aus dem Magma durch Abkühlung und Erstarrung entstanden sind, von solchen, die schon abgetragen, verfrachtet und neu abgelagert wurden.

Das erste ist die Gruppe der **Urgesteine,** zu denen der sehr langsam in der Tiefe erstarrte, grobkörnige Granit gehört, und die rasch an der Erdoberfläche (oder im Meer) abgekühlten, fast glasartigen Vulkangesteine, Basalt, Lava usw. Urgesteine sind immer reich an Silikaten und oft relativ arm an Kalk.

Zu der zweiten Gruppe der Ablagerungs- oder **Sedimentgesteine** zählen Kalkstein (meist eine Meeresablagerung) sowie alle durch Eis, Wasser und Wind verfrachteten und im Tiefland abgelagerten Kiese, Sande und Tone einschließlich ihrer Gemenge und Verfestigungen (z. B. Nagelfluh und Sandstein).

Die **Gesteinszerkleinerung,** die Voraussetzung dafür ist, daß Böden entstehen, verläuft in zwei Phasen. Die erste kann man besonders schön im Gebirge beobachten. Da zerbröckeln unter der Einwirkung von Frost, Regen und Sonnenwärme mit der Zeit auch die härtesten Felsen zu Schutt und Geröll. Man nennt diesen Vorgang sehr zutreffend **Verwitterung,** da er ausschließlich durch Faktoren der Witterung bewirkt wird. Böden, die auf diese Weise auf ihrem Muttergestein entstehen, nennt man daher **Verwitterungsböden.** Das sind meist flachgründige, wenig ertragreiche Silikat- oder Kalkböden in bergigem Gelände.

Diese Verwitterungsböden werden deshalb wenig tiefgründig (Ausnahmen sind aus den Tropen bekannt), weil Eis, Wasser und Wind ständig das verwitternde Gestein zu Tal befördern. Dabei wird das Geröll noch weiter zerrieben und bei der Ablagerung häufig nach Grobem und Feinem sortiert. Die daraus entstehenden Böden nennt man **Sedimentböden.** Sie sind meist tiefgründig und – sofern sie nicht aus reinem Kies, Sand oder Ton bestehen – besonders fruchtbar, z. B. die von Flüssen abgelagerten Talböden (Auen) oder die vom Wind verwehten Lößböden, die aus einem besonders günstigen Ton-Sand-Gemisch bestehen.

Ständiger Ab- und Umbau

Die zweite Phase der mineralischen Bodenbildung ist gekennzeichnet weniger durch physikalische Vorgänge, wie die erste Phase, sondern hauptsächlich durch **chemische Prozesse.** Von entscheidender Bedeutung dabei ist der Abbau der Silikatmineralien unter dem Einfluß von Säuren, die im wesentlichen von den biologischen Vorgängen im Boden (s. S. 26) herstammen. Diese Säuren lösen aus dem Kristallgitter der Silicium-Aluminium-Sauerstoff-Verbindungen der Silikate die dort eingelagerten sogenannten Alkali-Ionen (elektrisch geladene Atome oder Moleküle) heraus.

Dieser Vorgang ist aus doppeltem Grund von großer Wichtigkeit. Einmal werden dadurch den Pflanzen die nötigen Mineralstoffe (vor allem Kalium, Natrium, Magnesium, Phosphor, Calcium und Schwefel – s. S. 41) zur Verfügung gestellt. Zum andern aber werden dabei die für die lebendigen Bodenvorgänge ziemlich ungeeigneten Kristallstrukturen der Mineralien zu neuen Strukturen umgewandelt, die hervorragende Eigenschaften besitzen. Man nennt diese neuen Strukturen **Ton.**

Ton besteht aus winzigen Partikeln mit einem Durchmesser von nur $1/10000$ bis $1/100000$ mm. Sein Kristallgitter hat zwar gewisse Ähnlichkeit mit dem der Silikate, unterscheidet sich aber doch in so charakteristischer Weise, daß man Ton nicht einfach als eine Art Scherbenhaufen zerstörter Silikatkristalle ansehen darf. Dies gilt zumindest für die echten Tone, für Illit, Montmorillonit, Kaolinit und wie sie heißen. Von ihnen sind die sogenannte Schluffe zu unterscheiden, ebenfalls sehr kleine Bodenpartikel, die aber ein Produkt der mechanischen Gesteinszerkleinerung sind, das Feinmehl sozusagen aus den Mühlen der Geröllhalden, der Gletscher, der Flüsse und des Windes.

Schluffe haben weniger gute Struktureigenschaften. Allein schon die Kleinheit seiner Partikel, dazu aber auch deren innere Struktur, verleihen dem Ton als Endprodukt der mineralischen Verwitterung neue und ungewöhnliche Eigenschaften. Man bezeichnet sie als kolloidal. Vereinfachend könnte man sagen, Kolloide sind nicht so klein wie in Flüssigkeiten gelöste Stoffe und nicht so groß wie unlösbare Stoffe (siehe hierzu die Versuche auf S. 141). Dadurch können sie Aggregatzustände annehmen, die weder fest noch flüssig sind.

Wenn Wasser auf einen kolloidalen Stoff einwirkt, quillt er auf, wird gallertig und knetbar. Mit noch mehr Wasser wird er dann schmierig und geht schließlich in eine Scheinlösung über, die sich von einer echten Lösung dadurch unterscheidet, daß die Flüssigkeit getrübt bleibt.

Eine Handvoll Erde

Für die Vorgänge im Boden ist das sogenannte Sorptionsvermögen der Kolloide von besonderer Bedeutung. Darunter versteht man die Fähigkeit, Wasser, aber vor allem auch darin gelöste Stoffe (Ionen) aufzunehmen und festzuhalten. Genau das also, was nötig ist, um ein Auswaschen der gelösten Nährstoffe in die für Pflanzenwurzeln unerreichbaren Tiefen des Bodens zu verhindern.

Durch die Kleinheit ihrer Teilchen verfügen Kolloide über eine riesige Oberfläche je Gewichtseinheit. 1 g Ton hat eine »aktive Oberfläche« von etwa 1000 m², eine Oberfläche, an der sich Ionen und Wassermoleküle in enormer Zahl anlagern können. Sie werden dort durch schwache elektrische Kräfte gerade so festgehalten, daß sie zwar nicht mehr ausgewaschen, aber auf dem Wege des Ionenaustauschs von Pflanzenwurzeln doch relativ leicht aufgenommen werden können.

Reine Tonböden sind gleichwohl nicht ideal, da ihnen die Luftporen für die Atmung fehlen. Sehr günstig wirken sich daher die Eigenschaften des Quarzes aus. Der ist so stabil gebaut, daß er im Boden chemisch kaum abbaubar ist. Die Quarzkörner des Sandes spielen daher im Boden zwar fast keine Rolle für die Mineralstoffversorgung der Pflanzen und nur eine geringe Rolle für den Wasserhaushalt, – für die Durchlüftung aber sind sie von großer Wichtigkeit.

Die besten Böden – zumindest im Hinblick auf Bewirtschaftbarkeit und Ertrag – sind solche mit gemischten Korngrößen. Sie weisen ein günstiges Verhältnis von (15–20 Volumenprozent) luftführenden Grobporen zu (20–30 Volumenprozent) wasserführenden Feinporen auf. Entsprechend ihrem Anteil an gröberen und feineren Partikeln teilt man die **Bodenarten** ein. Die auf S. 140 beschriebene Bestimmung der Korngrößenverteilung ist sehr einfach.

Nun besteht die Gefahr, daß die winzigen Tonteilchen samt den daran haftenden Pflanzennährstoffen abgeschwemmt werden in tiefere Bodenschichten, ins Grundwasser oder in die Oberflächengewässer. Das kann verhindert werden durch zwei bemerkenswerte Eigenschaften der Tonmineralien. Unter bestimmten Bedingungen lagern sich die einzelnen, im Wasser »gelösten« Tonteilchen in größeren Mengen zusammen: In einer Tonaufschwemmung bilden sich sichtbare Flocken, wenn man z. B. etwas Kalkmilch oder Salmiak zusetzt, wie das auf S. 141 geschildert ist. Auf diesem Effekt beruht ein Teil der bodenverbessernden Wirkung des Kalkens.

Die Natur muß aber oft mit sehr geringen Kalkmengen im Boden auskommen. Dann kann das Problem auf andere Weise gelöst werden: Das »organischste« Produkt der Mineralverwitterung, nämlich die Tonkolloide, tun sich zusammen mit einem weitgehend »mineralisierten« Produkt der organischen Verwesung, mit den sogenannten Huminsäuren. Es bilden sich **Ton-Humus-Komplexe** und schließlich noch größere, organisch verklebte Gebilde, die man als **Krümel** bezeichnet. Um zu sehen, wie diese für einen fruchtbaren Boden außerordentlich wichtigen Strukturen zu-

Auswirkung der Bodenart auf Wasser- und Luftkapazität (nach Brucker/Kalusche)

	Sand	lehmiger Sand	Sand- lehm	sandiger Lehm	Lehm	Lehm- ton	Ton
Wasserkapazität	10	20	25	30	35	40	45 Vol.-%
Luftkapazität	30	22	18	14	11	8	5 Vol.-%

Durch den Humusgehalt erhöhen sich die Prozentwerte

	humusarm	-haltig	humus	-reich	sehr -reich	
um	1	3	8	15	25	bei sandigen Böden
um	–	2	5	10	20	bei lehmigen Böden

standekommen, müssen wir nun den zweiten bodenbildenden Prozeß betrachten, den gewissermaßen von oben nach unten stattfindenden Abbau der pflanzlichen und tierischen Abfälle zu Pflanzennährstoffen und Humus.

Aus Abfällen wird Humus

Wenn im Herbst die Blätter von Bäumen und Sträuchern fallen, die einjährigen Kräuter und die oberirdischen Teile der Stauden absterben (s. S. 37), dann liegt auf dem Boden oft eine mehrere Zentimeter dicke Schicht von pflanzlichen Abfällen. Schon im frühen Frühjahr, wenn der Schnee weggeschmolzen ist, und Anemonen und Huflattich blühen, ist diese Streuschicht so unauffällig geworden, daß man sie fast schon als Boden betrachtet, obwohl die dunkel gewordenen Blätter noch gut zu erkennen sind. Dann wächst immer mehr das neue Grün darüber und verhüllt den Blicken, was weiter mit dem Laub des Vorjahres geschieht.

Eine Vorstellung davon, wie die Abfälle der Natur wieder zu Erde werden, kann man sich verschaffen, wenn man mit einem Spaten die obersten Schichten eines Bodens anschneidet. Da findet man unter der aufliegenden Laubstreuschicht alle Übergänge der Zersetzung. Das organische Material wird nach unten hin immer feiner und dunkler und geht ohne deutliche Grenze in den mineralischen Teil des Bodens über, der noch ein Stück weit kräftig dunkelbraun gefärbt und reichlich durchwurzelt ist, dann mit zunehmender Tiefe meist heller und steiniger wird. Wie bei so vielen fließenden Übergängen ist da eine Bestimmung, was nun Streu, was Humus und was reiner Mineralboden ist, gar nicht so einfach. Tatsächlich ist das eine Frage der Definition und der genauen Analyse.

Unter **Humus** versteht man gewöhnlich die organische Substanz eines Bodens ohne Pflanzenwurzeln und ohne Bodenlebewesen. In Wirklichkeit bilden aber alle diese Teile zusammen mit den mineralischen Substanzen ein so innig verwobenes Ganzes, daß es nur unter

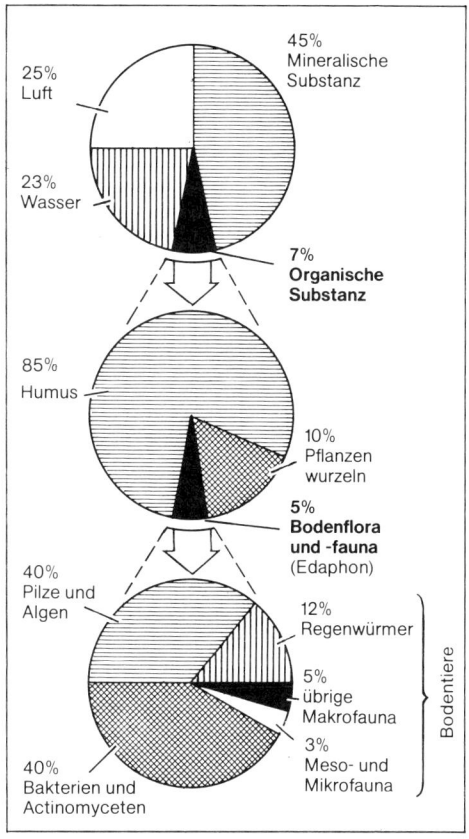

Nicht die Menge, sondern die Tätigkeit der Bodenorganismen macht ihre Bedeutung aus.

völliger Zerstörung möglich ist, das eine vom andern zu trennen.

Wie die graphische Darstellung zeigt, machen vom Gewicht her die **Bodenlebewesen** den kleinsten Teil aus. Von der Bedeutung her stehen sie aber an erster Stelle, denn ohne sie ginge nichts. Man hat ausgerechnet, daß alles Leben nach nur 20–30 Jahren sozusagen an sich selbst ersticken würde, wenn nicht die Bodenorganismen den Stoffkreislauf ständig in Gang halten würden. An dieser zentralen Aufgabe ist ein wahrer ökologischer Mikrokosmos beteiligt, an dem sich all die Beziehungen und Wechselwirkungen zwischen anorganischen Faktoren und Lebewesen, zwischen

Eine Handvoll Erde

Pflanzen und Tieren, zwischen Räubern und Beute, zwischen Arten und Individuen studieren lassen, die für alle ökologischen Systeme charakteristisch sind. Nur, wir wissen über die ökologischen Zusammenhänge etwa der Großsäuger der Serengeti mehr als über die näherliegenden und in vieler Hinsicht soviel bedeutsameren zu unseren Füßen.

Bakterien und Pilze

Auffallend ist der große **Artenreichtum** im Boden, wenn es sich dabei auch überwiegend um kleine bis sehr kleine Formen handelt. Die dem Pflanzenreich zugeordneten **Bakterien** machen zahlenmäßig den größten Teil der Bodenorganismen aus, und sie gehören auch zu den wichtigsten für die Stoffumsetzungen im Boden. In 1 g Boden kommen bis zu mehrere Milliarden dieser winzigen Lebewesen vor, von denen 500–1000 aneinandergereiht erst eine Länge von 1 mm ergeben. Schon innerhalb dieser Gruppe finden wir die verschiedensten Lebensformen.

Manche Bakterien können – wie die grünen Pflanzen – ohne organische Nährstoffe auskommen. Sie decken ihren Kohlenstoffbedarf aus der Assimilation des Kohlendioxids (ebenso wie die Pflanzen), gewinnen aber die dazu erforderliche Energie nicht aus dem Sonnenlicht, sondern aus der Oxydation anorganischer Verbindungen, wie Ammoniak und Nitrit, Wasserstoff, Schwefel sowie Schwefel- und Eisenverbindungen.

Andere ernähren sich – wie Tiere – von organischen Kohlenstoffverbindungen. Das sind im Boden die meisten und wichtigsten Bakterien. Da gibt es vielerlei Spezialisten: Die einen brauchen frische Pflanzensäfte, andere sind auf den Abbau ganz bestimmter organischer Verbindungen spezialisiert, wieder andere befallen gar größere Bakterien und zehren sie von innen auf. Die einen brauchen Sauerstoff zum Leben (man nennt sie aerob), die andern können sich nur in Abwesenheit von Sauerstoff (anaerob) vermehren.

Von besonderer Bedeutung sind jene Bodenbakterien, die die Fähigkeit besitzen, den in der Luft reichlich vorhandenen, für die Pflanzen aber unzugänglichen Stickstoff so chemisch aufzubereiten, daß er organisch nutzbar wird (s. S. 42). Auch von ihrer Eigenart, sich mit Schleim zu umgeben, werden wir noch hören.

Neben den eigentlichen Bakterien spielen eine wichtige Rolle im Boden die **Strahlenpilze,** die übrigens den Bakterien verwandtschaftlich näherstehen als den Pilzen. Sie bilden ein dichtes Geflecht sehr zarter Fäden, mit dem sie die verwesenden Stoffe durchziehen und die Bodenteilchen umspinnen. Sie strömen – auch wenn man sie auf künstlichen Nährböden kultiviert – den typischen **Erdgeruch** aus.

Die Strahlenpilze sind empfindlich gegen Säuren im Boden und bevorzugen eher trockene als feuchte Böden. Da sie nicht so schnell wachsen wie Bakterien und Pilze, finden sie in der Regel nur noch die schwerer zersetzbaren Stoffe wie Zellulose und Chitin vor, durch deren Abbau sie maßgeblich an der Humusbildung beteiligt sind. Durch das Ausscheiden von Antibiotika können sie die Ausbreitung anderer Mikroorganismen hemmen.

Manche Bakterien- und Strahlenpilzarten mögen es übrigens ausgesprochen heiß. Sie entwickeln sich erst so recht bei Temperaturen zwischen 50 und 70° C, wie man sie in feuchtem Heu und in verrottenden Mist- und Komposthaufen messen kann.

Im Gegensatz zu den einzelligen Strahlenpilzen und vielen Bakterienarten bevorzugen die wirklichen, mehrzelligen **Pilze** saure Böden. Darum findet man sie vor allem in Nadelwäldern, wo die Humusbildung ganz anders verläuft als etwa im Boden einer Wiese (s. S. 26). Die Waldböden sind oft dicht durchwoben von den bleichen, weitverzweigte Geflechte bildenden Pilzfäden (die Fäden nennt man Hyphen, das Geflecht Myzel). In 1 cm³ Waldhumus hat man Pilzhyphen in einer Gesamtlänge von mehr als 5 m gefunden. Wie Tiere ernähren sich Pilze ausschließlich von organischen Substanzen, von abgefallenen Blättern, Nadeln und Ästen, aber auch als Parasiten und Symbionten von den Stoffwechselprodukten lebender Pflanzen. In Wald- und Heideböden sind sie mit ihren vielerlei Formen die wichtigsten Zersetzer und Humusbildner.

Verglichen mit den riesigen Zahlen und der vorherrschenden Bedeutung der Bakterien, Strahlenpilze und Pilze erscheinen weitere Vertreter der Mikroflora des Bodens eher untergeordnet. So etwa verschiedene **Algen,** die denselben grünen Blattfarbstoff besitzen wie höhere Pflanzen und sich daher kaum am Abbau der Streu beteiligen, obwohl sie sich bei ausreichender Feuchtigkeit oft in Massen auf der Bodenoberfläche vermehren.

Bodentiere

Man könnte meinen, Tiere hätten im Ökosystem des Bodens keine großen Entfaltungsmöglichkeiten mehr, wo doch die entscheidenden Abbaustufen von Vertretern der Mikroflora geleistet werden. Daß genau das Gegenteil der Fall ist, zeigt einmal mehr, daß unsere rationalen Vorstellungen mit den Prinzipien der Natur oft wenig übereinstimmen. Im Gegensatz zur Technik geht es in biologischen oder ökologischen Systemen nie darum, eine bestimmte »Aufgabe« möglichst zielstrebig, rasch und einfach zu erledigen. Eher scheint es umgekehrt darum zu gehen, ein Ziel möglichst reich an Umwegen, möglichst verzögert, möglichst komplex zu erreichen. Auf diese Weise bleibt nicht nur die organisch gebundene Energie lange erhalten (was gewiß kein Selbstzweck ist), sondern es entsteht vor allem ein Netz von Beziehungen, das so vielfältig geknüpft ist, daß es auch größeren Belastungen elastisch standhält. Die Ergebnisse, im Sinne einer »Lösung der gestellten Aufgabe«, sind überdies in einer geradezu beneidenswerten Weise optimal, das heißt, sie dienen nicht nur einem, sondern vielen Zwecken.

Die Tierwelt des Bodens ist tatsächlich oft

Ein Mikrokosmos zu unseren Füßen. Die Artenvielfalt im Boden ist oft größer als darüber.

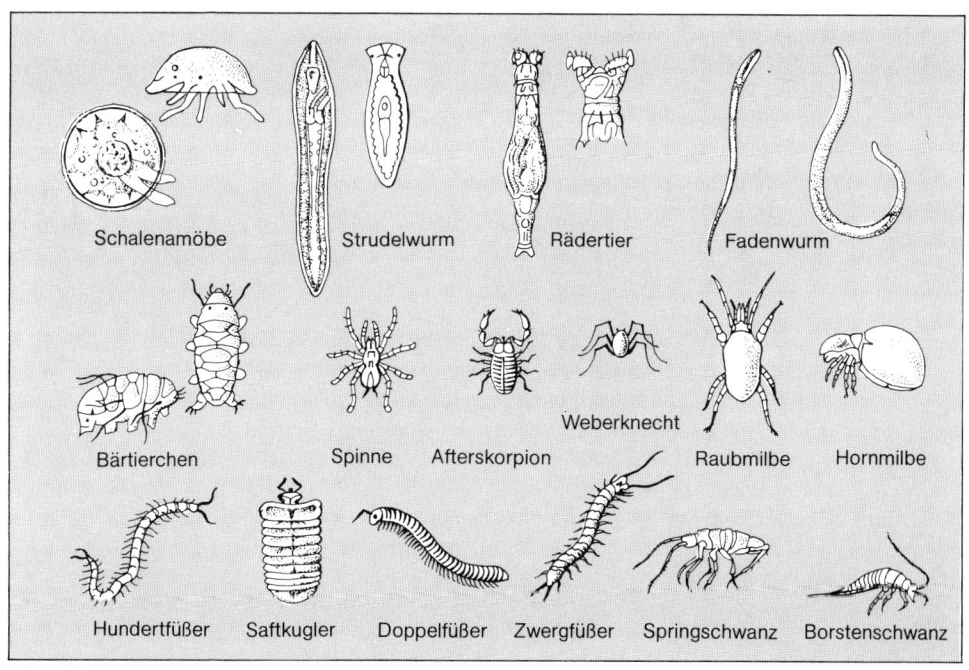

Schalenamöbe	Strudelwurm	Rädertier	Fadenwurm

Bärtierchen	Spinne	Afterskorpion	Weberknecht	Raubmilbe	Hornmilbe

Hundertfüßer	Saftkugler	Doppelfüßer	Zwergfüßer	Springschwanz	Borstenschwanz

artenreicher als die darüber. Es gibt kaum eine Tiergruppe, von der nicht auch Vertreter ständig oder wenigstens zeitweilig Bodenbewohner wären. Selbst Vögel, wie Uferschwalbe, Eisvogel, Bienenfresser, ziehen ihre Jungen im Boden auf, und selbst gewisse Fische verbringen Trockenzeiten im Schlamm.

Die eigentlichen Bodenbewohner sind aber erwartungsgemäß vor allem kleinere Arten. **Einzeller** allerdings haben es im Boden nicht so leicht, da ihr eigentlicher Lebensraum das Wasser ist. So kommen in den dünnen Wasserfilmen des Bodens nur recht kleine Arten von Geißeltierchen, Wimpertierchen und Amöben vor. Sie ernähren sich hauptsächlich von Bodenbakterien, Hefen, Algen und Pilzfäden. Ob sie auch am Abbau toter organischer Substanz beteiligt sind, ist umstritten.

Für wurmförmige Tiere scheint der Boden ein besonders geeigneter Lebensraum zu sein. An oberster Stelle stehen hier die **Regenwürmer,** sowohl hinsichtlich ihrer Masse als auch ihrer Bedeutung für die Bodenbildung. Ihr Verdauungstrakt ist so etwas wie eine ideale Mischanlage für organische und anorganische Bodenbestandteile. Hier findet am augenscheinlichsten die Verbindung jener beiden Prozesse statt, die wir als die polaren Vorgänge der mineralischen Verwitterung und der organischen Verwesung bezeichneten. Außerdem sorgt der Regenwurm wie kein anderes Bodentier für eine Durchmischung der Bodenschichten. Mit ihren weit in die Tiefe reichenden Gängen schaffen diese Tiere darüber hinaus eine ausgezeichnete Durchlüftung und Dränage. Pflanzenwurzeln können in diesen Gängen viel leichter in größere Tiefen vordringen.

Von Gärtnern und Landwirten weniger geschätzt sind die ebenfalls arten- und individuenreich im Boden vorkommenden **Fadenwürmer** oder **Nematoden.** Man nennt diese nur 0,4–2 mm langen, ungegliederten Würmer auch **Älchen,** weil sie mit ihrer steifen Art der schlängelnden Fortbewegung und in ihrer Form an Aale erinnern. Nach den Einzellern sind sie die weitaus häufigsten Bodentiere. Im Boden eines Eichenwaldes hat man je m^2 30 Millionen Individuen festgestellt.

Unbeliebt sind sie, weil einige Arten parasitisch im Gewebe von Pflanzen leben und auf diese Weise an Kulturpflanzen Schaden anrichten können, wie der Rübennematode. Die allermeisten Arten saugen aber nur gelegentlich an lebenden Pflanzen und ernähren sich überwiegend von Bakterien und Algen. Andere Arten leben räuberisch von Einzellern, Rädertierchen und anderen ihrer eigenen Gattung. Welche Rolle sie beim Abbau toter organischer Substanz spielen, ist nicht im einzelnen bekannt.

Der ungeheuer formenreiche Stamm der **Gliederfüßer,** zu dem die Insekten gehören, ist ebenfalls mit unzähligen Arten an der Bodenfauna beteiligt: Skorpione, Spinnen, Weberknechte, Milben, Asseln, Tausendfüßer, Springschwänze und von den Insekten Grillen, Ohrwürmer, Termiten, Ameisen, Käfer sowie die Larven von Schmetterlingen, Fliegen und Mücken repräsentieren nur einige der für das Bodenleben wichtigsten Gruppen. Von herausragender Bedeutung sind davon vor allem zwei Ordnungen, die Milben und die Springschwänze.

In humusreichen, feuchten Waldböden bevölkern bis zu 400 000 **Milben** jeden m^2, zur Hauptsache 0,2–1 mm große Hornmilben, deren ökologische Funktion vor allem in der mechanischen Zerkleinerung der Pflanzenreste liegt. Ähnlich wie die Regenwürmer verschlingen sie unglaubliche Mengen an schwer verdaulichen Stoffen und scheiden entsprechende Mengen fein zerkauten, aber chemisch kaum abgebauten Materials wieder aus. Damit bereiten sie anderen Organismen, vor allem Bakterien und Pilzen, gewissermaßen die Speise vor. Sie selbst profitieren umgekehrt auch von den Bakterien, indem sie bevorzugt solche Stoffe aufnehmen, die reich mit Bakterien besetzt und schon gut angerottet sind. Was sie dabei an Bakterien verzehren, ist nur ein Bruchteil von dem, was sie durch ihre Kauarbeit an neuem Bakterienwachstum ermöglichen. – Neben den abfallfressenden Hornmilben gibt es noch eine ganze Reihe räuberisch lebender Bodenmilben, die wie alle Räuber dafür sorgen, daß sich einzelne

Arten nicht auf Kosten anderer uferlos vermehren.

An manchen Tagen im Vorfrühling, wenn der Schnee anfängt zu schmelzen, findet man im Wald auf Pfützen oder auch an Stämmen und Baumästen schwarzgraue Überzüge, die sich bei näherem Hinschauen als dichtgedrängte Ansammlungen winziger Tierchen herausstellen. Ab und zu springen einige wie Flöhe aus der Masse empor. Unter der Lupe erkennt man die 3–7 mm langen, flügellosen, aber gegliederten Tiere als **Springschwänze** oder **Collembolen** an einer unter den Hinterleib geklappten Gabel, mit der sie – wie der Name sagt – ihre großen Sprünge machen.

Mit bis zu 12 Generationen im Jahr verfügen diese zu den Urinsekten zählenden Tierchen über ein erhebliches Vermehrungspotential. Da sie wie viele Bodentiere nicht gleichmäßig verteilt, sondern nesterweise vorkommen, können Ansammlungen wie die beschriebenen allerdings über die wirklichen Zahlen täuschen. Immerhin sind einige 10 000 Individuen pro m^2 der Durchschnitt und einige 100 000 keine Seltenheit.

Ihre Tätigkeit ist derjenigen der Milben ganz ähnlich. Sie zernagen mit ihren Mundwerkzeugen und zerreiben in ihrem Darm halbverrottete Pflanzenteile, machen sich dabei die anhaftenden Bakterien und die leichter verdaulichen Substanzen zueigen und scheiden einen für Bakterien und Pilze noch nährstoffreichen Kot wieder aus.

All diese Bodenorganismen – und viele mehr, die hier nicht erwähnt werden können – arbeiten bei der Zersetzung der ständig anfallenden Pflanzen- und Tierreste in einer Weise zusammen, die einen vermuten lassen möchte, dies geschehe nach einem wohldurchdachten Plan. Wie wir sahen, fällt den größeren Bodentieren, vor allem Regenwürmern, Milben und Springschwänzen, die Aufgabe der **mechanischen Zerkleinerung** der Abfälle und der Durchmischung zu (und jeder Kompostgärtner weiß, wie wichtig diese beiden Tätigkeiten sind), wohingegen Bakterien, Strahlenpilze und Pilze den größten Teil des **chemischen Abbaus** übernehmen, vor allem jener schwer

Kohlenstoff-Stickstoff-Verhältnis

Material	C/N-Verhältnis
Harn	0,8
Fäkalien	6–10
Grünmasse	7
Humus der Schwarzerde	10
Mistkompost, 8 Monate kompostiert	10
Rasenschnitt	12
Kot der landwirtschaftlichen Nutztiere	15
Hülsenfruchtstroh	15
Stroharmer Frischmist	20
Küchenabfälle	23
Kartoffelkraut	25
Fichtennadeln	30
Frischer Stalldung bei starker Stroheinstreu	30
Schwarztorf	30
Baumlaub	50
Weißtorf	50
Roggenstroh	65
Weizenstroh	125
Sägemehl	511

angreifbaren Stoffe wie Zellulose, Holzstoff (Lignin), Chitin, Harze, Wachse usw. Welche Endprodukte schließlich dabei entstehen, hängt von vielerlei Bedingungen ab: von der Art der Abfälle, insbesondere von ihrem Kohlenstoff-Stickstoff-Verhältnis von der Feuchtigkeit, von der Temperatur, von der mineralischen Zusammensetzung des Bodens, von seinem Säuregrad, vom Artenspektrum der Bodenorganismen und manchem mehr.

Lebendige Erde

Zu den fruchtbarsten Böden gehören die tiefgründigen **Lößböden,** wie man sie in der Magdeburger Börde, im niederbayerischen Gäuboden und in großem Maßstab in den Schwarzerdegebieten der Ukraine findet. Löß ist ein vom Wind verfrachteter Boden und entsprechend feinkörnig. Er kann mehrere Meter dick angehäuft sein. Seine vorzüglichen Eigenschaften haben über die Jahrtausende mit der Humusbildung noch zugenommen. Die dadurch bewirkte Schwarzfärbung des ursprünglich eher gelblichen Lößes reicht oft mehrere Meter tief; eine Umwälzleistung vor allem der Regenwürmer, in den Steppengebieten aber auch wühlender Säugetiere, wie Maulwurf, Wühlmausarten, Hamster und Erdhörnchen. Da auch das pflanzliche Ausgangsmaterial der Humusbildung auf solchen Böden meist leicht zersetzlich, mild und stickstoffreich ist, entsteht ein milder Dauerhumus mit vorzüglichen physikalischen, chemischen und biologischen Eigenschaften. Man nennt einen solchen Humus, wie er typisch auch für gut bewirtschaftete Garten-, Acker- und Grünlandböden ist, Mull.

Mullböden weisen einen neutralen bis leicht alkalischen Säuregrad auf (s. S. 142), wodurch entstehende organische Säuren rasch neutralisiert werden. Bakterien und Strahlenpilze finden hier günstige Lebensbedingungen, was reich verzweigte Nahrungsketten zur Folge hat: Milben, Collembolen, Nematoden, Insektenlarven, Enchyträen und vor allem Regenwürmer zerkleinern und durchmischen das Material, was den Bakterien wiederum beste Voraussetzungen schafft.

Dabei entsteht nun eine ganze Reihe von Produkten, die für die Beschaffenheit des Bodens und damit für seine Fruchtbarkeit von größter Bedeutung ist. Eines der wichtigsten Abbauprodukte sind die **Huminsäuren,** die im Beisein von Kalk (Mineralboden!) und unter Zutritt von Ammoniak (eine tierische Ausscheidung) vor allem aus dem in vielen pflanzlichen Zellwänden enthaltenen Holzstoff Lignin gebildet wird. Mit dem Kalk verbinden sich die Huminsäuren zu schwerlöslichen Calcium-Humaten, die die Bodenteilchen verkleben und so zur **Krümelbildung** beitragen. Man erkennt diese aus dem Zusammenwirken von Mineralreich, Pflanzenreich und Tierreich hervorgegangenen Stoffe an ihrer für humusreiche Böden typischen dunklen Farbe.

Vor allem durch die Tätigkeit der Regenwürmer werden die Huminstoffe innig mit den Tonteilchen des Bodens vermengt, und es entstehen die bereits erwähnten **Ton-Humus-Komplexe,** die durch ihren Stickstoffgehalt einerseits und durch die angelagerten löslichen Nährsalze andererseits (die teils aus der Mineralverwitterung, teils aus dem vollständigen Abbau organischer Substanz stammen) ein wichtiges Nährstoffreservoir für die Pflanzen darstellen.

Für die so wichtige Krümelstruktur des Bodens sorgen die Bodenorganismen aber auch gewissermaßen mit ihrer eigenen Existenz. So sind fast alle Bakterienarten von Schleimhüllen umgeben, die bei den individuenstarken Kolonien zu einer regelrechten Verklebung organischer und anorganischer Teilchen führt, die man als **Lebendverbauung** bezeichnet. Auch Enchyträen (2–35 mm lange, weißliche Ringelwürmer) und Regenwürmer scheiden sowohl an ihrer Körperoberfläche als auch mit ihrem Kot Schleime aus, die zur Krümelbildung beitragen. Die Kothäufchen der Regenwürmer, die man oft auf dem Boden findet, sind sehr stabil und nährstoffreich. Man schätzt, daß durch die Regenwürmer jährlich zwischen 10 und 90 t Erde je Hektar umgesetzt werden, so daß in weniger als 100 Jahren die gesamte oberste Bodenschicht den Regenwurmdarm passiert.

Boden braucht eine Schutzhaut

Natürlich währt die Stabilität solcher Krümel nur begrenzte Zeit – wie ja überhaupt alles im Boden sich ständig verwandelt. Es ist deswegen von großer Bedeutung, daß dem Boden ständig neue organische Substanz zugeführt und damit das Bodenleben erhalten wird. Ebenso wichtig ist der Schutz der Bodenorganismen vor ungebrochenen Klimaeinflüssen. Unter natürlichen Bedingungen ist dies fast immer auf doppelte Weise gewährleistet. Durch den Schutz der lebenden **Vegetation** und durch den Schutz der aufliegenden **Streu.** Nackte Böden sind in der Natur fast immer weitgehend tote Böden.

Bei vom Menschen bewirtschafteten Böden läßt es sich dagegen kaum vermeiden, daß die sich entwickelte Vegetation immer wieder vernichtet, der Boden aufgerissen, die Boden-

Eine Mulchdecke hält den Boden lebendig.

schichten mit ihren sehr spezifischen Organismen durcheinander gebracht werden. Das hat negative Auswirkungen auf die Artenzusammensetzung vor allem bei den größeren Bodentieren und damit auf Humus- und Krümelbildung, auf Durchlüftung und Wasserführung, auf natürliche Nährstoffnachlieferung und Sorptionsvermögen. Manches davon läßt sich mit Maschinen und Mineraldüngern ersetzen. Jeder vernünftige Landwirt und Gärtner weiß aber auch, daß man ohne Pflege der Bodenorganismen und der Humusbildung in kurzer Zeit einen Boden herunterwirtschaften kann. Er sorgt darum für einen ausreichenden **Nachschub an organischer Substanz** und für möglichst **ständige Bodenbedeckung.**

Beides läßt sich in der Landwirtschaft verbinden durch den Anbau von Zwischenfrüchten. Zusätzliche organische Dünger (Mist, Gülle) verbessern die Fruchtbarkeit. Auf den kleineren Nutzflächen des Gartens lassen sich fast ideale (natürliche) Bedingungen schaffen durch die ganzjährige Abdeckung des Bodens mit organischem Material wie Laub, Grasschnitt, Stroh usw. Man nennt diese der natürlichen Streu abgeschaute Methode Mulchen. Unter dem Schutz einer **Mulchdecke** entwickelt sich ein so reiches Bodenleben, daß Düngung, Schädlingsbekämpfung und Unkrautbeseitigung zweitrangige Probleme werden.

Fassen wir zusammen: Der fruchtbare, pflanzentragende Boden ist Ort und Ergebnis ständiger Umwandlungen. In ihm begegnen sich und durchdringen sich wie kaum anderswo belebte und unbelebte Natur. Durch die Verwitterung des Mineralischen und durch die Verrottung des Organischen entstehen Stoffe (Tonmineralien und Huminsäuren), die trotz ihrer unterschiedlichen Herkunft soviel Ähnlichkeit haben, daß sie in den Ton-Humus-Komplexen gewissermaßen eine Ehe eingehen, aus der durch die Pflanzen neues Leben erwächst.

Der Abbau der organischen Abfälle nimmt – zumindest im gemäßigt-kühlen Klima – selten den direkten Weg einer vollständigen Mineralisierung zu Kohlendioxid, Wasser und Mineralsalzen. Es entstehen vielmehr Zwischenprodukte, die man in ihrer Gesamtheit als Humus bezeichnet. In Verbindung mit den abbauenden Organismen selbst und ihren Ausscheidungen entstehen aus Humus und Mineralien neue, widerstandsfähige Strukturen (Krümel), die für den Wasser- und Nährstoffhaushalt, für die Durchlüftung und für viele andere Eigenschaften des Bodens von großer Bedeutung sind. So wirkt im Boden eine außerordentliche Vielfalt von Vorgängen, Stoffen und Organismen in einer Weise zusammen, die das Gedeihen der Pflanzen fördert, ja oft erst ermöglicht.

Aus zwei Prozessen geht der lebendige Boden hervor: aus der Verwitterung der Mineralien und aus der Verrottung der organischen Abfälle.

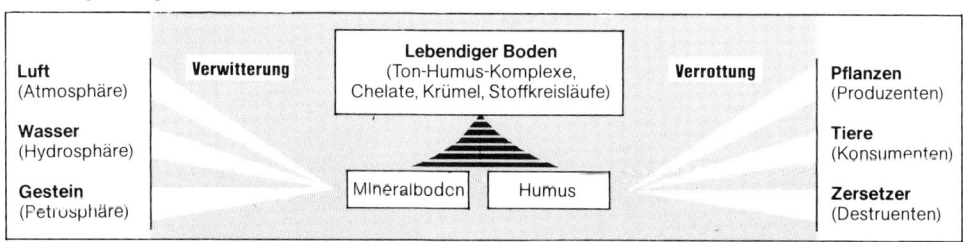

Die Pflanze – ein Sonnenwesen

Gleichgültig, welcher Art ein Garten ist – ob vorherrschend Nutzgarten, Ziergarten oder Naturgarten – er ist immer und vor allem anderen ein »botanischer Garten«. Pflanzen bestimmen sein Erscheinungsbild, gliedern den Raum in der Tiefe wie in der Höhe ... Doch da stockt schon der Gedankenfluß, denn hier trennen sich die Wege der Betrachtung.

Der eine Weg führt in die, man könnte sagen: architektonische Richtung. Da dient die Pflanze – als flächenhafter Bodenbedecker in der Masse ebenso wie als Solitär zur Betonung der Vertikalen – primär der Raumgestaltung. Gartenarchitekten mit einem Sinn fürs Bühnenbildhafte können damit bemerkenswerte Effekte erzielen, die durch den Einsatz kontrastierender Baustoffe und bodenformender Maßnahmen noch gesteigert werden können.

Ich sage das ein wenig spöttisch an die Adresse jener Gartengestalter und -besitzer, für die der Rasen wirklich bloß die Funktion eines Teppichs und die einzelne Bastardzypresse darin die Bedeutung eines (unbrauchbaren) Möbelstücks, allenfalls eines Kunstobjektes, eines Denkmals hat. Gekonnte Gartengestaltung, die von einem tiefen Verständnis der pflanzlichen Gestalt und der Pflanzengesellschaften ausgeht, ist dagegen eine Kunst, die hohe Achtung verdient.

Hier soll uns aber nicht die architektonisch-ästhetische Wirkung der Pflanzen beschäftigen, sondern die Pflanze selbst: als Sonnenwesen, als Grundform einer phantastischen Gestaltenfülle und als Grundlage für alles Leben überhaupt.

Wenn man von allen Besonderheiten absieht, die die verschiedenen Pflanzenarten voneinander unterscheiden, so kommt man gedanklich zu einer Art Urbild, das schon Goethe dazu angeregt hat, von der »Urpflanze« zu sprechen. Eine solche besteht grundsätzlich aus den beiden Wachstumspolen, dem nach oben strebenden **Sproß** und der in die Tiefe dringenden **Wurzel.** Diese polare Gliederung ist schon beim ganz jungen Embryo, meist längst vor der Samenreife, veranlagt. Der Sproß gliedert sich später in die Sproßachse (den Stengel) und die Blätter; eine Vielzahl von Seitensprossen kann dazukommen, wodurch die meisten Pflanzen ihre aktive Oberfläche enorm auffächern.

Was im Blatt vorgeht

Die Blätter sind die eigentlichen Lebensorgane der Pflanze. In ihnen findet die Photosynthese statt, jener Prozeß, bei dem in einmaliger Weise anorganische Stoffe der Luft und des Bodens mit Hilfe des Sonnenlichtes zu

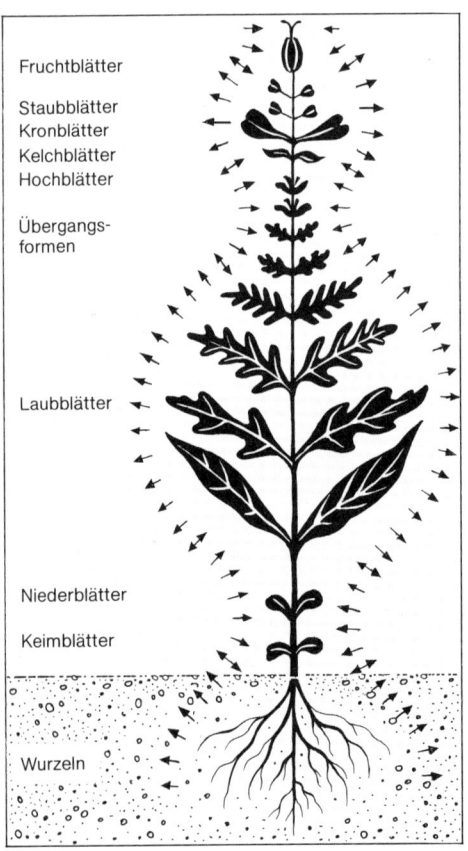

Fruchtblätter

Staubblätter
Kronblätter
Kelchblätter
Hochblätter

Übergangs-
formen

Laubblätter

Niederblätter

Keimblätter

Wurzeln

In den verschiedenen Sproßregionen der Pflanze lassen sich unterschiedliche Bildetendenzen beobachten, die sich in der Gestaltung der Blätter ausdrücken. (Vgl. hierzu auch Abb. S. 151.)

Die Pflanze – ein Sonnenwesen

kompliziert gebauten, organischen Stoffen umgewandelt werden. Äußerer und innerer Bau des Blattes stehen in enger Beziehung zu den Funktionen der Stoffumwandlung (Assimilation) und des Gasaustausches. So wird die flächenhafte Ausbildung der Blattspreite, ihre geringe Dicke und der meist deutlich ausgeprägte Unterschied zwischen Ober- und Unterseite verständlich aus der Notwendigkeit, möglichst viel Assimilationsgewebe (erkennbar am Blattgrün) dem Licht auszusetzen (Blattoberseite) und für den Gasaustausch geeignete Öffnungen (an der Blattunterseite) auszubilden. Der Querschnitt durch ein Blatt läßt schon durch die Ausbildung und Anordnung der verschiedenen Zellen, Gewebe und Organe auf die Zahl und Art seiner vielfältigen Funktionen schließen.

Durch die Spaltöffnungen kann das Blatt Luft aufnehmen und wieder abgeben, »atmen« also gewissermaßen. Der wesentliche Unterschied zur tierischen und menschlichen Atmung liegt in den chemischen Vorgängen.

Beim pflanzlichen Gasaustausch geschieht genau das Spiegelbildliche des tierischen. Die Pflanze nimmt aus dem Gasgemisch der Luft den geringen Anteil von Kohlensäure (CO_2) auf und scheidet im Licht verstärkt Sauerstoff (O_2) wieder aus. Während es ja bei uns, den Tieren und den Bodenorganismen bekanntlich umgekehrt ist: Wir verbrauchen Sauerstoff und scheiden Kohlensäure aus. Schon darin wird die gegenseitige Abhängigkeit, die Partnerschaft auf Leben und Tod zwischen Autotrophen (grünen Pflanzen) und Heterotrophen (Menschen, Tieren, Pilzen, Bakterien) deutlich, der wir auf Schritt und Tritt begegnen, wenn wir uns mit Fragen der Ökologie befassen.

Die vom Blatt aufgenommene Kohlensäure wird in den mit zahlreichen grünen Körnchen ausgestatteten, meist dicht-säulenförmig unter der Blattoberseite angeordneten Zellen zu Kohlenhydraten (Zucker, Stärke usw.) verarbeitet. Die grünen Körnchen (Chloroplasten) spielen dabei die wichtige und »technisch« sehr komplizierte Rolle der Energieübertragung. Dieser als **Photosynthese** bezeichnete Vor-

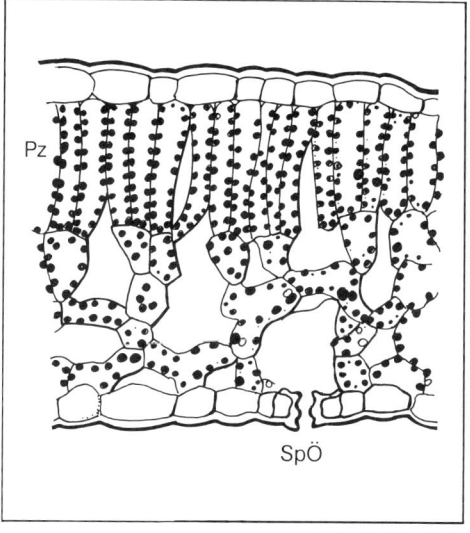

Blattquerschnitt mit chlorophyllhaltigen Palisadenzellen (Pz) an der Blattoberseite und dem Gasaustausch dienenden Spaltöffnungen (SpÖ) an der Blattunterseite

gang ist für das gesamte Leben (und übrigens auch für einen großen Teil der Technik) von grundlegender Bedeutung. Es ist der einzige – technisch bisher nicht nachvollziehbare – Prozeß, bei dem Strahlungsenergie der Sonne in großem Umfang in chemische Energie verwandelt und damit im Prinzip auf beliebige Zeit gespeichert werden kann. Die Syntheseleistung der Pflanzen ist nicht nur in qualitativer Hinsicht unnachahmlich, sie ist auch quantitativ gewaltig: 1 m² Blattfläche produziert stündlich etwa 1 g Zucker, eine ausgewachsene Buche pro Vegetationsperiode etwa 1,5 t. Der jährliche Assimilationsgewinn der gesamten Erdvegetation beträgt mehr als 100 Milliarden t Kohlenstoff, etwa das Hundertfache der Weltkohlenförderung. Obwohl diese jährlich produzierten Mengen im natürlichen Stoffkreislauf nahezu vollständig wieder abgebaut werden (s. S. 21), konnten sich doch im Verlauf der Jahrhundertmillionen jene Kohlenstoffvorräte ansammeln, die wir heute mit so kurzsichtiger Geschwindigkeit verbrauchen: Kohle, Erdöl und Erdgas.

Die Pflanze – ein Sonnenwesen

Blattformen

Das »Urbild« des Blattes besteht aus der Blattspreite, dem verschmälerten Blattstiel und dem wieder etwas kräftigeren Blattgrund (s. Abbildung). Aus diesen wenigen Elementen entfaltete die Pflanzenwelt eine schöpferische Fülle von Formen.

So kann der dem Stengel anliegende **Blattgrund** ganz schlicht bleiben, eine fleischige Röhre bilden (wie bei der Küchenzwiebel), als lange offene Scheide den Halm umschließen und stützen (wie bei Gräsern und Doldenblütlern). Er kann seitlich zu mehr oder weniger gestalteten Nebenblättern auswachsen (so bei Rosen und Weißdorn, bei Veilchen und Schmetterlingsblütlern), oder zu Dornen wie bei der Robinie, oder sogar zu Blättchen, die den eigentlichen Laubblättern vollständig gleichen – so bei den Labkräutern.

Der **Blattstiel** kann ganz in seiner Entwicklung unterdrückt sein, wie bei den Gräsern, wo der scheidige Blattgrund unmittelbar in die Blattspreite übergeht. Aber auch anderen Blättern kann er fehlen; man spricht dann von sitzenden Blättern.

Der größte Formenreichtum findet sich aber im Bereich der **Blattspreite.** Ihre Gestalt ist denn auch ein wichtiges Merkmal zum Bestimmen der Pflanzen. Da unterscheidet sich oft schon der Verlauf der Blattadern oder Nerven. Danach können wir meist schon die zwei großen Gruppen der bedecktsamigen Samenpflanzen unterscheiden: die parallelnervigen Einkeimblättrigen und die fieder- oder netznervigen Zweikeimblättrigen (s. S. 38).

Die große Mannigfaltigkeit der Blattformen läßt sich ein wenig ordnen, wenn man zwischen einfachen und zusammengesetzten Blättern unterscheidet. Das einfache Blatt ist immer als geschlossene Einheit erkennbar, auch wenn seine Ränder tief eingebuchtet sind. Zusammengesetzte Blätter bestehen dagegen aus mehreren, deutlich voneinander abgesetzten »Unterblättchen« oder Fiedern. Man nennt solche Blätter daher auch gefiedert.

All diese phantasievollen Blattformen lassen doch alle noch den Hauptzweck des Blattes erkennen: chlorophyllhaltiges Gewebe in ausgebreiteter Fläche dem Sonnenlicht auszusetzen, um organische Stoffe bilden, assimilieren zu können. Daneben gibt es aber eine Vielzahl

Parallelnerviges Blatt (Einkeimblättrige).

Netznerviges Blatt (Zweikeimblättrige).

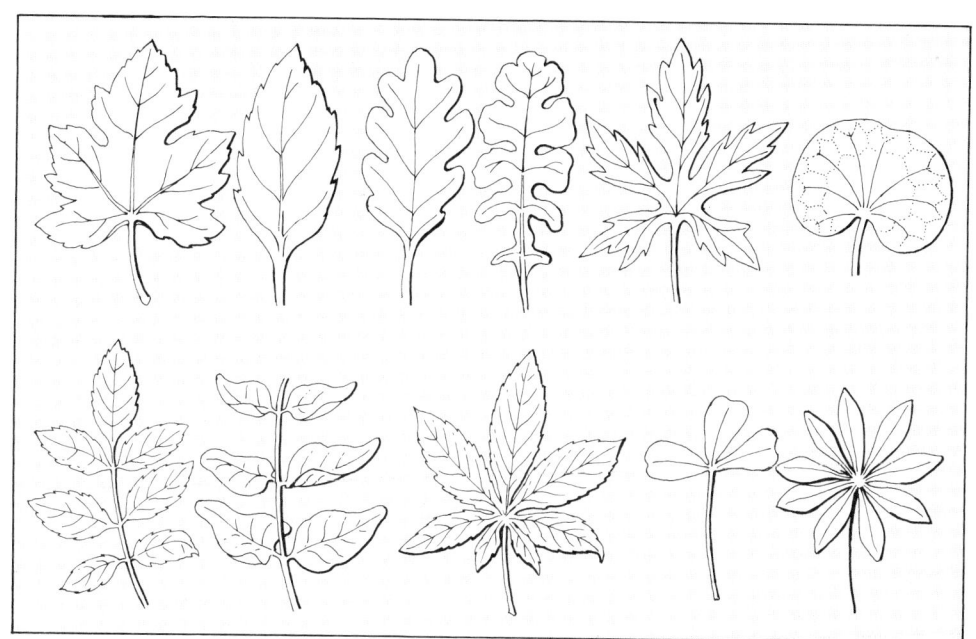

Die Vielfalt der Blätter läßt sich ordnen in einfache (oben) und zusammengesetzte Blätter.

von **Umbildungen** des Blattes, die zum Teil funktionell bedingt sind, wie etwa die Dornblätter der Berberitze oder die zu Ranken umgewandelten Fiederblätter der Platterbse. Andere Abwandlungen des ausgebreiteten grünen Blattes deuten eher auf unterschiedliche Bildungstendenzen in den verschiedenen Bereichen des Sprosses hin. Solche Abweichungen von der Laubblattform treten vor allem im unteren und unterirdischen Sproßbereich und dann wieder im höchsten, blütennahen Bereich auf. Man nennt sie entsprechend Niederblätter und Hochblätter.

Niederblätter sind einfache, oft nur schuppenförmige Gebilde. Sie entsprechen dem Blattgrund; Stiel und Spreite sind bei ihnen also unterdrückt. Man findet sie an der Basis der Sproßachse (z. B. bei der Saubohne) und vor allem an unterirdischen Sproßachsen, so an den bleichen Ausläufern der Quecke oder des Gierschs. Als Knospenschuppen können solche Niederblätter auch einmal im eigentlichen Laubblattbereich vorkommen.

Hochblätter hingegen werden immer nur oberhalb der Laubblattregion ausgebildet. Sie dienen meist als Deckblätter für Blüten und Blütenstände. Sie sind nicht selten farbig und nehmen oft an der Bildung der Blütenhülle teil

(z. B. bei der Pfingstrose, der Trollblume, beim Winterling). Beim Schwedischen Hartriegel, beim Wachtelweizen, bei der Großen Sterndolde und anderen Arten mit kleinen, unscheinbaren Blüten übernehmen Hochblätter auch die Funktion von Blumenblättern.

Ein interessantes Studienobjekt sind die vielerlei **Übergangsformen** zwischen Niederblättern und Laubblättern einerseits und zwischen Laubblättern und Hochblättern andererseits. Man gewinnt da oft den Eindruck, als würden verschiedene Gestaltungskräfte miteinander ringen (s. Abb. S. 28).

Hochblätter des Schwedischen Hartriegels.

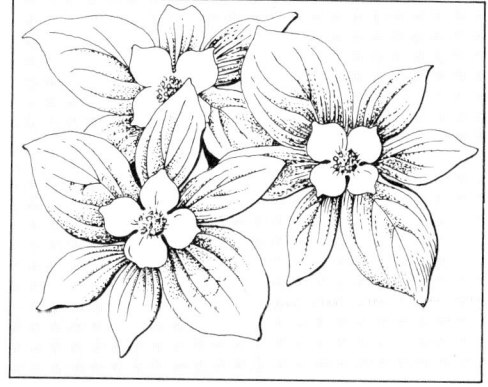

Die Pflanze – ein Sonnenwesen

Die Blüte

Die Metamorphosen des Blattes enden nicht in der Ausbildung von Nieder- und Hochblättern. Die verschiedenen Hochblattformen (und -farben!) deuten schon an, daß schließlich auch die Blüte mit ihren verschiedenen Organen aus abgewandelten Blättern zusammengesetzt ist.

Aus den Hochblättern aber entwickelt sich der **Kelch,** die äußerste Blütenhülle. Goethe schreibt dazu in seiner »Metamorphose der Pflanze«: »Daß die Blätter des Kelches eben dieselbigen Organe seien, welche sich bisher als Stengelblätter ausgebildet sehen lassen, nun aber oft in sehr veränderter Gestalt um einen gemeinschaftlichen Mittelpunkt versammelt stehen, läßt sich, wie uns dünkt, auf das deutlichste nachweisen.«

Die meist noch grünlichen Kelchblätter schützen die noch geschlossene Blütenknospe, fallen nach dem Aufblühen gelegentlich ab (Mohn), bleiben aber meist als äußere Blütenhülle erhalten. Sie können frei oder miteinander verwachsen sein.

Während der Sproß normalerweise an seiner Spitze – zumindest theoretisch – ständig weiterwachsen kann, stellt die Blüte immer einen Abschluß der Längenentwicklung des Sprosses dar. Die Sproßachse bleibt im Blütenbereich meist völlig ungestreckt, so daß ein eher tellerartiges Gebilde, der **Blütenboden,** entsteht, um den herum spiralig oder in mehreren Kreisen die nun völlig in den Dienst der Bestäubung und Fruchtbildung gestellten Blattorgane der Blüte angeordnet sind. Von unten nach oben, bzw. von außen nach innen folgen auf den Kelch: die von meist farbigen Blütenblättern gebildete **Krone,** die (männlichen) **Staubblätter** und der aus den Fruchtblättern zusammengesetzte (weibliche) **Fruchtknoten** mit seinem Empfangsorgan Griffel und Narbe. Kelch und Krone werden zusammen als Blütenhülle bezeichnet.

Auch in diesem Bereich können wir Übergänge beobachten, wie die zwischen Staubblättern und Blütenblättern der Seerose. In der Züchtung macht man sich diese Gestaltlabilität bei der Entwicklung »gefüllter« Sorten zunutze. In solchen Fällen haben sich die oft zahlreich angelegten Staubblätter in farbige Blütenblätter verwandelt. Eine Pracht fürs Auge, die von der Pflanze aber mit Unfruchtbarkeit und von den Bienen mit Nahrungsverlust bezahlt werden muß.

Während die meist prächtig ausgebildeten und gefärbten Blüten-, Blumen- oder Kronblätter der Insektenwerbung dienen (und uns Menschen zur Freude), fällt den Staubblättern und dem Fruchtknoten die eigentliche Fortpflanzungsaufgabe zu. Da es gewissermaßen ein allgemeines »Ziel« der Zweigeschlechtigkeit ist, die Erbanlagen verschiedener Individuen zu kombinieren, nimmt es nicht wunder, wenn wir in den Blüten der verschiedenen Arten die vielfältigsten Vorrichtungen feststellen, die eine **Selbstbestäubung verhindern.** Wir kommen bei den Beziehungen zwischen Tieren und Pflanzen darauf zurück.

Gewiß ist die Pracht der farbigen Blüten als »Schauapparat« und »Lockmittel«, als »Visitenkarte« für den Besuch von Insekten funktional zu erklären. In der unvorstellbaren Vielfalt an Formen und Farben drückt sich aber – wie in den Gestalten der Laubblätter – doch noch sehr viel mehr aus. Nicht umsonst ist die Blüte fast immer das beste Bestimmungsmerkmal. Sie ist gewissermaßen das »Gesicht« der Art, der am »individuellsten« (arttypischsten) ausgeprägte Teil der Pflanze. Und wir nehmen ja auch nicht an, daß die individuellen Unter-

Der Blütenquerschnitt läßt Kelch-, Kron-, Staubblätter und Fruchtknoten erkennen.

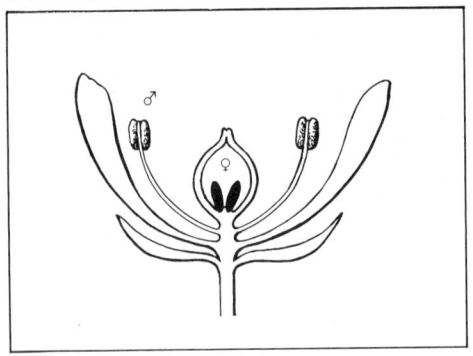

Übergänge zwischen Kron- und Staubblättern bei der Seerose (nach Suchantke).

schiede der menschlichen Physiognomie nur dem Zweck der Paßkontrolle dienen. Weil sich in der Blüte etwas vom Wesen der Pflanze ausdrückt, ist ihr Studium so reizvoll.

Besonders anregend ist das Zeichnen von **Blütendiagrammen** (s. S. 148). Man gewinnt dabei viel Einsicht in die Grundbaupläne und wird an den geometrischen Formen und Gesetzmäßigkeiten seine ästhetische Freude haben. Bei solchen Untersuchungen wird man bald auf allgemeine Unterschiede stoßen.

So können die Blütenblätter untereinander frei, oder aber miteinander zu einer Röhre verwachsen sein. Wir werden Auswüchse der Kronblätter finden, filigrane Gebilde wie bei den Nelken, zur Röhre verwachsen wie bei der Narzisse, oder als »Schlundschuppen« in den Blütenröhren von Boretsch- und Enziangewächsen. Schließlich werden wir mehr oder weniger deutliche Abweichungen von der radförmigen (radiären) Grundform finden. Vor allem einseits gewendete (dorsiventrale) Formen mit Rücken- und Bauchseite. Bei den weitverbreiteten Dorsiventralblüten können wir Schmetterlingsblüten, Lippenblüten, Rachen- und Zungenblüten unterscheiden.

Die Pflanze – ein Sonnenwesen

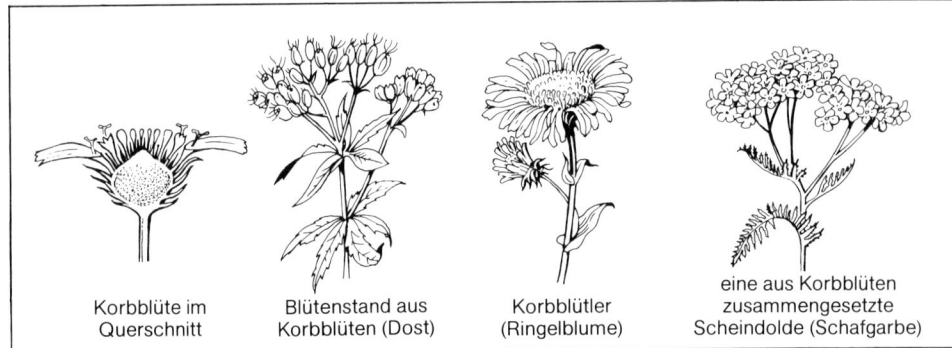

| Korbblüte im Querschnitt | Blütenstand aus Korbblüten (Dost) | Korbblütler (Ringelblume) | eine aus Korbblüten zusammengesetzte Scheindolde (Schafgarbe) |

Viele unterschiedlich gestaltete Einzelblüten bilden die Gestalt der Korbblüte.

Die Formenvielfalt der Einzelblüte wird noch einmal gesteigert durch die Möglichkeit, aus vielen Blüten zusammengesetzte **Blütenstände** zu bilden. Manche dieser Blütenstände erwecken so sehr den Anschein einer Einzelblüte, daß man schon genau hinsehen muß, um den »Betrug« zu entdecken. Wieviele ahnen nicht, daß sie mit einem Gänseblümchen, einer Ringelblume, einer Kornblume, einem Löwenzahn eigentlich schon immer einen ganzen Blütenstrauß pflücken! Diese Arten sind Vertreter der großen Gruppe der Korbblütler, bei denen die Einzelblüte meist ganz in den Dienst des allgemeinen Erscheinungsbildes, der vorgetäuschten Einzelblüte, treten. Die randständigen Blüten entwickeln je ein großes, nach

außen weisendes Blütenblatt, während sich die inneren Blüten meist mit unscheinbaren Blütenröhren begnügen, die nur in der Masse wirken. Leichter als Blütenansammlung erkennbar sind Köpfchen, Kolben, Trauben, Ähren, Rispen und Dolden. Allerdings sind auch in diesen Fällen die Einzelblütchen meist unscheinbar, mit kleinen Kronblättern und oft fehlendem Kelch.

Die eigentlichen **Geschlechtsorgane,** die männlichen Staubblätter und die weiblichen Fruchtknoten, erweisen sich als viel weniger formenfreudig. Da herrscht überwiegend strenge Funktionalität. Bei den Staubblättern variiert allenfalls die Zahl.

Etwas formenreicher sind die weiblichen Or-

Doldenförmige Blütenstände können sehr verschieden aufgebaut sein.

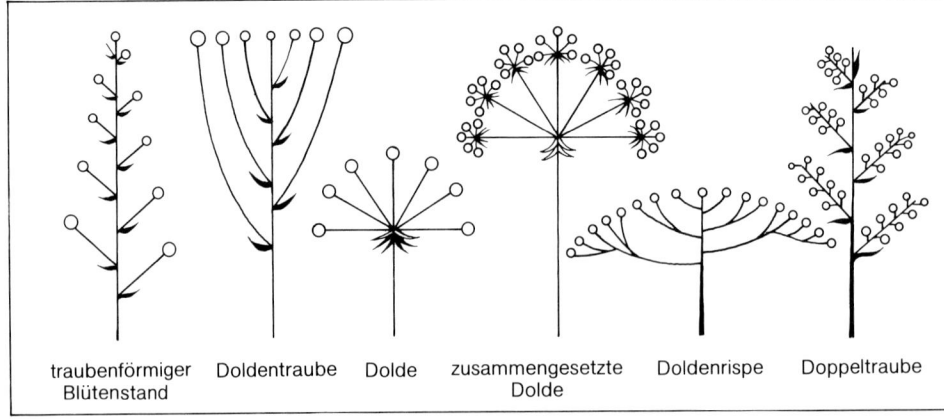

| traubenförmiger Blütenstand | Doldentraube | Dolde | zusammengesetzte Dolde | Doldenrispe | Doppeltraube |

Bei gefüllten Blüten sind Staubblätter zu Blütenblättern umgewandelt, oft auf Kosten der Fruchtbarkeit.

gane, was sich auch auf die große Vielfalt der Früchte auswirkt. Sie bestehen aus einem, zumeist aber aus mehreren **Fruchtblättern,** die bei der großen Gruppe der Bedecktsamigen (s. S. 38) ein Gehäuse bilden, das die Samenanlage birgt. Dieses Gehäuse kann aus einem, gewissermaßen zusammengerollten Fruchtblatt bestehen, wie bei den Schmetterlingsblütlern und Hahnenfußgewächsen. Meist aber verwachsen die Fruchtblätter einer Blüte zu einem gemeinsamen Gehäuse, dem Fruchtknoten. Die männlichen Erbanlagen des Pollens gelangen über die Narbe und den Griffel zu den Samenanlagen. Mit dem Pollenschlauch gelangen zwei Spermazellen in den Eiapparat. Es findet eine doppelte Befruchtung statt, aus der Embryo und Nahrgewebe hervorgehen.

Früchte

Die Samen stehen immer an den Blatträndern der Fruchtblätter. Wenn nur ein Fruchtblatt – zusammengefaltet und an den Rändern verwachsen – ein Gehäuse bildet, wie bei der Erbse, kann man noch leicht die Ursprünge erkennen: Die Erbsen (Samen) sitzen – wenn man die »Schote« (eigentlich Hülse) vorsichtig öffnet – zu beiden Seiten der Bauchnaht, die sich damit als Verwachsungsstelle der beiden Blattränder zu erkennen gibt. Die Rückennaht der Erbsenhülse entspricht der Mittelader des Laubblattes. Verwachsen die Fruchtblätter miteinander, so können sie das auf verschiedene Weise tun, wodurch die Stellung der Samen in der Frucht bedingt wird.
Diese ohnehin schon nicht ganz einfachen Ver-

Die Pflanze – ein Sonnenwesen

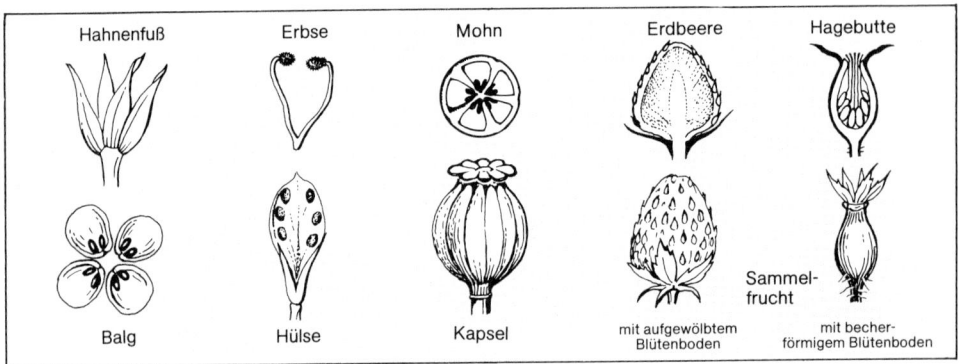

Hahnenfuß	Erbse	Mohn	Erdbeere	Hagebutte
Balg	Hülse	Kapsel	mit aufgewölbtem Blütenboden	Sammel-frucht / mit becherförmigem Blütenboden

An der Ausbildung von Früchten nehmen ganz verschiedene Pflanzenorgane teil.

hältnissen werden nun bei der Ausbildung der Früchte noch zusätzlich dadurch kompliziert, daß die verschiedensten Teile nicht nur der Fruchtblätter, sondern auch des Blütenbodens sich durch verstärktes Wachstum an der Fruchtbildung beteiligen können. Nur aus einem Fruchtblatt bestehen die **Balgfrüchte** der Hahnenfußgewächse und die **Hülsen** der Schmetterlingsblütler, während die **Schoten** des Rapses und anderer Kreuzblütler aus zwei Fruchtblättern gebildet werden. Die **Kapseln** – etwa von Johanniskraut, Schwertlilie, Nelken, Mohn und Glockenblumen – bestehen aus mehreren Fruchtblättern. Werden die Fruchtblätter fleischig-saftig, wie bei der Stachelbeere, Heidelbeere (aber auch bei der Gurke!), so heißt die Frucht **Beere**. Werden sie hart, wie bei Haselnuß, Buchecker und Eichel, so spricht man von **Nußfrüchten.** Von diesem Typ gibt es viele Abwandlungen: das Getreidekorn, der Flugsamen des Löwenzahns (dessen Schirmchen von den Kelchblättern gebildet wird), die Früchte des Ahorns, der Boretschgewächse und anderer. Von **Steinfrüchten** spricht man, wenn sich die Fruchtblätter des Samengehäuses nach innen zu einem Steinkern, nach außen zu einem fleischigen oder ledrigen Gewebe entwickeln. Zu den Steinfrüchten gehören Pflaumen, Kirschen, Aprikosen, Walnüsse, Mandeln.

Neben diesen Einzelfrüchten gibt es schließlich noch die **Sammelfrüchte,** bei denen aus je einem Fruchtblatt bestehende Einzelfrüchte durch den Blütenboden zu einer Scheinfrucht vereinigt werden. Bei der Erdbeere wölbt sich der Blütenboden zu einer fleischigen Masse, auf der die winzigen Einzelfrüchte kaum zu erkennen sind. Bei der Hagebutte werden die Einzelfrüchte – genau umgekehrt – vom Blütenboden krugförmig umhüllt. Äpfel, Birnen und Quitten (Kernobst) gleichen in ihrer Entstehung der Hagebutte, nur sind hier die pergamentartigen Fruchtblätter (das Kerngehäuse) mit dem sie umschließenden, mächtig angeschwollenen Blütenboden verwachsen. Brombeeren und Himbeeren schließlich sind Ansammlungen kleiner Steinfrüchte.

Ordnung der Vielfalt

Angesichts der verwirrenden Formenfülle im Pflanzenreich – von der hier ja nur ein schwacher Abglanz gegeben werden konnte – stellt sich die Frage nach einer ordnenden Übersicht ganz von selbst. Eine sehr einfache Möglichkeit der Zuordnung hängt mit der Frage zusammen, wie die verschiedenen Pflanzenarten den Winter überstehen. Frost wirkt ja in doppelter Weise zerstörerisch: Die Eiskristalle sprengen die Zellen, und sie verhindern das Strömen der Säfte. Es treten daher mechanische Schäden und Trockenschäden auf. Durch Veränderungen der Zellsäfte und durch Rückzug in weniger frostgefährdete Bereiche wissen sich die Pflanzen zu schützen. Nach der Art

Die Pflanze – ein Sonnenwesen

der überwinternden Organe unterscheidet man:

- Luftpflanzen mit Erneuerungsknospen hoch über dem Boden (Bäume, Sträucher),
- Zwergpflanzen mit Knospen nahe dem Boden (Halb- und Zwergsträucher, Polsterstauden), Frostschutz meist durch Schnee,
- Oberflächenpflanzen mit Knospen im Niveau des Bodens (Stauden mit Blattrosetten und andere zwei- bis mehrjährige, krautige Pflanzen),
- Erdpflanzen mit Knospen unter der Erdoberfläche (Pflanzen mit Rhizomen, Knollen, Rüben, Zwiebeln),
- Einjährige Kräuter, von denen nur die Samen den Winter überstehen.

Die in der Gartenpraxis übliche Einteilung in
- Bäume und Sträucher (Gehölze),
- Stauden (mehrjährige, ausdauernde Kräuter),
- Ein- und Zweijährige (»Sommerblumen«)

deckt sich zum Teil mit den als »Lebensformen« der Pflanzen bezeichneten Überwinterungsarten.

Eine so einfache Einteilung wird aber natürlich der großen Artenfülle nicht gerecht. Insgesamt dürfte es nahezu 500 000 lebende Pflanzenarten geben, davon die Hälfte Blütenpflanzen. (Rund 2500 Arten von Farn- und Blütenpflanzen kommen in Mitteleuropa vor.) Schon Linné versuchte (1738), ein natürliches System aufzustellen, in dem die Pflanzen nach gemeinsamen, wesentlichen Merkmalen geordnet sind. (Ein künstliches System wäre etwa eine Gliederung nach Blütenfarben.) Später flossen die aus der Abstammungslehre gewonnenen Vorstellungen in die Systematik mit ein sowie Ergebnisse aus fast allen Forschungsbereichen.

Die Grundeinheit der modernen Systematik ist die **Art.** Die Angehörigen einer Art gleichen sich untereinander in allen wesentlichen, erblich konstanten Merkmalen und unterscheiden sich darin von anderen, nahverwandten Arten. Geringe Abweichungen von den Artmerkmalen faßt man zu Unterarten, Varietäten oder Formen zusammen (Züchtungen bezeichnet man meist als Sorten). Nah verwandte Arten werden zur nächsthöheren systematischen Einheit, der **Gattung,** zusammengefaßt. Gattungen gehören zu **Familien,** Familien zu **Ordnungen,** diese zu **Klassen** mit **Unterabteilungen** und **Abteilungen.**

Die überwinternden Organe (schwarz) von Pflanzen ermöglichen eine Grobgliederung.

Die Pflanze – ein Sonnenwesen

Die zehn Ordnungen der Einkeimblättrigen in Mitteleuropa mit Beispielen (in Klammern: Artenzahl)

Froschlöffelartige: Froschlöffel, Pfeilkraut, Schwanenblume (9)

Froschbißartige: Wasserpest, Krebsschere, Froschbiß (7)

Laichkrautartige: Blumenbinse, Laichkraut, Nixenkraut (36)

Lilienartige: Zeitlose, Lauch, Türkenbund, Hyazinthe, Narzisse, Iris (90)

Knabenkrautartige: Frauenschuh, Sumpfwurz, Ragwurz, Orchis (70)

Binsenartige: Binse, Hainsimse (50)

Sauergräser: Wollgras, Simse, Schneide, Segge (160)

Rohrkolbenartige: Rohrkolben, Igelkolben (8)

Süßgräser: Trespe, Schwingel, Weidelgras, Quecke, Getreidearten, Mais (270)

Aronstabartige: Kalmus, Drachenwurz, Aronstab, Wasserlinse (9)

| 0 | 50 | 100 | 150 | 200 | 250 | 300 | (Artenzahl) |

Die wichtigsten Gruppen der Zweikeimblättrigen mit Beispielen (in Klammern: Artenzahl)

Seerosenartige: See- und Teichrose, Hornblatt (7)

Hahnenfußartige: Trollblume, Nieswurz, Akelei, Rittersporn, Windröschen (90)

Mohnartige: Mohn, Lerchensporn, Erdrauch (25)

Buchenartige: Buche, Birke, Hasel (20)

Brennesselartige: Ulme, Hanf, Brennessel (17)

Steinbrechartige: Johannisbeere, Hauswurz, Fetthenne, Steinbrech (70)

Rosenartige: Spiräe, Fingerkraut, Erdbeere, Rose, Himbeere, Apfel (130)

Schmetterlingsblütler: Ginster, Klee, Erbse, Bohne, Robinie (140)

Storchschnabelartige: Sauerklee, Flachs, Kapuzinerkresse (40)

Doldenblütler: Efeu, Manntreu, Kerbel, Kümmel, Bärenklau, Möhre (105)

Veilchenartige: Veilchen, Stiefmütterchen, Sonnenröschen (35)

Kohlartige (Kreuzblütler): Schaumkraut, Senf, Kohl, Rettich (160)

Weidenartige: Weide, Pappel (45)

Malvenartige: Malve, Linde (13)

Heidekrautartige: Heidekraut, Krähenbeere (30)

Primelartige: Schlüsselblume, Soldanelle, Gilbweiderich (40)

Nelkenartige: Vogelmiere, Hornkraut, Rübe, Melde, Nelke (185)

Knöterichartige: Ampfer, Knöterich, Buchweizen (37)

Enzianartige: Enzian, Fieberklee, Immergrün, Labkraut (85)

Kardenartige: Geißblatt, Baldrian, Schneeball, Holunder, Karde (55)

Sperrkrautartige: Winde, Boretsch, Vergißmeinnicht, Beinwell (70)

Rachenblütler: Nachtschatten, Tollkirsche, Tomate, Kartoffel, Fingerhut (195)

Lippenblütler: Taubnessel, Salbei, Thymian, Minze (115)

Glockenblumenartige: Glockenblume, Lobelie (45)

Asternartige: Gänseblümchen, Sonnenblume, Kamille, Löwenzahn (335)

| 0 | 50 | 100 | 150 | 200 | 250 | 300 | (Artenzahl) |

Pflanzen in ihrer Umwelt

Pflanzen haben kein Innenleben. Alles an ihnen ist Oberfläche. Ihr Zentrum liegt – paradox gesagt – in ihrer Umwelt. Darin unterscheiden sie sich grundlegend vom Tier, das sich nach außen abschließt, ein inneres Zentrum (und damit »Innerlichkeit«) ausbildet – worauf ich zurückkommen werde (s. S. 53). Wer also das Wesen des Pflanzlichen begreifen will, muß sich insbesondere den Beziehungen zwischen Pflanze und Umwelt zuwenden, muß vor allem ihr Verhältnis zu den vier »Sphären«, Wasser, Mineralstoffe, Luft und Licht/Wärme, betrachten. Und er muß die Beziehungen studieren, die zwischen den Pflanzen bestehen. Denn die Pflanzengesellschaft, die Vegetation, in der die einzelne Pflanze sich entfaltet, ist so etwas wie ein Überorganismus, eine höhere Organisationsstufe, so wie der Organismus die einzelne Zelle, das einzelne Organ übergreift.

Wurzeln – Leben im Dunkeln

So sehr sind Pflanzen Lichtwesen, daß wir dazu neigen, ihre »Schattenseiten« zu übersehen, das unterirdische Leben ihres Wurzelpols. Hier ist manches allerdings radikal (von *radix* = die Wurzel) anders als im Bereich der Blätter und Blüten – aber nicht weniger faszinierend.

Schon die Wachstumsrichtung ist bei der Wurzel genau umgekehrt wie beim Sproß. Eine Selbstverständlichkeit? In Zentrifugalversuchen konnte man nachweisen, daß die **Schwerkraft** zumindest in vielen Fällen die richtende Kraft ist. Sie spielt auch bei der (umgekehrten) Wachstumsrichtung des Sprosses (neben dem Licht) eine Rolle. Wie im einzelnen die Schwerkraft von der Pflanze wahrgenommen und wie dann dieser Reiz umgesetzt wird in die entsprechenden Wachstumsvorgänge ist freilich noch ziemlich rätselhaft.

Die Spiegelbildlichkeit zwischen Sproß und Wurzel zeigt sich – wenigstens in manchen Fällen – auch im **Einfluß des Lichtes.** Daß sich das Wachstum der oberirdischen Pflanzenteile auch nach dem Licht richtet, das weiß ja jeder, der schon einmal Topfpflanzen am Fenster gehalten hat. Und wie ist es bei der Wurzel? Normalerweise ist ja die Wurzel dem Licht nicht ausgesetzt. Also sollte man hier überhaupt keine Lichtempfindlichkeit annehmen. An Keimpflanzen, z. B. vom Senf und von der

Flach- und Tiefwurzler erschließen verschiedene Bodenbereiche.

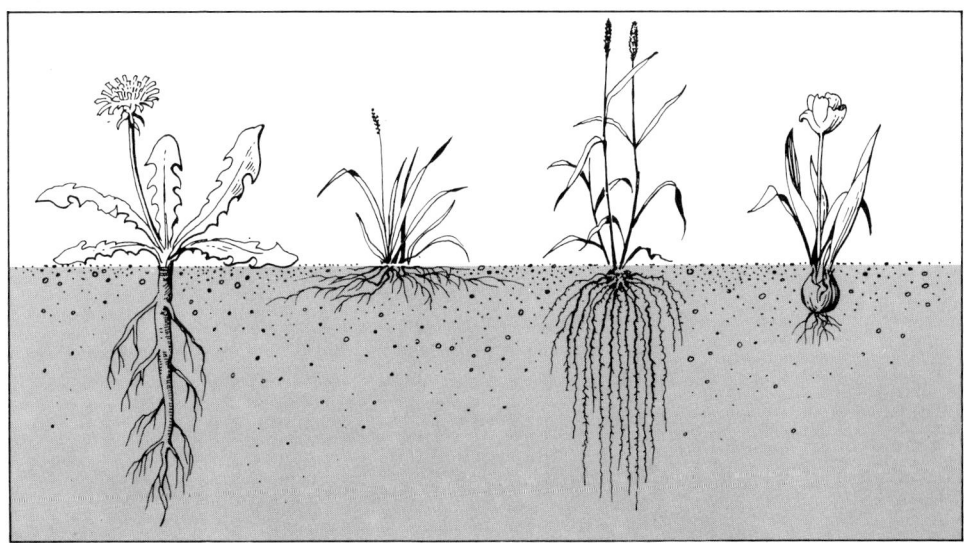

Pflanzen in ihrer Umwelt

Sonnenblume, kann man aber beobachten, daß deren Wurzeln vom Licht wegwachsen, wenn man sie in ein Glas mit Nährlösung bringt und einseitig beleuchtet. Diese unerwartete Fähigkeit macht es dem Efeu leichter, mit seinen zu Haftorganen umgebildeten Luftwurzeln in der richtigen Richtung nach Halt zu suchen.

Daß es in der Wirklichkeit der Naturzusammenhänge selten nur **eine** Ursache für etwas gibt, zeigt schon die Tatsache, daß die Wurzeln durchaus nicht nur senkrecht in die Tiefe wachsen. Jede vom Sturm umgeworfene Fichte demonstriert mit ihrem flachen Wurzelteller, daß die Masse des Wurzelsystems offenbar auch überwiegend waagrecht sich ausbreiten kann. Solche Verhältnisse finden wir bei allen **Flachwurzlern,** bei Gräsern etwa, aber auch bei vielen Kräutern und Gehölzen, besonders ausgeprägt bei zahlreichen Wüstenpflanzen, die den Boden dicht unter der Oberfläche in weitem Umkreis nach dem spärlichen Niederschlagswasser absuchen. Häufig streben dann die Hauptwurzeln nach der Peripherie, während die von ihnen abzweigenden Nebenwurzeln in die Tiefe vordringen.

Gerade umgekehrt ist es bei den **Tiefwurzlern,** die in der Regel mit einer zentralen Pfahlwurzel manchmal bis mehrere Meter tief in den Boden vordringen. Ihre Seitenwurzeln wachsen dagegen mehr in die Horizontale und erschließen mit neuerlichen Seitenwurzeln nach allen Richtungen einen weiten Bodenraum.

Die eigentlichen Aufnahmeorgane der Wurzel sind sehr kleine und zarte Ausstülpungen junger Wurzelhautzellen. Diese **Wurzelhaare** entstehen daher auch nur in einer Zone unmittelbar im Anschluß an die vorwärtswachsende Wurzelspitze. An den Keimlingen von Getreide kann man sie als zarten weißen Flaum mit bloßem Auge erkennen – allerdings nur, wenn man sie ohne Erde kultiviert. Denn in der Erde schmiegen sich diese Wurzelhärchen so dicht an Erdpartikel an, daß beides nicht mehr zu trennen und zu unterscheiden ist. Wie diese dünnwandigen, außen schleimüberzogenen Wurzelzellen durch das Porensystem des Bodens dringen und dessen Krümel umfließen,

Tief- und flachwurzelnde Pflanzenarten

Tiefwurzler	Flachwurzler
Bäume	
Eiche	Birke
Edelkastanie	Erle
Esche	Fichte
Lärche	Hainbuche
Tanne	Pappel
Ulme	Robinie
	Schwarzkiefer
	Weide
Kräuter und Gräser	
Erbse (0,5–1,2 m)	die meisten Süß- und
Lupine (0,7–2,3 m)	Sauergräser zahlreiche
Luzerne (bis 2,7 m)	Kräuter
Raps (bis 3 m)	
Rotklee (0,8–2,3 m)	
Wicke (0,3–0,9 m)	
Ampfer	
Löwenzahn	
Wilde Möhre u. a. m.	

um das ihnen anhaftende Wasser und die gelösten Mineralstoffe aufzusaugen – das erinnert an einzellige tierische Lebensformen, an Amöben.

Auf der Suche nach immer neuen »Nahrungsquellen« dringen die Wurzelspitzen mit einer Geschwindigkeit von 5–10 mm/Tag wie Stollen eines Bergwerks nach allen Richtungen vor. Und immer neue Wurzelhärchen entstehen hinter der keilförmigen Wurzelhaube, um das von Bodenkolloiden (s. S. 19) und Kapillaren festgehaltene Wasser aufzunehmen. Die Wurzelhärchen sterben übrigens schon nach wenigen Tagen wieder ab, nachdem sie das neu erschlossene Gebiet gründlich »abgeweidet« haben.

Mineralstoffe und die umstrittene Düngung

Es kommt mir oft so vor, als würden wir unsere eigenen Ernährungsgewohnheiten auf die Pflanzen übertragen, wenn wir von »Nährstoffen« oder »Nährsalzen« sprechen und damit die Mineralstoffe meinen, die die Pflanzen mit den Wurzeln aufnehmen. In Wirklichkeit ernähren sich die Pflanzen von der Kohlensäure der Luft. Die Mineralstoffe des Bodens sind sozusagen nur das »Salz in der Suppe«; sie sind genausowenig nahrhaft, wie das Kochsalz für uns. Das geht aus jeder Analyse pflanzlicher Substanzen hervor.

Zwischen 70 und 98% des Frischgewichtes ist ohnehin Wasser. (Nur ruhende Samen haben einen Wassergehalt von weniger als 15%.) Die nach Entwässerung übrigbleibende Trockensubstanz besteht im wesentlichen aus den sechs Grundbausteinen: Kohlenstoff (C), Sauerstoff (O), Wasserstoff (H), Stickstoff (N), Schwefel (S) und Phosphor (P) – wobei der Kohlenstoff mit etwa 50% überwiegt. Sauerstoff und Wasserstoff machen zusammen weitere rund 30% aus, so daß bloß ein Rest von 20% der Trockensubstanz sich aus allen übrigen Elementen zusammensetzt. Bei einem Wassergehalt von 80% entspricht dieser Rest einem Anteil von 4% des Lebendgewichtes. Zwischen 2 und 20% der Trockensubstanz (also 0,4–4% des Frischgewichtes) bleiben nach dem Verbrennen als Asche übrig.

Mineralstoffgehalte verschiedener Pflanzensubstanzen (nach Mengel)

Element	Grünhafer	Haferstroh	Grünraps
(Angaben in mg/g Trockensubstanz)			
N	39	4,5	55,6
P	4,4	1,2	4,9
S	3,2	3,3	9,3
Cl	15,3	14,2	12,1
K	43	13,8	46,0
Na	5,3	3,2	1,3
Ca	9,4	9,0	29
Mg	2,1	1,0	2,0
Si	3,5	3,3	3,4
(Angaben in ppm der Trockensubstanz)			
Fe	74	85	550
Mn	132	51	250
Cu	7,4	2,3	7
Zn	41	42	85
B	5,6	6,6	35
Mo	1,9	1,0	–

Wenn Mineralstoffe auch mengenmäßig keinen großen Anteil haben an den Körpersubstanzen der Pflanzen, so besteht andererseits kein Zweifel daran, daß sie in geringen Mengen lebensnotwendig sind. Die Tabelle gibt die wichtigsten an.

Darüber hinaus brauchen die Pflanzen bestimmte Mineralstoffe in Spuren; man nennt sie daher **Spurenelemente.** Dazu gehören Eisen, Mangan, Zink, Kupfer, Molybdän, Chlor und Bor.

All diese Stoffe kommen gewöhnlich in ausreichenden Mengen im Boden vor. Sie stammen mit Ausnahme des Stickstoffs alle aus den verwitternden Gesteinen (s. S. 19). In Versuchen mit Nährlösungen hat sich gezeigt, daß die Gesamtkonzentration an Salzen 0,16 bis 0,25% nicht übersteigen darf und daß die Ausgewogenheit zwischen den verschiedenen Stoffen von größter Bedeutung ist (s. S. 145).

Im ungedüngten Boden sind die Salzkonzentrationen nie so hoch. Vor allem liegen die Mineralstoffe so gut wie nie in freier Lösung vor, sondern in sorptiver Bindung an Bodenteilchen (s. S. 20). Ist das nicht der Fall, werden sie mit jedem stärkeren Regen rasch in die Tiefe geschwemmt. Der langsame Abbau sowohl der Mineralien als auch der organischen Abfälle sorgt unter natürlichen Bedingungen für eine stetige Nachlieferung an Mineralstoffen, ohne daß es dabei zu erhöhten Konzentrationen kommt. Da viele dieser chemischen und bodenbiologischen Vorgänge temperaturabhängig sind, wie das Pflanzenwachstum selbst, stimmen Angebot und Nachfrage weitgehend überein, zumal sich die Pflanzenwurzeln am Abbau auch aktiv beteiligen. Die Pflanzen müssen sich also normalerweise »anstrengen«, um an die benötigten Mineralstoffe des Bodens zu gelangen.

Andererseits treten in der Regel auch keine wirklichen Mangelsituationen ein, da die Mineralstoffe – einschließlich des organisch gebundenen Stickstoffs – in einem nahezu perfekten **Kreislauf** immer wieder neu zur Verfügung stehen. Wo freilich der Mensch in größerem Umfang pflanzliches Material erntet und abtransportiert, wird dieser Stoffkreislauf ge-

Pflanzen in ihrer Umwelt

Die wichtigsten Mineralsalze des Bodens (nach A. Finck)

Element	Häufige Gehalte in Böden ‰/Trockensubstanz	Aufnahme als Ion	Wichtige Funktionen in Pflanzen
N	0,3–3	NO_3^- NH_4^+	Baustein von Eiweiß, Nucleinsäuren, Enzymen, Vitaminen: allg. Ionenwirkung (Erzeugung eines osmostischen Drucks)
P	0,1–1	$H_2PO_4^-$ HPO_4^{2-}	Baustein von Phytin, Phosphatiden, Nucleinsäuren; Aktivierung von Verbindungen durch Phosphorylierung: allg. Ionenwirkung
S	0,1–1	SO_4^{2-}	Baustein von Eiweiß, Enzymen, Vitaminen, sekundären Pflanzenstoffen: allg. Ionenwirkung
K	2–30	K^+	Allg. Ionenwirkung und Quellung: Aktivierung von Enzymen
Ca	2–15	Ca^{2+}	Allg. Ionenwirkung und Entquellung; Aktivierung von Enzymen: Baustein von Phytin, Pektin, sekundären Pflanzenstoffen
Mg	1–10	Mg^{2+}	Baustein von Chlorophyll, Phytin, Pektin; Aktivierung von Enzymen: allg. Ionenwirkung

stört, und es muß für Ersatz gesorgt werden, wo das Nachlieferungspotential des mineralischen Bodens nicht ausreicht. Über solche Grundtatbestände gibt es auch keine Auseinandersetzungen zwischen »biologischen« und »konventionellen« Bauern und Gärtnern. Meinungsverschiedenheiten entstehen erst bei der Art und beim Umfang der Düngung. Insbesondere bei der Stickstoffdüngung scheiden sich die Geister – und nicht ohne Grund.

Stickstoff

Stickstoff ist ja der einzige nicht aus den Bodenmineralien stammende »Mineral«-stoff. Mit 78 Volumenprozent macht er den größten Teil der Luft aus, allerdings in einer chemisch außerordentlich trägen Form, in der er von den Pflanzen nicht verwertet werden kann. Wie wir schon sahen (s. S. 22), sind die Pflanzen da ganz auf die Mithilfe von Bodenbakterien angewiesen, die die Fähigkeit haben, Luftstickstoff organisch binden und schließlich

in Nitrat oder Ammonium umwandeln zu können. Nur in dieser wasserlöslichen Form ist er den Pflanzen zugänglich.

Im übrigen spielen gerade bei der natürlichen Stickstoffversorgung der Pflanzen Stoffkreisläufe eine besonders wichtige Rolle, denn ein wesentlicher Teil des jährlich verfügbaren Stickstoffs stammt aus den abgebauten organischen Abfällen und den dabei entstehenden, dauerhafteren Zwischenprodukten des Humus (s. S. 26). Unter natürlichen Bedingungen kommen die gelösten Stickstoffsalze nie in nennenswerten Mengen im Bodenwasser vor. Sie würden auch allzu rasch ausgewaschen. So sind die meisten Pflanzen auf eine eher **knappe Stickstoffversorgung** eingestellt. Einem Überangebot an Nitrat- oder Ammonium-Ionen, wie es bei der Mineraldüngung unvermeidlich ist, stehen sie gewissermaßen wehrlos gegenüber. Die für die gesamte Vegetationsperiode berechnete Stickstoffmenge wird gewöhnlich auf ein- oder zweimal gegeben, was zur Folge hat, daß sich die Pflanzen eine zeitlang regelrecht an Stickstoff überfressen, bis kräftige Niederschläge den Überschuß in die Tiefe (sprich: ins Grundwasser) ausgewaschen haben. (Man rechnet mit 30–40 kg Stickstoff, die jährlich von einem Hektar Landwirtschaftsfläche ausgewaschen werden. Die gesundheitlich sehr bedenkliche Nitratbelastung des Grundwassers nimmt dadurch ständig zu.)

Im pflanzlichen Stoffwechsel ist der Stickstoff vor allem an der Bildung von Eiweißstoffen beteiligt, und die wiederum werden besonders reichlich in jungem, wachsendem Gewebe gebildet. Reichlich Stickstoff hat daher üppiges, aber wässriges Zellwachstum zur Folge. Er behindert die Bildung gewebefestigender Stoffe wie Zellulose und Lignin (Holzstoff), er verzögert oder hemmt die **Reifung** des Gewebes. Die mächtig ins Blatt und in die Länge gehenden Pflanzen werden dadurch anfällig gegen Windwurf (z. B. Getreide), gegen (Pilz-)Krankheiten und Schädlinge. Der Geschmack überdüngter Früchte ist meist fade und ihre Haltbarkeit gering.

Aus all diesen Gründen hütet man sich im biologischen Landbau ganz besonders vor jedem Zuviel an Stickstoff – auch in organischer Form. (Mit zuviel Jauche oder Mist kann man die gleichen Schäden anrichten wie mit zuviel mineralischem Stickstoff.) Es ist daher in den Anbaurichtlinien des biologischen Landbaus verboten, industriell erzeugten Stickstoff überhaupt zu verwenden. Und für die Anwendung der organischen Dünger gibt es verschiedene Vorschriften, die sicherstellen, daß möglichst viel des im Mist enthaltenen Stickstoffs durch Verrottung den Pflanzen auf dem Umweg über das Bodenleben langsam, aber stetig zugeführt wird.

Da die tierischen Dünger eines Hofes meist nicht für eine vollständige Stickstoffversorgung ausreichen, baut man im biologischen Landbau als Zwischenfrüchte und Futterpflanzen bevorzugt **Leguminosen** an (Schmetterlingsblütler wie Klee, Luzerne usw.), die mit ihren Wurzelknöllchen die Fähigkeit haben, erhebliche Stickstoffmengen zu binden: bis zu 300 kg/ha und Jahr. Auch die sogenannte **Gründüngung** spielt eine wichtige Rolle. Da-

Die Esparsette gehört zu den Leguminosen.

bei wird zur Aktivierung des Bodenlebens grüne Blattmasse (z. B. von Senf, Raps oder Ackerbohne) untergepflügt.

Diese Methoden sind nicht nur für Pflanzen und Grundwasser, also ökologisch, verträglicher, als die Düngung mit Mineralstickstoff, sondern sie haben auch ökonomische Vorteile:

■ Die stickstoffbindenden Bakterien des Bodens werden dadurch nicht wie beim Mineral-

Raps dient auch der Gründüngung.

Pflanzen in ihrer Umwelt

Sellerie braucht viel Kalium.

stickstoff geschädigt und ausgeschaltet, sondern aktiviert; das hat – zusammen mit den geringeren Verlusten ins Grundwasser – insgesamt einen geringeren Düngemittelaufwand zur Folge.

- Die industrielle Erzeugung von Stickstoffdüngern ist außerordentlich energieaufwendig; man spart mit der organischen Düngung daher wertvolle Rohstoffe (Erdöl, Kohle),

bzw. macht den Bau weiterer Atomkraftwerke überflüssig.

Phosphor und Kali

Phosphor und **Kali** kommen in den meisten Böden ausreichend vor. Allerdings reicht die Nachlieferung aus dem mineralischen Verwitterungsprozeß für eine intensive Nutzung oft nicht aus. Der erhöhte Bedarf muß also über organische Dünger (siehe Tabelle) oder über möglichst schwerlösliche Mineraldünger gedeckt werden. Weicherdiges Rohphosphat (»Hyperphos«) oder Thomasmehl sind geeignete Phosphatzusatzdünger, die auch im biologischen Landbau zugelassen werden. Chlorfreie Kalimagnesia (»Patentkali«) kann in geringen Mengen zu besonders kaliumbedürftigen Kulturen (z. B. Sellerie, Rüben, Himbeeren) gegeben werden, sofern man nicht Holzasche als wertvollen Kalidünger organischen Ursprungs einsetzen kann. Die abwertende Bezeichnung »Kunstdünger« trifft hier nicht zu.

Zugekaufte Dünger*
- Organische Ergänzungsdünger, vornehmlich als Stickstofflieferanten, z. B. Hornmehl, Knochenmehl, Rhizinusschrot, Vogeldünger u. a.

Erlaubt sind nur organische Grundstoffe

Nährstoffgehalte organischer Dünger

Dünger	Gehalt in %				
	N	P_2O_5	K_2O	Ca	org. Masse
Blutmehl	10–15	1,3–1,5	0,7–0,8	0,8	65
Guano	6–8	11–13	0,4–2,5	15–20	40–50
Holzasche	–	2–4	6–10	30	–
Hornmehl, Hornspäne	9–14	4–8	–	6–7	70–80
Hühnermist	1,6	1,5	0,9	3	25–30
Klärschlamm	0,4	0,2	0,2	2–3	20–25
Knochenmehl	3–5	20–30	0,2	30	–
Pferdemist, frisch	0,5	0,3	0,4	0,2	30
Rindermist, frisch	0,4	0,2–1,6	0,5–4	0,5–3	20–40
Rindermist, trocken	1,6	1,5	4,2	4,2	45
Rizinusschrot	5	0,3	0,4	1	40

ohne Beimischung von chemisch-synthetisierten Zusätzen.

■ Mineralische Ergänzungsdünger: Urgesteinsmehle, Quarzmehle, Rohphosphate, Thomasmehl, Patentkali, Meeralgenkalk, langsamwirkende Düngekalke wie kohlensaurer Kalk, Dolomitkalk, Konverterkalk, Muschelkalk.

Beim Einsatz und der Bemessung vor allem der Phosphor- und Kalidüngung sind Bodenvorräte und Hofdünger mit zu berücksichtigen. Die Höhe dieser Düngung ist abhängig von der Auswertung der Bodenprobe.

Präparate zur Beschleunigung der Umsetzungsvorgänge*
Symbioflor-Humusferment, Humofix, Eokomit, Amalgerol u. a.

* Aus den »Erzeugungsrichtlinien der Fördergemeinschaft organisch-biologischer Land- und Gartenbau e. V.«, Stand 29. 9. 1979

Kalk

Ein besonderes Kapitel ist der **Kalk.** Die für den pflanzlichen Stoffwechsel nötigen Mengen an Calcium sind fast überall ausreichend vorhanden. Darüber hinaus hat Kalk aber entscheidende Bedeutung für den Säuregrad (pH-Wert, s. S. 142) des Bodens, von dem wiederum die gesamten chemischen und auch die biologischen Vorgänge beeinflußt werden. Auch der physikalische Zustand des Bodens (Krümelstruktur, s. S. 20) wird durch Kalk mitbestimmt. Kalk ist also weniger »Nährstoff« als Bodenverbesserungsmittel. Und hier haben viele Böden allerdings einen erheblichen Bedarf, da durch die vielfach sauer reagierenden Mineraldünger, durch den Bodendruck schwerer Maschinen, durch unzureichende Fruchtfolgen und unzureichenden Humusgehalt die pH-Werte abgefallen sind, die Struktur landwirtschaftlicher und gärtnerischer Böden vielfach schlecht ist.

Jahrhundertelang war der natürlich vorkommende Mergel der gebräuchlichste Kalkdünger, ein Gemisch aus Ton, Sand und 50–70%

kohlensaurem Kalk. Besonders für leichte (sandige) Böden ist er nach wie vor sehr geeignet. 80% kohlensauren Kalk, etwa 10% Magnesium und viele Spurenelemente enthält Algenkalk, der sehr empfehlenswert, aber auch teuer ist. Daneben gibt es eine Vielzahl hochprozentiger kohlensaurer Kalke und Hüttenkalke aus der Industrie. Gemahlener Branntkalk wirkt schnell und sollte nur auf schweren (lehmigen) Böden verwendet werden.

Bedeutung der Mineralstoffe

Die einzelnen Mineralstoffe haben für die Pflanzen ganz verschiedene Bedeutung, und unter normalen Bedingungen nehmen die Pflanzen selektiv (auswählend) nur die Ionen auf, die sie gerade brauchen. Zellmembran und Zellplasma der Wurzelhärchen gleichen hochkomplizierten, »verstellbaren« Ultrafiltern, die im Wasser gelöste Moleküle (Ionen) nicht nur nach ihrer Größe, sondern auch nach ihrer elektrischen Ladung unterscheiden können. Manches ist hier noch ungeklärt.

Man weiß, daß Kalium-Ionen eine quellende Wirkung auf das Zellplasma haben (die Pflanzen brauchen besonders im Jugendstadium viel Kalium), während Calcium entquellend wirkt. Eine weitere Beobachtung ist, daß durch Überkalkung die Pflanzen daran gehindert werden, in ausreichenden Mengen Kalium und Magnesium aufzunehmen. Durch zuviel Kalium wird die Aufnahme von Magnesium gehemmt. Magnesiumsalze wirken in reinen Lösungen stark giftig auf Pflanzen. Ihre Konzentration muß zu der des Calciums in einem ganz bestimmten Verhältnis stehen, damit diese Giftwirkung ausgeschaltet wird.

Stickstoff hat, wie wir schon sahen, besondere Bedeutung für den Aufbau von Eiweißstoffen und die Ausbildung der Blätter. Phosphor (der »Lichtträger«) wird von den Pflanzen vor allem für die Substanzen des Zellkerns (Nukleinsäuren) gebraucht und für die Ausbildung von Blüten und Früchten.

Pflanzen in ihrer Umwelt

Kalkpflanzen und Silikatpflanzen

Daß Kalk eine Sonderstellung unter den Mineralstoffen des Bodens hat, wird einem an den verschiedensten Beispielen immer wieder deutlich. Von seiner Fähigkeit, Tonaufschwemmungen auszuflocken und damit einen wichtigen Beitrag zur Krümelbildung des Bodens zu liefern, hatten wir schon gehört (s. S. 20 und S. 141). Weithin bekannt ist auch seine Eigenschaft, Säuren zu neutralisieren. So werden Moorböden, die immer einen hohen Gehalt an organischen Säuren (Huminsäuren) haben, nach der Trockenlegung immer erst einmal massiv gekalkt.

Am augenfälligsten treten einem die Auswirkungen des Kalks auf Boden und Pflanzen dort entgegen, wo die Bodenbildung noch so wenig fortgeschritten ist, daß der Einfluß des Muttergesteins vorherrscht: Ein Vergleich der Gebirgsflora auf Kalkgestein einerseits und auf Urgestein andererseits bringt erstaunliche Unterschiede an den Tag.

Die Ursachen für diese auffälligen Unterschiede in Zahl und Zusammensetzung der Pflanzenarten sind durchaus nicht klar. Der Hauptgrund liegt wahrscheinlich mehr im unterschiedlichen **Säuregrad,** als in der mehr oder weniger reichlichen Versorgung mit Calcium. Viele Pflanzenarten reagieren ausgesprochen

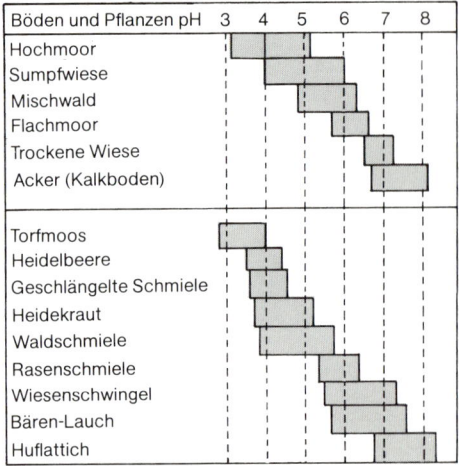

Die Bodensäure bestimmt die Vegetation.

empfindlich auf Veränderungen des pH-Wertes im Boden. Das geht so weit, daß das Vorkommen mancher Arten unmittelbare Rückschlüsse auf den Säuregrad des Bodens zuläßt. Man nennt sie **Zeigerpflanzen.**

Die Sache wird allerdings durch den Umstand kompliziert, daß der Säuregrad auch mit dem »Nährstoffgehalt« und häufig mit dem Wasserangebot zusammenhängt: Saure Böden sind im feuchten Klima meist ärmer an pflanzenverfügbaren Mineralstoffen (»Nährstoffen«) als neutrale oder leicht basische (alkalische). Und nasse Standorte neigen zum Versauern, während kalkreiche Böden oft besonders wasserdurchlässig sind. Und schließlich ist bei vielen, gerade auch kalkliebenden Pflanzen der Wasserbedarf um so höher, je niedriger der Kalkgehalt eines Bodens ist, oder umgekehrt. Das natürliche Vorkommen von Pflanzen wird außerdem von vielen anderen Faktoren mitbestimmt, nicht zuletzt auch von anderen Pflanzenarten. So kann etwa eine Pflanzenart, die für sich alleine am besten auf neutralem Boden gedeihen würde, dort von wettbewerbskräftigeren Arten abgedrängt werden auf Böden mit höherem oder niedrigerem pH-Wert. Physiologisches und ökologisches Optimum stimmen daher keineswegs immer überein, wie die Diagramme für einige Baumarten zeigen.

Auffallend ist jedenfalls, daß die Vegetation

Das kalkliebende Sommer-Adonisröschen.

46

kalkreicher Standorte viel artenreicher ist als die kalkarmer Böden. Vor allem aber findet man auf Kalk bestimmte Arten, die auf Granit, Schiefer oder Sand niemals gedeihen und umgekehrt. Sogar ganz nah verwandte Arten sind darunter, man nennt sie vikariierende Arten.

Für Landwirt und Gärtner sind kalkliebende und kalkfliehende **Ackerunkräuter** ein wichtiger Hinweis auf Kalkgehalt und Säuregrad ihrer Böden. So deutet der Hederich *(Rapha-*

Vakariierende Arten

auf Kalkboden	auf Silikatboden
Behaarte Alpenrose *(Rhododendron hirsutum)*	Rostblättrige Alpenrose *(Rhododendron ferrugineum)*
Fetthennen-Steinbrech *(Saxifraga aizoides)*	Pracht-Steinbrech *(Saxifraga cotyledon)*
Schwarze Schafgarbe *(Achillea atrata)*	Moschus-Schafgarbe *(Achillea moschata)*
Kalk-Blaugras *(Sesleria varia)*	Zweizeiliges Blaugras *(Sesleria disticha)*
Polster-Segge *(Carex firma)*	Krumm-Segge *(Carex curvula)*

Boden **und** Wettbewerb bestimmen, wo Pflanzen vorkommen. – Kreise: physiologischer Bereich; Punkte: optimaler Bereich; grau: Vorkommen unter natürlicher Konkurrenz.

Der kalkfliehende Gelbe Hohlzahn.

nus raphanistrum) auf einen sauren, der Akkersenf *(Sinapis arvensis)* auf einen mehr oder weniger neutralen Boden hin.

Zu den kalkliebenden Ackerunkräutern gehören: Sommer-Adonisröschen *(Adonis aestivalis)*, Ackerhahnenfuß *(Ranunculus arvensis)*, Nadelkerbel *(Scandix pecten-veneris)*.

Zu den kalkfliehenden Ackerunkräutern zählen: Kleiner Ampfer *(Rumex acetosella)*, Einjähriger Knäuel *(Scleranthus annuus)*, Gelber Hohlzahn *(Galeopsis segetum)*, Lämmersalat *(Arnoseris minima)*.

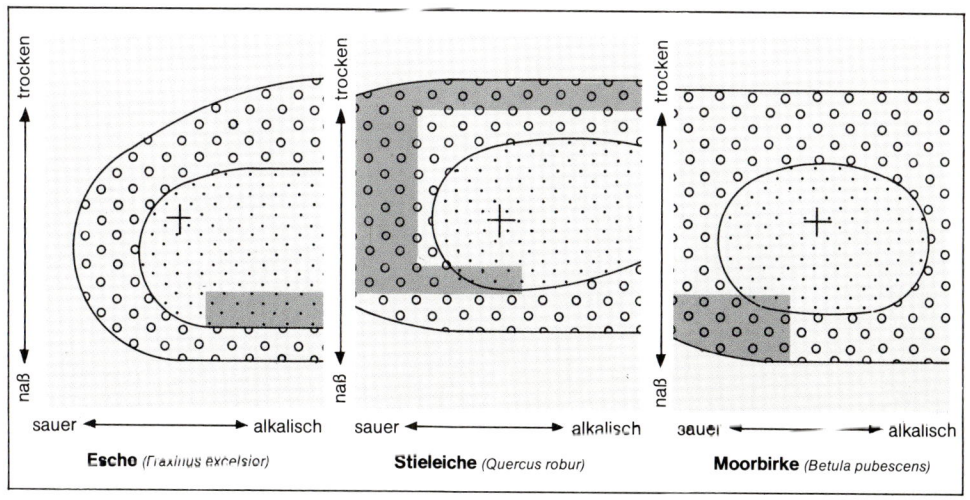

Esche *(Fraxinus excelsior)*   **Stieleiche** *(Quercus robur)*   **Moorbirke** *(Betula pubescens)*

Pflanzen miteinander

In einem Wald erleben wir den Unterschied zwischen Einzelpflanze (Baum) und Bestand unmittelbar. Wir nehmen das veränderte Klima wahr, den Duft und die hohe Feuchtigkeit der Luft, das mildere Licht, den Windschutz, und wir bemerken andere Pflanzen am Boden als draußen auf den Wiesen. In ähnlicher Weise hat jeder Standort sein eigenes Kolorit, seine eigene Atmosphäre, seine eigene Gesellschaft von Pflanzenarten.

Wie Pflanzengesellschaften entstehen

Manche Vorgänge in der Natur vollziehen sich so langsam, daß wir sie nur wie unzusammenhängende, stehende Bilder wahrnehmen, obwohl es sich in Wirklichkeit um einen Film, um Bewegungsabläufe handelt. Bei den Blattmetamorphosen der Pflanze sind wir schon einmal auf solche Entwicklungs-Bewegungen gestoßen (s. S. 28).

Zu diesen sehr langsamen Bewegungen gehören auch die **Entwicklungsphasen** von Pflanzengesellschaften. Wenn wir einen Spaziergang machen, vorbei an Äckern und Wiesen, vielleicht auch an einer Brachfläche mit den braunen Stengeln abgestorbener Stauden und alter Gräser, mit Gebüsch und kleinen Birken, wenn wir in einen Wald kommen ..., dann begegnen wir verschiedenen Entwicklungsstadien der Vegetation – meist, ohne sie als solche zu erkennen. Wir merken nicht, wo das eine die Vorstufe des anderen ist.

Es ist in der Kulturlandschaft freilich auch nicht so ganz einfach, die Zusammenhänge zu sehen, da sie durch immer neue Eingriffe des Menschen immer wieder abgebrochen werden. Viel vollständiger und ungestörter stellen sich die Entwicklungsstadien etwa im **Gebirge** dar – vorausgesetzt, man achtet darauf. Im Gebirge findet ja vor unseren Augen noch immer jener Vorgang der Bodenbildung statt, der in den meisten Landschaften des Tieflandes längst zur Ruhe gekommen ist, oder wenigstens nicht mehr so dramatisch verläuft. Auf dem nackten Fels können zunächst nur ganz anspruchslose Organismen gedeihen. Sie müssen die Fähigkeit haben, die benötigten Mineralstoffe aus dem Gestein herauszulösen und Stickstoff aus der Luft aufzunehmen. Und sie müssen den krassen Temperaturschwankungen gewachsen sein, die zwischen Frost und Sommerhitze bis zu 100° C betragen können. Dazu sind nur einige **blaugrüne Algen** in der Lage, die auch zu den ältesten bekannten Lebewesen gehören. Man sieht sie oft als sogenannte »Tintenstriche« vor allem dort, wo Wasser an Felsen heruntertröpfelt.

Bereits in diesen allerersten Stadien der Eroberung des Toten durch das Lebendige erweisen sich Kooperationen – wie wir sie später geradezu als ökologisches Prinzip finden werden – zwischen unterschiedlich organisierten Einzelorganismen als besonders leistungsfähig. **Flechten,** wie sie jeder von Baumstämmen, alten Dachziegeln, Mauern und Felsen her kennt, sind eine Lebensgemeinschaft (Symbiose) zwischen Alge und Pilz und damit so etwas wie ein Ökosystem im kleinen. Denn die Algen erfüllen hier die Funktion des grünen Produzenten und der Pilz die des Zersetzers (s. S. 17). Was also in späteren Entwicklungsstufen der Lebensgemeinschaften als eine artenreiche Vegetation und ein ebenso artenreiches Bodenleben sich differenziert, bildet in der Flechte einen einzigen Organismus.

Kaum haben sich die ersten **Pionierpflanzen** angesiedelt, finden auch schon niedere Tiere – Einzeller, Fadenwürmer, Rädertierchen, Bärtierchen – ausreichenden Lebensraum. Der Wind weht ihre Dauerstadien an. Bald treten auch Schnecken auf, die die Flechten abweiden und dafür ihren Kot hinterlassen. In kleinen Vertiefungen sammeln sich organische Abfälle und Staub an, erste Bodenvorstufen.

Seite 49 unten:
Die Entstehung von Lebensgemeinschaften läßt sich im Gebirge beobachten: zuerst besiedeln Flechten den Fels (links), später kommen Moose, Farne (rechts) und höhere Pflanzen dazu.

Die Pflanzengesellschaft einer Wiese ist das Produkt eines jahrzehntelangen Entwicklungsvorganges.

Pflanzen miteinander

Polsterbildende **Moose** können sich nun ansiedeln. Mit ihrer Fähigkeit, das Wasser zu speichern, schaffen sie weiteren Tierarten Lebensmöglichkeiten: Springschwänze und Hornmilben, typische Bodenbewohner und Bodenbereiter, siedeln sich an. In den etwas stattlicheren Humusansammlungen können sich anspruchslose **Farne,** horstbildende **Gräser** und **Dickblattgewächse** von der Art der genügsamen Hauswurz niederlassen.

Die Entwicklung geht nun unaufhaltsam weiter. Ihre Stadien treten dem Bergwanderer überall entgegen. Typische Erstbesiedler findet man auf den nur sehr lückenhaft bewachsenen Stellen mit langer Schneebedeckung: Rispengras und Alpenpestwurz, Hornkraut, Gemswurz, Miere und die zarten Glöckchen der Soldanellen. Auf schon weiter entwickelten Flächen können Felsenstraußgras und das Laubmoos *Polytrichum juniperinum* vorherrschen. Mit bis zu 30 weiteren Pflanzenarten decken sie 10–40% des Bodens. Es folgen Zonen mit überwiegend Geröllklee und Felsenschwingel. Die Vegetation deckt nun fast vollständig den Boden. In geeigneten Lagen kommen auch Gehölze auf: Grünerle, Faulbaum, Almrausch, Latsche. Allmählich differenzieren und stabilisieren sich die für die verschiedenen Lagen typischen Pflanzengesellschaften: Schuttfluren und Felsspaltengesellschaften, Schneebodengesellschaften, Hochgebirgsrasen, Zergstrauchgesellschaften, subalpine Hochstaudenfluren, Schneeheide-Krummholz-Gesellschaften und schließlich der Übergang zum Wald.

Man sieht an diesen Beispielen aus dem Gebirge schon, daß es für jeden Standort **verschiedene Vegetationsentwicklungen** mit unterschiedlichen Endstadien gibt. Oberhalb der Baumgrenze begegnen uns mehrere charakteristische Endstadien oder **Klimax-Vegetationen,** aber sicher kein Wald. Sonst aber ist in Mitteleuropa der **Wald** fast überall die natürliche Schlußvegetation.

Die uns umgebende Kulturlandschaft, wo sie nicht aus Wald besteht, stellt also eigentlich immer irgendwelche Entwicklungsstufen auf dem Weg zum jeweils standortgemäßen Mischwald dar. Nur durch die Tätigkeit der Landwirte werden die bewirtschafteten Flächen ständig im Zustand früher Entwicklungsphasen gehalten. Der Acker ist ein vom Menschen geschaffenes Neuland ähnlich der Geröllhalde im Gebirge, der Düne an der Meeresküste oder dem Lavafeld eines Vulkans.

Die Entwicklungsstadien, die der Acker durchmachen würde, wenn er nicht immer wieder aufs neue umgebrochen würde, lassen sich gelegentlich beobachten. Da herrschen in den ersten Jahren jene einjährigen und ausdauernden **Ackerunkräuter** vor, die das jährliche Pflügen – sei es durch Samen, sei es durch Ausläufer von der Art der Quecke – überstehen. In zunehmendem Maße aber siedeln sich dann wettbewerbskräftige **Gräser** und **Stauden** an, die durch ihren hohen Wuchs manches kleinere Kraut unterdrücken. Es entsteht eine Hochstaudenflur mit Schafgarbe, Bärenklau, Storchschnabel, Weidenröschen, Rainfarn und vielen anderen, zum Teil farbenprächtig blühenden Pflanzen, deren bizarre und filigrane Fruchtstände sich im Winter gegen den Schnee abheben.

Von nun an gleichen die Entwicklungsstadien brachgefallener Acker den häufiger zu beobachtenden nicht mehr bewirtschafteten Wiesen, die meist an steileren Hängen liegen. Mit den Jahren tauchen da und dort zwischen den bis zu 2 m hohen Stauden erste **Gehölze** auf: junge Birken, Hainbuchen, Faulbaum, Weißdorn, Schlehe, Eichen auch und an Stellen mit niedrigerer Vegetation kleine Kiefern. Im Verlauf der nächsten Jahre kann sich das alles zu einem dichten Gebüsch zusammenschließen, das dem Boden so viel Licht wegnimmt, daß dort unten die Vegetation immer spärlicher wird – eine Erfahrung, die wir auch mit einer Wildhecke im Garten machen. Das gleiche Schicksal steht später der Strauchschicht bevor, über die sich die lichthungrigen Baumarten der ersten Generation schon bald erheben.

Diese Phase der ersten Mischwaldgeneration, in der **schnellwüchsige Lichtholzarten** vorherrschen – neben den genannten auch die Wildkirsche, die Zitterpappel und verschiedene

Weidenarten – diese Phase kann viele Jahrzehnte andauern. Nur noch langsam verändert sich jetzt die Artenzusammensetzung in den verschiedenen Stockwerken.

Aber im Schatten dieses Vorläuferwaldes können sich allmählich Baumarten ansiedeln, die sich in der Jugend mit wenig Licht bescheiden, dann aber rasch und mächtig sich ausbreiten, wenn die altgewordenen Pionierbäume nach und nach den Herbststürmen nicht mehr zu widerstehen vermögen. Die Rotbuche ist es vor allem (und in höheren Lagen die Tanne), die auf diese Weise in der natürlichen Vegetationsentwicklung oder **Sukzession** zur herrschenden Baumart in weiten Gebieten Mitteleuropas sich entfalten würde – wenn nicht der Mensch mit forstbaulichen Maßnahmen eingreifen würde. Auch die Eiche entwickelt sich auf vielen Standorten zur bestandbildenden Schluß- oder Klimax-Vegetation. In höheren Lagen sind es Fichte und Tanne, die das Landschaftsbild auch ohne die Mitwirkung des Forstmanns bestimmen würden.

Die End- oder Klimax-Stadien ökologischer Sukzessionen zeichnen sich durch eine große **Artenvielfalt** und **Dauer** aus – sofern sich die Außenbedingungen nicht wesentlich verändern. Vor allem die natürlichen Wälder der verschiedenen Klimabereiche bestehen oft schon seit vielen Jahrtausenden und Jahrzehntausenden in nahezu der gleichen Artenzusammensetzung. Auch Savannen, Tundren, Grassteppen, Halbwüsten und viele andere ausgeprägte Lebensgemeinschaften existieren in weitgehend unveränderter Weise über erdgeschichtliche Zeiträume. Ihre oft zitierte und oft mißverstandene **ökologische Stabilität** oder geringe Störanfälligkeit bezieht sich auf innere Störungen (z. B. Massenvermehrungen pflanzenfressender Tierarten) und regelmäßig wiederkehrende Katastrophen, wie Überschwemmungen, Wald- und Buschbrände, Trockenzeiten usw. Auf »unvorhergesehene« Störungen können sie dagegen oft nur noch mit einem niedrigeren Differenzierungsniveau, das heißt, mit stark reduziertem Artenreichtum, reagieren. Abgeholzte Tropenwälder bringen auf Jahrhunderte nur noch vergleichsweise kümmerliche Sekundärgesellschaften hervor, sofern sie nicht vollends zur Wüste degradieren.

Es wird oft vereinfachend gesagt, die Fähigkeit eines Ökosystems zur Selbstregulation gegenüber Störungen hinge unmittelbar mit seiner Artenvielfalt (Diversität) zusammen. Richtiger ist es, zu sagen, ein Ökosystem sei um so flexibler, stabiler oder dauerhafter, je näher seine Artenzusammensetzung der des jeweils standortgemäßen Klimaxstadiums ist. Verglichen mit früheren Entwicklungsstadien ist die Artenzahl reiferer Stadien des gleichen Standorts meist hoch. Verglichen mit anderen Ökosystemen (anderen Standortbedingungen) kann aber die Artenvielfalt gering sein. Kompliziert werden diese Zusammenhänge durch Ökosystem-Mosaike, die bei kleinflächiger Bewirtschaftung entstehen.

Schattenverträgliche Baumarten, wie die Rotbuche, entwickeln im Schutz der Pioniergehölze oft geschlossene Bestände und können schließlich zur beherrschenden Art werden – sofern der Mensch nicht eingreift.

Die Schönheit des Rosenkäfers lehrt uns die Achtung vor dem Unscheinbaren.

Das wirklich Neue an der Idee des Naturgartens ist der (ökologische) Schritt vom Blumenbeet zur Lebensgemeinschaft. Dahinter steckt eine verblüffende Erkenntnis: Obwohl Pflanzen durchaus ohne Tiere gedeihen, blühen, fruchten, sich vermehren und auch wieder verrotten können (zumal, wenn wir als Gärtner ein wenig nachhelfen), ist die schönste botanische Anlage doch irgendwie tot ohne die besonderen Elemente des Tierreiches: Bewegung, Geräusch, Gesang . . .
Ich will nicht behaupten, die Menschen hätten nicht schon immer Freude etwa am Vogelgesang in ihrem Garten gehabt. Aber das war allzu oft eine Freude wie die des chinesischen Kaisers in dem lehrreichen Märchen vom Kai-

ser und der Nachtigall. Schön singen sollen sie schon – und das möglichst auf Befehl – aber ja nicht das kunstvolle Arrangement von Rasen und Rosen stören, etwa durch Bedürfnisse nach Insektennahrung. (Der Kaiser ließ sich eine künstliche Nachtigall bauen.)
Es ist in der Tat eine Errungenschaft unseres zerstörerischen Zeitalters, die Zusammenhänge zu entdecken zwischen unserem Ärger über die Blattläuse und unserer Freude am Vogelgesang, zwischen unserem Ekel vor den Raupen und unserem Vergnügen an den Faltern, zwischen unserer irritierten Ordnungsliebe und der lebendigen Mannigfaltigkeit. Wir entdecken gewissermaßen die Wurzeln der Natur, nachdem wir lange bloß ihre Blüten kannten.

Wir lernen, daß es ohne Brennesselgestrüpp keine Raupen und ohne Raupen keine Tagpfauenaugen gibt.

Wenn wir im Naturgarten die Tierwelt mit einschließen in unsere behutsame Hege, dann eine Tierwelt von grundauf. Denn das Kleine, Unscheinbare, Häßliche, das wir so lange mißachtet und verfolgt haben, hat sich als Voraussetzung des Prächtigen und Schönen erwiesen.

Das Tier im Gegensatz zur Pflanze

Wenn wir dem Wesen des Tierhaften auf den Grund kommen wollen, dürfen wir uns nicht durch die Fülle der Formen ablenken lassen. Gerade dieser Formenreichtum – es sind 1,5 bis 2 Millionen lebende Tierarten bekannt, drei- bis viermal soviel wie Pflanzenarten – drängt einem nämlich die Frage nach den wesentlichen und wesenhaften Unterschieden zwischen Tier und Pflanze auf. Und um die zu erkennen, dürfen wir nicht auf Randerscheinungen der Tiergestalt schauen, wie etwa die blumenhaften Korallen und Seelilien.

Wenn man in Analogie zu Goethes Urpflanze (s. S. 28) versucht, sich ein »Urtier« vorzustellen, so wird man – wie Kinder, die ein Tier malen – wahrscheinlich von einer eher kugeligen Grundform ausgehen: eine große Kugel als Leib, eine kleinere Kugel als Kopf, beide mit verschiedenen »Extremitäten« daran.

Das enthüllt uns schon viel vom Tier. Denn die Kugel ist bekanntlich der Körper mit maximalem Innenraum bei minimaler Oberfläche. Das Gegenteil der Pflanze also, an der alles Oberfläche ist. Die Organe der Pflanze sind ganz der Umwelt zugewandt, geöffnet. Das

Ohne Brennesseln kein Tagpfauenauge.

Tier verbirgt seine Organe, schließt sich gegen seine Umwelt ab, mit der es nur durch Leibesöffnungen kommuniziert. Man könnte sagen, Tiere seien »umgestülpte« Pflanzen. Und es ist wohl nicht zu weit hergeholt, wenn man diese Ausbildung eines Innenraums (einer Innenwelt) mit der Entwicklung von »Innerlichkeit« (Erlebniswelt, Psyche oder wie immer) in Verbindung bringt, wie ich das bereits andeutete.

Die zunächst vielleicht etwas oberflächlich-quantitativ anmutende Frage, wie sich die enorme Artenfülle im Tierreich verstehen lasse (obwohl die Menge aller Tiere nur einen Bruchteil der gesamten pflanzlichen »Biomasse« ausmacht), erweist sich, wenn man ihr nachgeht, als doch recht fruchtbar – vor allem auch unter dem Aspekt der Pflanze-Tier-Polarität.

Die Zahl der heute lebenden Pflanzenarten entspricht – so darf man annehmen – der Zahl der verschiedenen Lebensbedingungen für Pflanzen auf der Erde. Sie werden im wesentli-

Die Kugel als Grundbauprinzip der Tiere.

chen gebildet durch die unbelebten Faktoren eines Standorts, durch Klima und Bodenbeschaffenheit. Sobald diese unbelebten Faktoren durch andere Pflanzen, z. B. durch Bäume, modifiziert werden, entstehen neue Biotope, die zur Entstehung neuer Pflanzenarten anregen. Mit rund 500 000 Pflanzenarten sind offenbar alle Lebensmöglichkeiten für Pflanzen zu Wasser und zu Land erschöpft.

Für die Tiere gelten grundsätzlich die gleichen Bedingungen für die Herausbildung von Arten wie für die Pflanzen. Zu den Bedingungen des Klimas und des Bodens treten nun aber an die erste Stelle all die verschiedenen Pflanzen und Pflanzengesellschaften, die eine außerordentliche Fülle ökologischer »Nischen« für Tiere bieten. Allein eine einzige Eiche bietet über tausend verschiedenen Insektenarten Lebensmöglichkeiten.

Hinzu kommen, durch die Fähigkeit der Tiere, sich im Raum zu bewegen, was man nennen könnte: **zusammengesetzte Lebensräume.** Damit ist die Tatsache gemeint, daß Tiere die Möglichkeit haben, zur Nahrungsaufnahme andere Biotope oder Kleinbiotope aufzusuchen als zur Ruhe oder zur Jungenaufzucht. Auch durch die Möglichkeit, die Aktivitäts- und Ruhephasen auf den Tag oder in die Nacht zu verlegen, eröffnen sich neue Lebensmöglichkeiten, etwa für Wüstenbewohner, die die mörderische Tageshitze unterirdisch überstehen und nur nachts nach Nahrung suchen. Ähnliches gilt für Jahreszeiten: Die Fähigkeit, von einem Klimabereich in den anderen zu wandern, hat nicht nur Zugvögeln, sondern auch Fischen, Schmetterlingen und vielen anderen Tiergruppen neue Lebensräume eröffnet. Von den »höheren« Fähigkeiten der umweltunabhängigen Körpertemperatur, des Bauens von Nestern, Höhlen, Dämmen usw. ganz zu schweigen.

Und je mehr Tierarten auf diese Weise neue Lebensmöglichkeiten fanden, um so mehr schufen sie selbst wieder neue Nischen für wieder neue Arten: Es bildeten sich ganze Hierarchien von Räuber-Beute-Beziehungen aus, von denen im nächsten Kapitel die Rede sein wird.

Es bleibt eine erstaunliche Tatsache (zumindest, wenn man die Natur mit menschlichen Augen betrachtet), daß zwar die gesamte Tierwelt direkt oder indirekt von den Pflanzen lebt, dennoch aber nicht im entferntesten ein »Vernichtungskrieg der Tierwelt gegen die Pflanzenwelt« stattfindet, wie es der Zoologe Franz Doflein in seinem Buch »Das Tier als Glied des Naturganzen« (Leipzig und Berlin 1914) sah. Dem hat schon vor vielen Jahren der Ökologe A. F. Thienemann zwei Tatsachen entgegengehalten: »die im Verhältnis zur Pflanzenmenge geringe Tiermenge einerseits (und) die Bevorzugung der abgestorbenen Pflanzensubstanz vor der lebenden durch die Tiere andererseits«. Obwohl man hinter der letzten Feststellung in dieser allgemeinen Form sicher ein Fragezeichen machen kann, reicht schon die erste als »Erklärung für das Bestehen des biozönotischen Gleichgewichts zwischen der Tier- und Pflanzenwelt auf der Erde«. (A. F. Thienemann, Leben und Umwelt, Hamburg 1956.) Die Frage nach den Gründen dieser Selbstbescheidung der Tiere stellt Thienemann freilich nicht. Vielleicht finden wir im folgenden Kapitel eine Antwort darauf.

Tiere helfen Pflanzen

Die Beziehungen zwischen Pflanzen und Tieren sind so außerordentlich vielgestaltig, daß ich hier nur einige besonders interessante Beispiele herausgreifen kann. Weil uns, die wir selbst von Pflanzen leben, vor allem immer wieder jene Tierarten ins Auge stechen, die in Konkurrenz zu uns von der lebende Pflanze zehren und dadurch gelegentlich zum »Schädling« werden können, möchte ich hier einmal das Schwergewicht auf die gar nicht so seltenen Fälle von **gegenseitiger Hilfe** zwischen Tieren und Pflanzen legen. Wobei vorauszuschicken ist, daß dies im größten Umfang bei der Zersetzung der pflanzlichen Abfälle geschieht, an der, wie wir sahen (s. S. 22), neben Bakterien und Pilzen eine große Zahl von Tierarten beteiligt ist.

Die schönsten und auffälligsten Beispiele gegenseitiger Förderung finden sich wohl bei der **Blütenbestäubung.** Wie wir bei der Betrachtung der Pflanze schon sahen, erfüllt die Zweigeschlechtigkeit erst dann ihren vollen Sinn, wenn damit auch die Mischung der Erbanlagen verschiedener Individuen gewährleistet ist. Bei den seßhaften Pflanzen wird das zu einem **Transportproblem,** das nur auf zweierlei Weise gelöst werden kann. Entweder benutzen die Pflanzen die Bewegungen des Mediums, in dem sie wachsen, also der Luft oder des Wassers. Da das eine sehr ungezielte Methode ist, müssen enorme Mengen männlicher Keimzellen gebildet werden – wie man an den Blütenstaubwolken etwa der Fichten erkennen kann. Oder aber die Pflanzen nehmen Tiere in ihre Dienste, die ja beweglich sind.

Das Grundprinzip der Blütenbestäubung durch Tiere ist einfach: Die Pflanze bietet in ihren Blüten etwas Nahrung an, und die von Blüte zu Blüte fliegenden Tiere (meist Insekten) verteilen dabei den Blütenstaub. Was im Laufe einer Jahrmillion dauernden gemeinsamen Entwicklung (Co-evolution) Blüten und Insekten aus diesem einfachen Grundprinzip alles gemacht haben, gehört zum Erstaunlichsten in der Natur.

Angefangen hat es wahrscheinlich damit, daß Insekten den eiweiß- und fettreichen Pollen gefressen oder für ihre Brut gesammelt haben. Das tun Bienen leute noch, auch an Kätzchenblüten und Gräsern, die zu den Windbestäubern gehören. Eine erfolgreiche Bestäubung ist dabei allerdings sehr unwahrscheinlich, da die meisten Windblütler getrennte männliche und weibliche Blüten ausbilden, die weiblichen Blüten aber höchstens zufällig einmal besucht werden, da sie den Insekten nichts bieten.

Es ist sicher kein Zufall, daß bei den Windblütlern eingeschlechtige, bei den Insektenblütlern aber zweigeschlechtige oder zwittrige Blüten die Regel sind. Man kann annehmen, daß die Zwitterblüte der erste Schritt des »Entgegenkommens« zwischen Blüte und Insekt war. Dem Ziel der Fremdbestäubung kam dics aber nur wenig näher. Denn mit der größten Wahrscheinlichkeit wird das Insekt die Bestäubung nur innerhalb derselben Blüte besorgen. Und das hätte auch die Pflanze selbst oder der Wind zuwege gebracht. Ohne Zusatzeinrichtungen nimmt die Wahrscheinlichkeit der erwünschten Fremdbestäubung auch bei Mithilfe von Insekten mit der Zahl gleichartiger Pflanzen je Fläche ab. In einer artenreichen Blumenwiese, in der nur da und dort ein Wiesensalbei vorkommt, ist es höchst unwahrscheinlich, daß ein Insekt ausgerechnet von einem Salbei zum andern fliegt. Auch darin besteht zunächst kein Vorteil gegenüber der Windbestäubung.

Die Bedingungen für einen guten Erfolg der Fremdbestäubung durch Insekten lassen sich fast auf dem Reißbrett entwerfen:

- Zunächst müßte dafür gesorgt sein, daß Insekten (oder auch andere fliegende Tiere, wie Vögel und Fledermäuse) nicht nur gelegentlich und zufällig nach Blütenstaub suchen kommen, den sie ja in Massen auch bei Windblütlern finden können. – Der bei Tieren sehr beliebte süße Nektar, der meist am Grunde der Blüten von besonderen Organen (Nektarien) abgesondert wird, ist ein äußerst wirksames Lockmittel.

- Weiterhin müßte die Eigenbestäubung verhindert oder erschwert werden. – Dem dient das oft zeitlich verschobene Reifen der männlichen und weiblichen Organe innerhalb eincr Blüte sowie eine Vielfalt von manchmal höchst raffinierten Einrichtungen im Zusammenspiel von Blüte und Insekt.

- Dann müßte die Fremdbestäubung auch dort sicherer gemacht werden, wo Individuen der gleichen Art selten sind. – Dafür haben die einzelnen Pflanzenarten sehr individuelle Formen- Farben- Düfte-Kombinationen ihrer Blüten entwickelt, die das Erkennen derselben Art erleichtern und ein Verwechseln erschweren. Gleichzeitig aber haben Insekten, wie etwa die Honigbiene, nicht nur die Fähigkeit ausgebildet, solche Formen, Farben und Düfte erkennen und unterscheiden zu können. Sie haben auch »Blütenstetigkeit« entwickelt. Das heißt, sie fliegen nicht wahllos von Blüte zu Blüte,

Salbeiblüte und Biene – perfekte Partner.

sondern suchen gezielt nur die Blüten einer Art, wenn diese reiche Tracht versprechen. Bei den sozial lebenden, staatenbildenden Bienen kommt die erstaunliche Fähigkeit hinzu, den Stockgenossen Duft, Richtung und Entfernung der Trachtquelle mitteilen zu können.

Der Bestäubungserfolg kann wesentlich verbessert werden, wenn nicht jede beliebige Insektenart Zutritt zu den Blüten einer Pflanzenart hätte. – Solche Spezialistenbeziehungen gibt es eine ganze Reihe, z. B. sind Rüssellänge und Tiefe des Nektarverstecks bei vielen Arten genau aufeinander abgestimmt.

Schließlich, da die Gefahr besteht, daß die Insekten sich nur noch für das süße Lockmittel interessieren und nicht mehr für den Blütenstaub, wäre es gut, wenn sie wenigstens passiv den Pollen mitnähmen. Dafür haben manche Pflanzenarten unglaubliche Techniken entwickelt. Am bekanntesten ist der Hebelarm des Wiesensalbeis, der dem Insekt Pollen auf den Hinterleib drückt, wenn es im Blüteninnern nach Nektar sucht und dabei den anderen Hebelarm betätigt. Nicht weniger raffiniert verfahren Orchideenarten, die dem Insekt gleich ein ganzes Pollenpaket an die Stirn kleben. Andere Pflanzenarten haben Klemm-

und Schleudereinrichtungen entwickelt oder einfach den Zugang zum Nektar so dicht mit Staubblättern umstellt, daß Raub ohne Gegenleistung praktisch ausgeschlossen ist.

Recht seltsam erscheinen in diesem Zusammenhang die Fälle, in denen Blüten von der Insektenbestäubung gar keinen Gebrauch machen, trotzdem aber all die üblichen »Lockmittel« ausbilden, wie Nektar, auffällige Blüten oder Blütenstände usw. Ein Beispiel dafür ist der gewöhnliche Löwenzahn, der seine Samen parthenogenetisch (durch Jungfernzeugung) hervorbringt, also weder die Insekten, die ihn fleißig besuchen, noch den Pollen, den er reichlich produziert, braucht: Er gehört zu den wichtigen Bienentrachtpflanzen.

Bestäubungsdienste sind nicht die einzigen Hilfen zwischen Tieren und Pflanzen. Auch bei der **Verbreitung** von Samen, Sporen, Brutknospen usw. leisten Tiere den Pflanzen wichtige Dienste. Bekannt sind damit verbundene besonders auffällige Verhaltensweisen, wie das Vergraben von Eicheln, Nüssen, Bucheckern durch Eichelhäher, Eichkätzchen und andere Tiere. Viel häufiger ist aber die Verbreitung von Samen durch den Darm z. B. beerenfressender Vögel. Von manchen Pflanzenarten, etwa von der Mistel, heißt es, ihre Samen könnten überhaupt erst keimen, nachdem sie durch einen Vogeldarm (etwa der Misteldrossel) gegangen sind. Tatsache ist, daß viele Früchte keimungshemmende Stoffe enthalten, die im Vogeldarm entfernt werden.

Auch Insekten, vor allem Ameisen, beteiligen sich aktiv an der Verbreitung von Samen. Auch passiv übertragen viele Tiere Pflanzensamen, die an ihrem Körper anhaften. Die Kletten haben daraus eine spezielle Einrichtung gemacht.

Mit zu den ungewöhnlichsten Partnerschaften zwischen Tieren und Pflanzen gehören die **Pilzgärten** mancher Ameisen- und Termitenarten. Diese Tiere kultivieren in ihren Bauten auf für sie selbst unverdaulichen Holznährböden bestimmte Pilzarten, die sie regelrecht beweiden. Im Grunde betreiben die Ameisen damit eine Art Viehwirtschaft, ähnlich wie der Mensch die Eigenschaften der Rinder nutzt.

Die Artenvielfalt übersichtlich machen

Es ist ein Bedürfnis des Menschen, die Vielfalt der Erscheinungen zu »systematisieren«, das heißt, Ähnliches in Gruppen zusammenzufassen. Auch Naturvölker haben ihre eigene Art von Einteilung des Tier- und Pflanzenreiches. Schon um 350 v. Chr. ordnete Aristoteles die damals bekannten Tierarten hauptsächlich nach äußeren Merkmalen in ein System ein. Seine beiden großen Gruppen waren die Bluttiere und die Blutlosen, das entspricht unserer Einteilung in Wirbeltiere und Wirbellose. Während die Gliederung der Wirbeltiere schon ziemlich der heutigen entsprach, hat sich die Systematik der Wirbellosen gegenüber dem aristotelischen System enorm verändert. Damals – und das galt immerhin bis ins 18. Jahrhundert – unterschied man nur vier Gruppen von Wirbellosen: die Weichtiere (Kopffüßler wie Tintenfisch und Krake), die Weichschaltiere (Krebse), die Kerbtiere (Insekten, Spinnen und Würmer) und die Schaltiere (Schnecken, Muscheln, Stachelhäuter). Im 18. Jahrhundert schuf dann der große schwedische Systematiker Linné eine neue Ordnung der damals bekannten rund 8500 Pflanzen- und 4200 Tierarten. Bei ihm kamen die Wirbellosen noch schlechter weg – sie wurden nur noch in Insekten und Würmer unterteilt.

Inzwischen sind nicht nur enorm viele neue Arten bekannt geworden, sondern auch die Methoden der Systematik wurden wesentlich verfeinert. Das riesige und so lange verkannte Reich der Wirbellosen wurde in einer Weise aufgefächert, die weniger durch die äußeren Formen als durch die verschiedenen Entwicklungen bestimmt ist. Vor allem die noch bis vor kurzem übliche Gruppe der Würmer hat sich als bloß äußerliche Einheit herausgestellt – so wie Wale und Delphine, die wegen ihrer äußeren Ähnlichkeit lange zu den Fischen gezählt wurden. Wurmförmige Tiere gibt es in den verschiedensten systematischen Gruppen und Ebenen, wie aus der Übersicht der folgenden Seiten zu entnehmen ist.

Bereits ein erster Überblick über die moderne Gliederung des Tierreiches in 28 Stämme zeigt aber, daß sich die einzelnen Stämme sehr unterschiedlich entfaltet haben. Manche haben nur einige Arten hervorgebracht, andere dagegen Zehntausende und Hunderttausende von Arten. Zu diesen sehr artenreichen Stämmen gehören die Einzeller oder Urtiere mit insgesamt etwa 20 000 Arten, die Nesseltiere, Plattwürmer, Rundwürmer und Ringelwürmer mit je rund 10 000 Arten, die Weichtiere mit rund 130 000 Arten und vor allen anderen die Gliederfüßler mit über 800 000 bekannten Arten, davon 750 000 Insekten. Zweifellos sind die Insekten die erfolgreichste Landtiergruppe. Ihnen gegenüber ist die Zahl der von uns so leicht überschätzten Wirbeltierarten mit knapp 50 000 eher bescheiden. Mit 3700 Arten machen die Säugetiere nur eine kleine Gruppe davon aus.

Was die wirkliche Zahl der Tierarten anlangt, so liegt sie gewiß weit höher als die heute bekannten rund 1,2 Millionen Arten. Allein bei den Fadenwürmern, von denen heute rund 10 000 Arten bekannt sind, schätzt man die wirkliche Zahl auf das Zehnfache. (Bei den Bakterien ist das Mißverhältnis noch krasser: 17 000 bekannten Arten stehen vermutlich 800 000 unbekannte gegenüber.) In einer Denkschrift der deutschen Forschungsgemeinschaft (»Biologische Systematik«, Weinheim) wird die tatsächliche Anzahl der Gliederfüßler mit »vermutlich weitaus mehr« angegeben. Nur einige Gruppen der Großschmetterlinge, die Vögel und die meisten Säugetiere sind nahezu vollständig erfaßt. Fachleute halten es für möglich, daß zwischen 5 und 10 Millionen Arten auf unserem Planeten leben, darunter rund 1,5 Millionen Pflanzenarten.

Ganze systematische Gruppen des Tierreiches kommen nur in den Ozeanen vor. Damit schrumpft die Zahl der für unsere Umgebung wichtigen Tiergruppen auf wenige zusammen. Das sind vor allem Einzeller, Rundwürmer, Weichtiere, Ringelwürmer, Gliederfüßler und Wirbeltiere. In Mitteleuropa sind etwa 50 000 Tierarten vor allem aus diesen Gruppen bekannt.

Tiere

Die 28 Stämme des Tierreiches*)

Geißeltierchen: Einzeller im Wasser und Boden (z. B. *Euglena*)

Wurzelfüßler: Einzeller im Wasser und Boden (z. B. Amöben)

Sporentierchen: einzellige Tierparasiten

Protoziliaten: Parasiten von Amphibien, Reptilien und Fischen

Wimpertierchen: Einzeller z. B. Pantoffeltierchen und andere Aufgußtierchen (es sind ca. 20000 Einzellerarten bekannt)

Mesozoen: Parasiten (ca. 50 Arten)

Schwämme: hauptsächlich marin, einige Arten im Süßwasser (ca. 5000 Arten)

Nesseltiere: hauptsächlich marin (Medusen, Quallen, Polypen, Korallen, ca. 9000 Arten)

Rippenquallen: marin (ca. 80 Arten)

Plattwürmer: Strudel-, Saug- und Bandwürmer (im Süßwasser Planarie, ca. 13000 Arten)

Kelchtiere: im Salz- und Süßwasser (ca. 60 Arten)

Schnurwürmer: marin, räuberisch, bis 30 m lang (ca. 800 Arten)

Rundwürmer: Rädertierchen, Fadenwürmer (z. B. Bodenälchen, 12500 Arten)

Priapuliden: Nur 4 Arten im Schlamm kalter Meere (4 Arten)

Weichtiere: hauptsächlich Schnecken und Muscheln (ca. 130000 Arten)

Spritzwürmer: meist marin (250 Arten)

Sternwürmer: im Meer oft in großer Tiefe (150 Arten)

Ringelwürmer: die meisten Marin (Regenwurm, Blutegel, ca. 9000 Arten)

Stummelfüßler: kleine, wurmförmige, landbewohnende Tiere (ca. 70 Arten)

Bärentierchen: bis 1 mm lange, wasserlebende Tierchen (ca. 200 Arten)

Zungenwürmer: Raubtierparasiten, z. B. in Nase des Hundes (ca. 60 Arten)

Gliederfüßler: artenreichste Gruppe (ca. 870000 Arten), s. S. 59

Tentakeltiere: wurm-, muschel- und moosförmige marine Tiere (5000 Arten)

Kragentiere: Meerestiere (ca. 80 Arten)

Bartwürmer: Meerestiere (ca. 50 Arten)

Stachelhäuter: marin (z. B. Seeigel, Seestern, Seewalze, ca. 6000 Arten)

Pfeilwürmer: marine Würmer (ca. 50 Arten)

Wirbeltiere: vielseitige, hochentwickelte Gruppe (ca. 45000 Arten), s. S. 59

*) Für den Garten wichtige Stämme sind fett gedruckt, mit Beispielen

Der artenreiche Stamm der Gliederfüßler*) (ca. 870 000 Arten)

Schwertschwänze: nur 5 marine Arten

Spinnentiere: Skorpione, **Spinnen,** Walzenspinnen, **Weberknechte, Milben** (insgesamt ca. 36 000 Arten, davon ca. 10 000 Milbenarten, (in Deutschland ca. 3500 Arten)

Asselspinnen: ca. 500 marine Arten

Krebse: Salinenkrebs, **Wasserfloh, Hüpferling,** Karpfenlaus, Seepocke, Garneele, Hummer, Flußkrebs, Krabbe, **Kellerassel,** Bachflohkrebs (ca. 20 000 Arten)

Tausendfüßler: viele Streu- und Bodenbewohner (insgesamt ca. 1100 Arten)

Insekten: Silberfischchen, **Springschwänze,** Eintagsfliegen, Steinfliegen, Libellen, **Heu-schrecken, Ohrwürmer,** Schaben, Termiten, Läuse, Wanzen, Zikaden, **Blatt- und Schildläuse,** Blattwespen, Schlupfwespen, **Ameisen,** echte **Wespen, Bienen, Käfer** (ca. 350 000 Arten), Schlammfliegen, **Florfliegen,** Köcherfliegen, **Schmetterlinge, Mücken,** echte **Fliegen,** Flöhe (ca. 800 000 Arten, davon 29 000 in Deutschland)

Der wichtige Stamm der Wirbeltiere*) (ca. 45 000 Arten)

Kieferlose: Neunauge (45 Arten, davon 4 in der BRD)

Knorpelfische: Haie, Rochen (ca. 600 Arten)

Knochenfische: Störe, Lungenfische, **Edelfische, Karpfenartige,** Schellfische, Barsche (ca. 20 000 Arten, davon 125 in Deutschland)

Lurche (Amphibien): Salamander, **Molche, Frösche, Kröten** (2800 Arten, davon 19 in Deutschland)

Kriechtiere (Reptilien): Schildkröten, Krokodile, **Echsen, Schlangen** (ca. 6000 Arten, davon 12 in Deutschland)

Vögel: Laufvögel, Pinguine, Stelzvögel, Greife, Enten, Hühner, Segler, **Spechte, Sing-vögel** u. a. (8600 Arten, davon 335 in Deutschland)

Säugetiere: Schnabeltier, Beuteltiere, Insektenfresser **(Igel, Maulwurf, Spitzmaus), Fle-dermäuse,** Faultier, Nagetiere **(Eichhörnchen, Mäuse,** Murmeltier, Biber), Raub-tiere (Wolf, Fuchs, Bär, **Wiesel,** Iltis, **Marder,** Dachs, Luchs, Robben), Wale, Huf-tiere (Pferde, Schweine, Hirsche, Rinder, Schafe), Elefanten, Seekühe, Affen (welt-weit ca. 6000 Arten, davon in Deutschland 93 Arten)

---

*) Für den Garten bedeutsame Gruppen sind fett gedruckt

Tiere miteinander

Der schottische Moralphilosoph und Volks-wirtschaftler Adam Smith (1723–1790) be-gründete die freie Marktwirtschaft, indem er den »natürlichen Trieb des Menschen, seine Lage zu verbessern« als die treibende Kraft aller wirtschaftlichen Vorgänge erkannte. Als Moralist werden ihm Bedenken gekommen sein angesichts einer so auf dem Egoismus des Einzelnen aufbauenden Philosophie. Davon befreite ihn der Gedanke der »invisible hand«, der unsichtbaren Hand, die nach seiner An-sicht die Gesamtheit des Handelns, trotz ihrer fragwürdigen Motivation im einzelnen, in eine für alle ersprießliche Richtung lenke.

Hundert Jahre später begründete der Englän-der Charles Darwin (1809–1882) die moderne Biologie mit dem Gedanken, der Wettbewerb zwischen den Individuen und Arten sei eine der wesentlichen Ursachen der Höherentwick-lung (Evolution) im Tier- und Pflanzenreich. Das Überleben des Fähigsten wurde zum Schlagwort.

Ist es wirklich so, daß jede Art – wie in einer Ellbogengesellschaft – blind für das Wohl des Ganzen nur danach trachtet, sich selbst zu vermehren und auszubreiten, notfalls auf Ko-sten aller Übrigen? Diese Frage ist alles andere als akademisch, wenn man an die Massenver-mehrungen von Schädlingen und Krankheits-erregern denkt, die schon immer zu den Plagen der Menschheit gehörten, und wenn man an die globale ökologische Situation denkt, in die sich eben diese Menschheit hineinmanövriert hat – nicht zuletzt auch mit ihren ungeeigneten Versuchen, dieser Plagen Herr zu werden.

Vor allem sollte uns die Frage interessieren, wie es denn bei soviel angeblich blinder Unver-nunft der Arten sein kann, daß natürliche Ökosysteme oft über Jahrtausende bestehen und gedeihen. Waltet hier in ähnlicher Weise eine »unsichtbare Hand«, wie in der schönen neuen Welt des Adam Smith? Da wir aus einer näheren Betrachtung einiges auch für unseren Garten – und unsere Beziehungen zur Natur überhaupt – lernen können, lohnt sich ein Blick auf die Zusammenhänge zwischen den Tierarten und ihrer Umwelt.

Kahlfraß

In manchen Jahren kann man an Bach- und Straßenrändern im Mai/Juni völlig kahle Sträucher und Bäume sehen. Besonders Trau-benkirschen und Schlehen sind davon betrof-fen. Wenn man näher hinschaut, findet man – je nach Studium – unzählige Raupen in silber-glänzenden Gespinsten, die gerade noch die letzten Blätter und Blattstiele auffressen. Oder man findet den Baum oder Strauch schon völlig kahl und die Raupen auf dem Weg, den Stamm hinabzuwandern. Stamm und Äste sind ebenfalls völlig eingehüllt in dichtes Sei-dengespinst.

Der Anblick ist wahrlich katastrophal, und viele Menschen reagieren denn auch entspre-chend, wenn etwa derartiges sich in ihrem Garten ereignet. Als gälte es, einen Brand zu löschen, laufen sie nach der Giftspritze und erreichen doch nicht mehr, als daß die letzten Nachzügler der großen Invasion tot zu Boden fallen oder in ihren Gespinsten umkommen. Daß der Baum nach wenigen Wochen wieder grün ist, als wäre nichts geschehen, schreibt man dann wohl noch seiner »Rettungsaktion« zu. Und wenn im nächsten Jahr die »Katastro-

Die Raupen der Traubenkirschen-Gespinstmotte – kein Grund zur Aufregung.

Selbst völlig kahlgefressene Gehölze erholen sich noch im selben Jahr.

Massenvermehrungen können in wirtschaftlich genutzten Kulturen, vor allem in Monokulturen der Forstwirtschaft, des Land- und Obstbaus, schwere Schäden anrichten. In der Natur, wo es Reinbestände einer Art selten gibt, hinterlassen solche Bevölkerungsschwankungen, sofern sie überhaupt auftreten, hingegen kaum Spuren.

Populationen

Als Populationen (Bevölkerungen) bezeichnet man lokale Verbände einer Art. (Es handelt sich damit um einen jener ökologischen Begriffe, die nicht genauer abgrenzbar sind, weil eben auch ihr Gegenstand keine scharfen Grenzen besitzt.) Die schwarzen Bohnenläuse eines Gartens oder eines ganzen Dorfes kann man ebenso als Population bezeichnen, wie die Feldmäuse einer Wiese oder die Bläßhühner eines Sees. Man beschreibt Populationen auch als Fortpflanzungsgemeinschaften.

Alle tierischen Populationen zeigen, in allerdings ganz verschiedenen Zeiträumen, ein ähnliches **Wachstumsmuster.** Man kann es besonders schön an Einzellern (etwa dem bekannten, im Wasser lebenden Pantoffeltierchen), an Essigfliegen und ähnlich kleinen, sich rasch vermehrenden Arten beobachten. Aber auch die Wachstumskurven menschlicher Populationen zeigen den gleichen Verlauf.

Die erste Zeit, nachdem eine Art ein neues Territorium besetzt hat, macht die Vermehrung oft nur langsame Fortschritte. Das kann daran liegen, daß sich die Geschlechter nur selten begegnen, oder daran, daß die Verluste im Verhältnis zur Produktivität zu hoch sind. Ab einer gewissen Bevölkerungsdichte nimmt die Art jedoch – bei genügend Nahrung und Lebensraum – rapide zu. Die Populationen wachsen in dieser zweiten Phase meist exponentiell oder logarithmisch, das heißt, die Zahl der Individuen verdoppelt sich in gleichen Zeitabschnitten. Das ist verständlich, wenn sich die Nachkommen bald selber vermehren. Dazu ein Beispiel, bei dem die »Gelegegröße« nicht einmal sehr hoch ist.

phe« ausbleibt, dann ist man sehr stolz auf die Wirkungen der modernen Chemie.

In Wirklichkeit hätte alles den gleichen Verlauf genommen, auch ohne das Gift (mit dem Unterschied, daß es ein paar vergiftete Meisen, Spitzmäuse und Igel nicht gegeben hätte). Die **Traubenkirschen-Gespinstmotte,** ein kleiner Schmetterling mit weißen, schwarz-gepunkteten Vorderflügeln, gehört zu jenen Tierarten, die ein sehr hohes Vermehrungspotential haben, das aber nur gelegentlich, unter besonders günstigen Bedingungen, zum Zuge kommt. Derartige, plötzlich auftretende und meist ebenso rasch wieder abklingende

Tiere miteinander

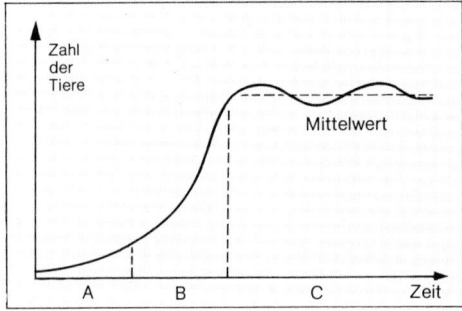

Wachstumskurve einer Tierpopulation.

licherweise lange andauernde Phase ein, in der die Zahl der Individuen nicht mehr zunimmt, sondern nur noch um einen bestimmten Mittelwert schwankt. Diese letzte Phase ist die ökologisch eigentlich interessante, denn sie muß ja die Antwort auf die Frage geben, wie in einer natürlichen Lebensgemeinschaft das Überhandnehmen einzelner Arten (Populationen) verhindert wird, wie es kommt, daß gerade pflanzenfressende Tierarten nicht durch Übervermehrung und Kahlfraß ihre eigenen Existenzgrundlagen vernichten.

Für ein Säugetier ganz Ungewöhnliches in dieser Beziehung leistet die **Feldmaus.** Noch im Säuglingsalter, nämlich vom 12. Lebenstage an, werden diese eifrigen Tierchen geschlechtsreif. Die jungen Weibchen werden in der Regel schon gedeckt, bevor sie noch abgesäugt haben, was zwischen dem 17. und 20. Lebenstag der Fall ist. Da die Tragzeit nur 20 Tage dauert, können die Mäuse schon im zarten Alter von nur 35 Tagen selber Mutter werden. Bereits wenige Stunden nach der Geburt sind die Feldmausweibchen wieder brünstig und werden unter normalen Bedingungen noch am selben Tage wieder gedeckt. Ein Weibchen bringt also alle drei Wochen 4–12 Junge zur Welt. Das stellt eine enorme körperliche Leistung dar, denn das Wurfgewicht kann über 50% des Eigengewichtes ausmachen. Da sich Tragzeit und Säugezeit regelmäßig überlappen, erscheint die tägliche Milchleistung von etwa einem Viertel des eigenen Körpergewichtes besonders phantastisch. Auf den Menschen übertragen entspricht das einem Geburtsgewicht von einem Zehnjährigen und einer täglichen Muttermilchmenge von 10 l. Eine ebenso leistungsfähige Milchkuh müßte täglich 200 l Milch geben. – Ein einziges Feldmausweibchen hat es unter kontrollierten Bedingungen innerhalb eines Jahres auf 18 Würfe mit zusammen 93 Jungen gebracht. Die gesamte Nachkommenschaft mit allen Kindeskindern liegt theoretisch bei mehreren zehntausend Mäusen in einem Jahr.

Nach dieser Phase explosiver Vermehrung tritt das Populationswachstum in eine dritte, mög-

Regulationsfaktoren

Bei ihrer Suche nach den Bedingungen dafür, daß in einer Lebensgemeinschaft »die Bäume nicht in den Himmel wachsen«, sondern sich ein bemerkenswertes **Gleichgewicht** zwischen den Arten über lange Zeiträume erhält, stießen die Ökologen auf eine so große Zahl von Faktoren, daß man gewissermaßen an diesem einen Faden das ganze ökologische Netz aufspulen kann. Zunächst einmal unterteilte man die große Zahl der regulierenden Faktoren in dichte-unabhängige und in dichte-abhängige. Was bedeutet das?

Wenn eine Wiese überschwemmt wird, dann werden die meisten der dort lebenden Feldmäuse ertrinken, unabhängig davon, ob die Siedlungsdichte der Population groß oder klein war. Auf diese Weise – also dichteunabhängig – wirken die meisten nicht-biologischen Regulationsfaktoren: schwankende Klimafaktoren vor allem, Regen, Schnee, Kälte, Hitze, Trockenheit, Wind usw. Viele Populationsschwankungen sind darauf zurückzuführen. So hoffen die Imker auf einen feuchtwarmen Sommer ohne Wolkenbrüche, weil sie wissen, daß sich dann jene Blattlausarten besonders stark vermehren können, deren süße Ausscheidungen die Bienen als Waldhonig sammeln.

So bedeutsam die Einflüsse des Wetters gerade für die Vermehrung pflanzenfressender Insekten sein mögen, so blind (und für den Menschen auch kaum beeinflußbar) wirken sie doch und können daher auch kaum als regelnde Faktoren angesehen werden – eher als Störfaktoren. Ganz anders ist das bei den Wirkungen und Wechselwirkungen zwischen den verschiedenen Organismen einer Lebensgemeinschaft. – Schauen wir uns ein Beispiel an.

Im Quellgebiet des großen isländischen Flußes Thjórsá brüten in einer baumlosen Moor- und Felslandschaft einige tausend **Kurzschnabelgänse.** Mit den nichtbrütenden Tieren zusammen weiden da in manchen Jahren mehr als 20 000 Gänse einige bevorzugte Pflanzenarten der ohnehin spärlichen Vegetation ab. Dadurch wird der Lebensraum so stark verändert, daß es viele Jahre dauern kann, bis sich die Vegetation wieder in einer für die Gänse und ihre Jungen zuträglichen Weise regeneriert hat. Auf diese Wechselwirkungen zwischen Vegetation und Beweidung führt man die starken Schwankungen in der Zahl der Brutvögel zurück.

Wie alle Räuber hat der Steinkauz eine Wächterfunktion in der Lebensgemeinschaft. Trotzdem verfolgt ihn der Mensch.

Auch Spinnen gehören zu den bedeutenden Regulationsfaktoren im Ökosystem.

Dieses Beispiel ist ebenso einleuchtend wie untypisch. Denn in der Regel, das heißt, in komplizierteren Ökosystemen, kommt es gar nicht erst zu einer solch gefährlichen Übernutzung der pflanzlichen Nahrungsbasis, weil sich im Lauf langer Entwicklungen andere Regulative herausgebildet haben, die das längst vorher verhindern. Die wichtigsten derartigen **dichte-abhängigen Regulatoren** sind innerartliche Konkurrenzkämpfe, übertragbare Parasiten und Krankheiten, Verhaltensänderungen aufgrund von Gedränge-Streß und vor allem die vielfältigen **Räuber-Beute-Beziehungen.**

Auf jede pflanzenfressende Tierart macht mindestens eine räuberisch lebende Tierart Jagd. Meistens sind es aber zahlreiche Räuberarten, die vor allem deswegen ein so enorm wirksames Regulativ gegen Massenvermehrungen sind, weil sie mit ihrer eigenen Ver-

63

Tiere miteinander

Dem entzückenden Marienkäfer sieht man das »Raubtier« nicht an.

Nahrungsketten, -netze und -pyramiden

Nun haben auch Spinnen und Kleinvögel ihre Feinde. Und auch diese »Überräuber« sind wiederum nicht sicher vor dem Gefressenwerden durch noch größere Jäger. So bildet sich ein hierarchisch verknüpftes Netz von Räuber-Beute-Beziehungen, innerhalb dessen es einer Art kaum möglich ist, sich zu Lasten anderer zu vermehren.

Man kann diese hierarchische Ordnung in sehr vergröberter Weise als **Nahrungspyramide** darstellen. Deren Basis besteht immer aus der Vielzahl der grünen Land- oder Wasserpflanzen. Auf diesem breiten Fundament entwickelt sich der große Formenreichtum an pflanzenfressenden Tieren. Man nennt sie die Primärkonsumenten. Ihnen übergeordnet sind die kleineren, räuberisch lebenden Tierarten (Sekundärkonsumenten), über denen wiederum die größeren Räuber stehen (Tertiärkonsumenten). An der Spitze der Pyramide, am Ende einer möglicherweise längeren Nahrungskette stehen einige Großräuberarten, wie Krake, Hai, Hecht, Krokodil, Adler, Uhu, Luchs, Wolf, Raubwal, Robbe, die selbst kaum noch Freßfeinde zu befürchten haben, außer dem Menschen.

Eine **Nahrungskette** könnte in Mitteleuropa etwa folgendermaßen aussehen: An einer Rose saugen Blattläuse, eine Florfliegenlarve frißt die Blattläuse, die Florfliege endet im Netz einer Spinne, die Spinne wird von einer Goldammer an ihre Jungen verfüttert, die junge Goldammer wird Opfer einer Ringelnatter, ein Bussard greift sich die Schlange und wird selbst Opfer eines Jägers. Ähnlich lang können Nahrungsketten in einem Süßwassertümpel sein oder im Meer.

Diese schöne Ordnung der Nahrungsketten und -pyramiden ist freilich mehr von theoretischem Nutzen: Man kann an solchen Modellen sein ordnendes Denken schulen und das oft verwirrende Nebeneinander der Erscheinungen in einen Zusammenhang bringen. Die Wirklichkeit aber spottet jeder solchen Vereinfachung.

mehrung unmittelbar auf die zahlenmäßigen Schwankungen ihrer Beutetiere reagieren: Vermehren sich in einem Garten etwa die Stechmücken besonders stark (z. B. weil Regenfässer gute Brutmöglichkeiten bieten), so machen Netzspinnen, Kleinvögel und andere mückenfressende Arten gute Beute. Als Folge davon steigt deren Vermehrungsrate, so daß bald eine dem Angebot an Mücken entsprechende Zahl von Spinnweben, Schnäbeln und andere »Fallen« die Mückenschwärme auf ein normales Niveau zurückdrängen.

Spitzenraubtiere

Fleischfressende Tiere

Pflanzenfressende Tiere

Gartenpflanzen

Auch die Nahrungspyramide des Gartens macht deutlich, daß die Zahl der Spitzen-Raubtiere immer geringer sein muß als die Menge ihrer Beutetiere. Die Nahrungsbasis jeder Lebensgemeinschaft ist die Vegetation.

Schon die Tatsache, daß bei jedem Übergang von einer Nahrungsebene zur nächsten von den aufgenommenen Stoffen und den in ihnen gebundenen Energien nur etwa 10–20% wieder in lebender Körpersubstanz angelegt werden, während der Rest dem Betriebsstoffwechsel der Tiere dient, macht längere Nahrungsketten zum bloßen Gedankenspiel: Mag die Florfliege, da sich ihre Larve nahezu ausschließlich von Blattläusen ernährt, noch im wesentlichen aus umgewandelter Blattlaus-Substanz bestehen, so bleibt von ihr in der

Spinne nur noch ein Florfliegen-Zehntel lebendig, in der Goldammer ein Hundertstel und kaum noch Erwähnenswertes in allen weiteren Gliedern dieser hypothetischen Kette.
Die Energie- und Substanzverluste beim Fressen und Gefressenwerden drängen uns allerdings eine interessante Schlußfolgerung auf – die im Bild der Pyramide freilich schon vorweggenommen ist: Selbst bei vollständiger Nutzung der pflanzlichen Produktion durch Pflanzenfresser, der Pflanzenfresser-Produktion durch die kleineren Räuber, der Fleisch-

Tiere miteinander

fresser-Produktion durch die größeren Räuber usw., kann die Gesamttiermenge jeder höheren Stufe höchstens jeweils ein Zehntel dessen ausmachen, was auf der Ebene ihrer Beute an überschüssiger Nachkommenschaft produziert wird. Auf der Ebene der Tertiärkonsumenten ist also nur noch mit einer Biomasse von einem Tausendstel der Primärproduktion zu rechnen. Da die Spitzenraubtiere meist auch noch erheblich höhere Körpergewichte haben als ihre Beutetiere, ergibt sich daraus von selbst, daß ihre Individuenzahl nur noch sehr gering sein kann: Die Zahl der Füchse in einem Landkreis muß auf jeden Fall um viele Größenordnungen geringer sein, als die Zahl der Hühner, Mäuse und Kaninchen im gleichen Gebiet. Greifvögel sind immer viel seltener, als körner- oder insektenfressende Kleinvogelarten. Anders ausgedrückt: Die Größe der Nahrungsreviere nimmt nicht nur mit der Körpergröße, sondern mehr noch mit der Stellung der Art in der Nahrungspyramide zu. Auch der Mensch muß diesem Gesetz gehorchen, wenn er nicht zum Ausrotter werden will.

Komplexe Wirklichkeit

Die Vielfalt ökologischer Beziehungen erschwert jede systematische Durchdringung. Nicht nur, daß »ein-artige« Beziehungen zwischen Pflanzenfresser und Wirt, zwischen Räuber und Beute eher die Ausnahme als die Regel sind: Die meisten Pflanzenfresser leben von verschiedenen Pflanzenarten, die meisten Räuber von vielen Tierarten, darunter Pflanzenfresser und andere Räuber. Kompliziert wird es vor allem auch durch die Tatsache, daß es Allesfresser gibt, die teils von lebenden, teils von toten Pflanzenteilen, bald von Aas, bald von kleineren Tieren leben.

Bei manchen Tierarten wechseln vegetarische und carnivore (fleischfressende) Phasen mit einer gewissen Regelmäßigkeit: Kohlmeisen ziehen ihre Jungen fast ausschließlich mit Insekten auf und ernähren sich selbst in dieser Zeit überwiegend von Insekten, während sie im Winter hauptsächlich von Pflanzensamen und dergleichen leben. Umgekehrt ist es bei Fröschen und Kröten, deren Larven (Kaul-

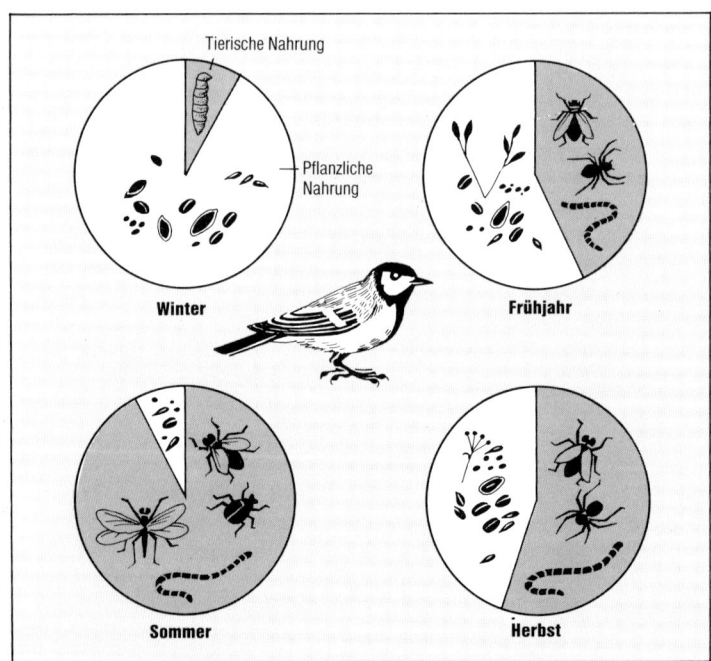

Der Speisezettel der Kohlmeise – und damit ihre ökologische Rolle – ändert sich mit den Jahreszeiten.

Die ökologische Verteilung der einzelnen Tiergruppen in mitteleuropäischen Land- und Süßwasser-Lebensgemeinschaften

Pflanzenfresser (Primärkonsumenten)

Einzeller (Protozoen)
viele Fadenwürmer (Nematoden, Älchen)
Schnecken
wasserlebende Kleinkrebse
Heuschrecken
Blattläuse und -wanzen
Blattwespen
viele Milbenarten
Bienen
viele Käferarten
die meisten Schmetterlingsarten
Schnaken(-larven)
Fische (>Friedfische<)
Schildkröten
viele Vogelarten
Nagetiere, Huftiere

Fleischfresser (Räuber, Sekundär- und Tertiärkonsumenten)

einzellige Tierparasiten (z. B. Sporentierchen)
Saug-, Band- und Strudelwürmer (teils parasitisch)
zahlreiche Fadenwurmarten (Nematoden, teils parasitisch)
Spinnen und viele Milbenarten
Weberknechte
größere Krebse
Libellen
Schlupfwespen
viele Käferarten (z. B. Laufkäfer)
Schlammfliegen(-larven)
Netzflügler(-larven)
Köcherfliegen(-larven)
Mücken und Bremsen (meist parasitisch)
Flöhe und Wanzen (meist parasitisch)
Fische (Raubfische)
Amphibien
Reptilien
fischfressende Wasservögel, insektenfressende Kleinvögel, Greifvögel
Insektenfresser und Fledermäuse
Raubtiere

Abfallfresser (Detritusfresser, von pflanzlichen und/oder tierischen Abfällen (Aas) lebend)

Einzeller
Schnecken
Ringelwürmer
Bärtierchen
Milben
wasserlebende Kleinkrebse
Tausendfüßler
Silberfischchen, Springschwänze
Ohrwürmer
verschiedene Käferarten
Fliegen und Mücken(-larven)
einige Fischarten
einige Schwimmvogelarten

Allesfresser (ernähren sich von frischer pflanzlicher und tierischer Kost, gelegentlich auch von Abfällen)

Muscheln
Asseln
Tausendfüßler
Ohrwürmer
Ameisen
Wespen
verschiedene Käferarten
viele Fliegenarten
Amphibienarten
zahlreiche Vogelarten (Krähen u. ä.)
Bären und Schweine

quappen) von Algen und anderem Pflanzen-material leben, während die ausgewachsenen Tiere Insekten und Würmern nachstellen. Auch bei vielen Insektenarten ernähren sich (und leben!) die Larven völlig anders als die ausgewachsenen Tiere. Man denke nur an Schmetterlinge und ihre Raupen. (Aus diesem Grund mag man sich manchmal fragen, ob bei der Betrachtung ökologischer Zusammenhän-ge die Art eine besonders nützliche Kategorie ist.)

Die vielfältigen Nahrungsbeziehungen zwi-schen den Tieren und zwischen Tieren und Pflanzen in jeder noch so kleinen Lebensge-meinschaft (auch eines Gartens) machen viel-leicht ein wenig verständlich, warum es unter natürlichen Bedingungen nur in Ausnahmefäl-len zu Massenvermehrungen einzelner Arten kommt, zu Bevölkerungsexplosionen, die die Lebensgemeinschaft ernsthaft stören oder ge-fährden könnten. Und das, obwohl viele Tier-arten über ein enormes Vermehrungspotential verfügen.

Die Räuber-Beute-Beziehungen wirken – um es noch einmal zusammenzufassen – deswegen in so bewundernswerter Weise stabilisierend auf das an sich zu starken Schwankungen nei-gende Ökosystem,

■ weil jede Art von einem »Cordon« verschie-dener Räuberarten umgeben ist,

■ weil die Individuen- und Artenzahl der Räu-ber in der Regel um so größer ist, je vermeh-rungsfreudiger ihre Beute ist (Fliegen, Mäu-se und Kaninchen haben viele Feinde),

■ weil das Vermehrungspotential der Räuber in Zahl und Geschwindigkeit etwa dem ihrer Beutetiere angepaßt ist (Beispiel Florfliege – Blattlaus, Luchs – Hase),

■ weil die meisten Räuberarten auf ein verän-dertes Beuteangebot durch Änderung ihres »Speisezettels« flexibel reagieren können.

Nahrungsangebot und Feinddruck erscheinen damit als die beiden wichtigsten Faktoren, die die Vermehrung einer Tierart begrenzen. Bildlich könnte man das als Begrenzungen von »unten« (von der Nahrungsbasis) und von »oben« (durch die Räuber) anschauen – zu denen weitere Begrenzungen (etwa des Rau-

mes) gewissermaßen »seitlich« hinzukommen. Je weiter unten in einer Nahrungspyramide eine Tierart angesiedelt ist, desto geringer wird in der Regel die bevölkerungsbegrenzen-de Wirkung durch die (meist reichliche) Nah-rung sein. Um so größer aber ist der Feind-druck (der freilich auch durch Größe, Wehr-haftigkeit und andere Eigenschaften der Beute mitbestimmt wird). An der Spitze der Nah-rungspyramide, bei den großen Fleischfres-sern, bestimmt hingegen fast nur noch das Nahrungsangebot (die Menge der Beute) Zahl und Vermehrung einer Art.

Ökologische Nischen

Je bestimmender die verfügbare Nahrung die zahlenmäßige Entfaltung einer Art ein-schränkt, um so bedeutsamer muß jede Art von **Nahrungskonkurrenz** werden: Es können in einem Gebiet um so mehr Waldkäuze leben, je weniger andere Eulenarten, Falken, Bussar-de, Füchse, Marder usw. im gleichen Gebiet von teilweise den gleichen Beutetieren leben.

Die Nahrungskonkurrenz zwischen den Arten hat im Verlauf der Evolution ganz entschei-dend zur Herausbildung der verschiedenen Arten mit beigetragen. Man muß sich das ähn-lich vorstellen, wie die Herausbildung der ver-schiedenen Berufe in der menschlichen Gesell-schaft: Je mehr Menschen auf engem Raum zusammenleben (und das entspricht der natür-lichen Situation der verschiedenen Arten in einer Lebensgemeinschaft), desto spezialisier-ter werden die Berufe. Was man im mensch-lich-wirtschaftlichen Bereich als Marktlücke bezeichnet, wird in der Ökologie als **ökologi-sche Nische** benannt. Die ökologische Nische gibt den Tätigkeitsbereich einer Art, gewisser-maßen also ihren »Beruf« an:

Der Gartenrotschwanz jagt bevorzugt nach kleinen Insekten, die sich im Gras, im lockeren Gebüsch und in Bäumen aufhalten. Gelegent-lich macht er auch Jagd auf fliegende Insekten, oder sucht Gebäude und die Ufer von Gewäs-sern ab. Da aber jagt der hübsche Vogel schon in den Domänen anderer Vogelarten, etwa in der des Grauen Fliegenschnäppers, der auf fliegende Insekten spezialisiert ist, in der des Hausrotschwanzes, der Gebäudespezialist ist, in der der Bachstelze, die auf Gewässer spezialisiert ist.

Aber die ökologische Nische (Funktion oder »Planstelle« könnte man auch sagen) wird nicht nur durch die Art des Broterwerbs bestimmt (auch die Stellung des Menschen in der Gesellschaft wird ja nicht nur durch den Beruf bestimmt). Die Stellung einer Tierart in der Lebensgemeinschaft ist auch **räumlich und zeitlich** definiert. So leben manche Arten im Boden, andere im Wasser oder auf dem Wasser, in der bodennahen Krautschicht, im Gebüsch, an Baumstämmen, in Baumkronen, an Felsen usw. Auch die Zeiten, in denen sie nach Nahrung suchen, bestimmen mit ihren Platz in der Gemeinschaft: Ausschließlich nachtaktive Kleinsäuger, wie Baum- und Siebenschläfer, kommen nur für Eulen, nicht aber für Tagraubvögel als Beute in Frage. Die nächtlich jagenden Fledermäuse fangen ganz andere Insekten (vor allem Nachtfalter), als etwa die Schwalben.

Trotz dieser mannigfachen Spezialisierungen kommt es immer wieder zu Überschneidungen der Kompetenzen, zur mehrfachen Besetzung ökologischer Nischen, zu verschärfter **Konkurrenz zwischen den Arten.** Das geht nur so lange gut, wie die Nahrung für alle ausreicht. Wird es knapp, so verdrängt die am besten angepaßte Art die weniger erfolgreichen. Es gilt als Regel, daß zwei Arten auf die Dauer nicht genau die gleiche ökologische Nische besetzt halten können. Äußerlich sehr ähnliche Arten im gleichen Lebensraum unterscheiden sich daher fast immer in ihren ökologischen Ansprüchen.

Selbstregulation

Jedem Beobachter der Natur muß auffallen, daß die Fruchtbarkeit der Arten sehr unterschiedlich ist. Man gewinnt durchaus nicht den Eindruck, als hätte es jede Art darauf abgesehen, die Vorherrschaft zu gewinnen. Sehr

Der Amselgesang dient auch der Revierabgrenzung.

hohe Nachkommenzahlen findet man nur bei Arten, die auch hohe Verluste haben. Ja, man kann sagen, jede Art produziert nur eben soviel Nachkommenschaft, wie unter normalen Bedingungen nötig ist, um die Art zu erhalten. Plötzliche Massenvermehrungen erscheinen dann eher als ein Versagen der üblichen Hindernisse.

Arten mit geringen Verlusten beschränken sich auf wenige Nachkommen. Bei vielen niederen Tieren, aber auch bei Fischen, produzieren die Weibchen Tausende, ja Millionen von Eiern. Großraubtiere hingegen und kaum gefährdete Pflanzenfresser, wie etwa Elefanten, bringen dagegen während ihres ganzen Lebens oft weniger als ein Dutzend Junge zur Welt (wobei es hoch interessant ist, die verschiedenen Arten der Geburtenbeschränkung zu studieren).

Diese **Selbstregulation** der Art erreicht vielleicht ihren höchsten Stand dort, wo es zur Bildung von **Territorien** oder **Revieren** kommt. Wobei der weithin bekannte Platzhirsch, der jüngere Rivalen mit physischer Gewalt vertreibt, eher noch eine einfache Art der Revierabgrenzung praktiziert. Bei vielen Singvögeln ist die Territorialverteidigung so ritualisiert, daß oft der bloße Gesang eines Männchens genügt, um Artgenossen in einer Entfernung zu halten, die eine Übernutzung der Nahrungsgrundlagen verhindert – und zwar mit einem bemerkenswerten Risikospielraum.

Einen Naturgarten anlegen

Der Atriumgarten, umgeben von Mauern, bietet ungestörte Geborgenheit. Im größeren Garten sollte es auch ruhige Sitzecken geben.

Das Grundstück

Haus und Garten sind die persönlichste Umwelt des Menschen. Sie müssen »passen«, wie bequeme Kleider. Da sollte man sich, wenn es irgend geht, nicht mit beliebiger Konfektion begnügen. Es muß deswegen nicht immer gleich maßgeschneiderte Haute Couture sein. Im Gegenteil: Aus Vorhandenem läßt sich mit einfühlsamer Phantasie und Sinn für Natur oft mehr machen, als wenn man von der leeren Bauparzelle ausgeht.

Bei der Wahl eines Grundstückes spielen Preis, Verkehrslage und ähnliche Gesichtspunkte eine so entscheidende Rolle, daß für andere Erwägungen meist kaum noch Raum ist. Wo man die Möglichkeit hat, sollte man aber doch auch z. B. auf die **kleinklimatischen Bedingungen** eines Grundstücks achten (s. S. 11). Ein sanft nach Norden geneigtes Grundstück kann günstigere Bedingungen haben, als ein nach Süden geneigtes, das in einer Kaltluftmulde liegt. Bei höheren Hindernissen an der Grundstücksgrenze ist die Schattenlänge zu berücksichtigen, die sich aus der unterschiedlichen Sonnenhöhe ergibt: West- und Ostschatten sind länger als Südschatten, der Winterschatten ist länger als der Sommerschatten.

Der **Zuschnitt** eines Grundstückes bestimmt ebenfalls die Gestaltung. Lange, schmale Flächen müssen nicht unbedingt von Nachteil sein. Bei gleicher Gesamtfläche bieten sie, gerade was die wichtige Tiefenwirkung anbelangt, mehr Möglichkeiten als gleichmäßig ums Haus verteilte Minimalflächen. Überhaupt spielt besonders bei kleineren Grundstücken die Lage des Hauses – und eventuell anderer Gebäude – im Grundstück eine ganz wichtige Rolle. Die Gebäude sollten – wo es die Bauordnung erlaubt – möglichst nah an der Grundstücksgrenze stehen, so daß im Außenraum Innenräume entstehen können – was kein Paradox ist. Der Atriumgarten, rings umgeben von Gebäuden oder Mauern, ist das gar nicht üble Extrem in dieser Richtung. Ein Garten wie auf dem Präsentierteller mag sich zur Darstellung von eigenen Tüchtigkeiten

Naturgärten müssen nicht farblos sein. Wildkräuter und Zierpflanzen haben nebeneinander Platz.

eignen, ein Ort der Ruhe, der Meditation und des intimen Naturerlebnisses wird er niemals sein.

In einer Zeit und Umgebung, da man tagaus, tagein gezwungen ist, mit Menschen zusammen zu sein, die man sich nicht immer aussuchen kann, ist das Bedürfnis nach **Privatheit,** nach einem ungestörten Raum gewiß kein Zeichen von asozialem Verhalten. Für die Wohnung gilt im allgemeinen auch dieses Tabu. Für

den Garten dagegen – so hört man immer wieder – soll Offenheit gelten. Gewiß ist aus städtebaulicher Sicht die Einbeziehung der Privatgärten in die öffentlichen Anlagen zumindest optisch verständlich. Das Verbot in vielen Gemeinden, Gartenmauern zu errichten, erscheint mir jedoch reichlich fragwürdig, zumal, wenn die Straßen mehr dem Auto als dem Fußgänger und Radfahrer dienen. Ich plädiere daher für den abgeschirmten Garten.

Einen Naturgarten anlegen

Einfassungen

Damit sind wir zwanglos bei einem Punkt, den ich eigentlich etwas später behandeln wollte: bei der Garteneinfassung, der Umfriedung, wie es früher so treffend hieß. Der **Gartenzaun** ist ein altes Streitobjekt, zumindest, seit er weniger dem Schutz vor wilden Tieren als dem Aussperren des lieben Nächsten dient. In zweiter Linie scheiden sich die Geister an der Art des Gartenzauns.

Die Entscheidung für oder wider eine Begrenzung des Gartens hängt von so vielen Sachzwängen und persönlichen Bedürfnissen ab, daß sie jeder selbst treffen muß. Aus meinen eigenen langjährigen Erfahrungen mit einem großen, ländlichen Naturgarten kann ich nur sagen: ohne Zäune wäre vieles nicht möglich gewesen. Da müssen die Hühner vom Gemüsegarten, die Kleinkinder vom Teich und die Wildnis vom Überquellen abgehalten werden. Und am Anfang, wenn die vielen jungen Gehölze und Stauden gepflanzt sind, braucht man zumindest auf dem Land einen Schutz gegen Rehe und Hasen.

Dann freilich stellt sich die Frage nach dem Wie. Und da wird allerdings schlimm gesündigt, wie man überall sehen kann und wie es Dieter Wieland in seinem schockierend-anregenden Büchlein »Bauen und Bewahren auf dem Lande« dokumentiert hat. Ich persönlich bin ein großer Freund von **Gartenmauern.** Sie halten am wirksamsten Lärm und Blicke, freilich auch so manches Getier ab: Viele Tiere, vor allem Amphibien, aber auch Reptilien und Kleinsäuger brauchen die Verbindung zu anderen Lebensräumen, können ohne Wanderungen und ohne die Verbindung zu Artgenossen auf die Dauer nicht überleben, weshalb auf jeden Fall für eine genügende Zahl von Durchschlupfen bei einer Mauer gesorgt werden sollte. Darüber hinaus sind Mauern, wenn sie richtig gebaut sind, sowohl ästhetisch wie ökologisch etwas Besonderes. Den Vogel schießen dabei natürlich die ohne oder mit wenig Mörtel aufgeschichteten **Natursteinmauern** ab. Sie sind ebenso schön wie reich an Leben. Eine Welt für sich, in der sich mit der Zeit von selbst seltene und schöne Farne, Moose, Flechten und Blütenpflanzen ansiedeln und eine reiche und seltene Tierwelt. – Aber das sind Luftschlösser, denn solche Mauern sind heute unbezahlbar. Selbst die billigste, aus Betonsteinen errichtete Mauer ist für größere Einfriedungen zu teuer.

Was also dann? Wieland schreibt: »Am haltbarsten und natürlichsten ist der senkrechte Hanichl-Zaun. Aus jungen Fichtenstämmchen, entrindet und halbiert.« Das ist in der Tat der Zaun schlechthin, der Zaun, wie ihn

Der Hanichl-Zaun ist der Inbegriff des Gartenzauns – schlicht, schön und nützlich.

Kinder malen. Er befriedigt in ästhetischer Hinsicht (vor allem, wenn die senkrechten Latten gewachsen und nicht geschnitten sind) und erfüllt seinen Zweck. Mit der Haltbarkeit habe ich allerdings meine nicht nur positiven Erfahrungen.

Nach 8 Jahren haben meine Holzsäulen (junge Eichen- und Robinienstämme) reihenweise ihre Standhaftigkeit eingebüßt. Auch die Querriegel (aus allerdings zum Teil toten Fichtenstämmen) zerfielen zu Moder. Gehalten haben nur die senkrechten, halbierten Fichtenstämmchen. Es empfiehlt sich also, Säulen aus gespaltenem Eichenkernholz oder gleich Betonsäulen zu verwenden.

Ansonsten gibt es eine solche Vielzahl von Zäunen und Hecken, daß hier nur noch einige Beispiele genannt werden können. **Maschendrahtzäune** sind nicht gerade schön, aber dicht. Sie lassen sich so mit Pflanzen verdekken, daß man es verantworten kann. Entweder benutzt man sie als Rankgerüst für Brombeeren, Rosen, Hopfen, *Clematis*, Geißblatt, oder auch Wicken, Erbsen, Kapuzinerkresse usw., oder man bepflanzt sie rechts und links mit den Sträuchern einer Schnitt- oder Wildhecke.

Der Inbegriff an Scheußlichkeit ist der leider häufig zu findende **Stutzzaun** auf Betonmäuerchen. Mit der Betonmauer hält man auf das wirksamste jedes nicht flugfähige Tier aus seinem Garten. Ein Naturgarten kann so etwas nie werden. Und mit dem kniehohen Stutzzaun (möglichst im rautenförmigen Muster des »Jägerzauns«) demonstriert man Hilflosigkeit: will man schützen oder zeigen?

Der Untergrund

Bevor wir uns dem Thema Hecke ausführlicher zuwenden (s. S. 94), wollen wir zur Gesamtplanung zurückkehren. Da ist es zunächst wichtig, sich nicht nur das Gelände und die Form des Grundstücks, sondern auch den Untergrund gut anzuschauen. Wenn es mehrjährige Vegetation gibt, so kann man schon daraus viel ablesen.

Eine schüttere Bodenbedeckung mit Gräsern und Kräutern deutet auf trockenen und nährstoffarmen Boden hin, eine saftige Wiese auf zufließende oder stehende Feuchtigkeit. Hoher Grundwasserstand oder eine abflußlose Mulde wird durch Binsen und Sauergräser angezeigt. Auch Weiden und Erlen weisen darauf hin.

Sowohl Trockenflächen (z. B. sonnige, kiesige Böschungen) als auch Feuchtflächen sind für die Anlage eines Gemüsegartens nicht ideal. Für einen Naturgarten kann man sich aber gar nichts besseres wünschen. Denn aus feuchten Stellen lassen sich mit geringstem Aufwand die schönsten Tümpel machen, und Trockenflächen ergeben mit der Zeit die zartesten Blumenrasen. Es wird davon ausführlicher noch die Rede sein.

Auch **Niveauunterschiede im Gelände** sind im allgemeinen nicht beliebt, da sie den Hausbau ebenso wie die Bodenbewirtschaftung erschweren. Aber wie durch Hanglagen oft besonders interessante architektonische Lösungen zustande kommen, so bietet bewegtes Gelände auch für den Naturgarten besonders vielseitige Möglichkeiten. Eine steile Böschung wird rasch zu einer wunderbaren und ungestörten Wildnis voll duftenden, summenden, zirpenden, singenden Lebens. Auch für Fels- und Steinbiotope (um nicht den verpönten Begriff Steingarten zu benutzen) eignen sich Steilhänge besonders gut. Auch darauf kommen wir zurück.

Wer sich der Idee des Naturgartens verschrieben hat, für den gibt es also eigentlich kein unmögliches Gelände – solange es nicht gerade von Zivilisationsgiften bedroht ist: Weder auf alten Müllkippen, noch in der Nähe emissionsreicher Fabriken oder Straßen sollte man sich niederlassen. Auch bei fließenden Gewässern empfiehlt es sich, zu prüfen, woher sie kommen.

Da nun freilich auch dem **Obst- und Gemüsegarten** und dem **Blumenbeet** ihr gutes Recht im Naturgarten zukommt, sollte man bei der Prüfung von Lage und Boden nicht versäumen, auch auf die Eignung dafür zu achten. Unter diesem Gesichtspunkt sind alle Extreme wenig wünschenswert. Hier gilt zu berücksich-

Einen Naturgarten anlegen

tigen, was wir im ersten Teil über die Eigenschaften eines guten Bodens sagten (s. S. 17 ff.).

Die Gestaltung

Wenn es schließlich an die Gestaltung des Gartens und an die Planung des Hauses geht – die man nie getrennt voneinander betreiben sollte – so ist es für den Naturgartenfreund eine Selbstverständlichkeit, zuerst und vor allem den Bestand an Bäumen und Sträuchern möglichst zu sichern. Denn Zeit ist, wo immer man es mit wachsender Natur zu tun hat, ein unbezahlbares Gut. Wie rasch ist ein Baum umgesägt, für den es erst in 30, 50 oder 80 Jahren Ersatz geben kann. Da lasse man sich auch nicht von Baufirmen einschüchtern, die am liebsten den totalen Kahlschlag zur beliebigen Ausdehnung der Baustelle hätten. Schutzmaßnahmen sind daher in die Bauverträge aufzu-

nehmen und empfindliche Zahlungen vorzusehen für Wertminderung oder Kostenersatz. Es wurden für diesen Zweck Methoden zur Berechnung des Sachwerts entwickelt. Danach ist eine Buche mit etwa 1 m Stammumfang und schön entwickelter Krone etwa 30 000 Mark wert. Es gibt keine technischen Sachzwänge, für die es sich lohnen würde, solche (letztlich natürlich immateriellen) Werte zu opfern. »Bäume müssen genauso wie Grenzen, Straßen und Gebäude Zwangspunkte sein, nach denen sich Neuplanungen zu richten haben«, schreibt ein Fachmann.

Natürlich gilt es, abzuwägen. Man wird nicht seinen Gemüsegarten in eine schattige Ecke zwängen, weil auf der geeigneten Fläche ein alter Apfelbaum seinem Ende entgegenmorscht. Auch ein übertriebener Baumschutz ist fehl am Platz. Mühsam mit Beton und Eisen zusammengeflickte Ruinen – das hat nichts mehr mit Naturschutz zu tun. Da soll man lieber rasch für Nachwuchs sorgen.

Haus und Garten sollten von Anfang an zusammen geplant werden. Bei beiden muß man sich vor allem über seine Bedürfnisse und deren Wandel klar werden.

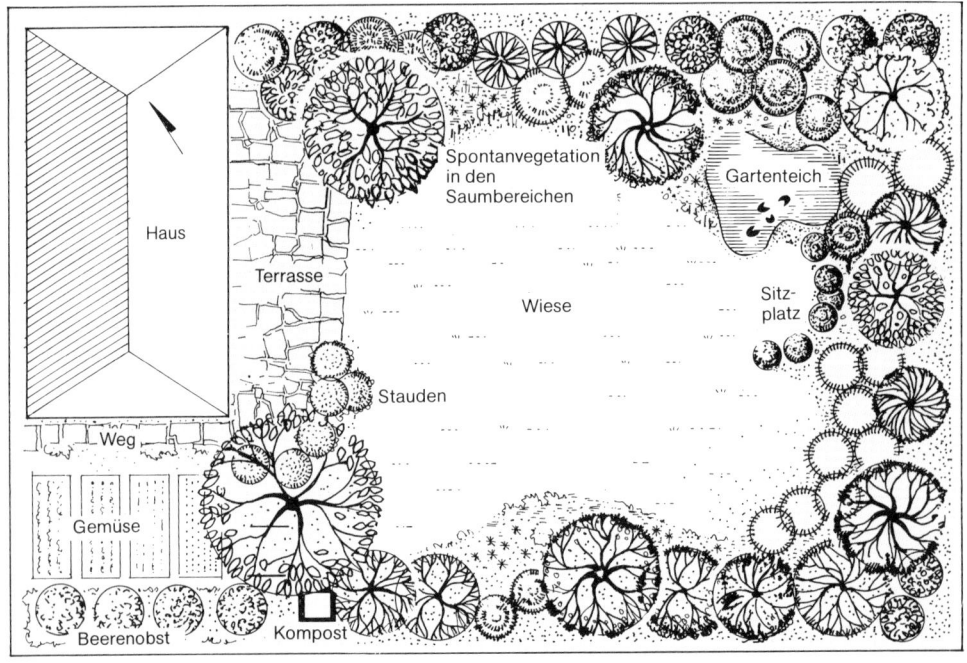

Grundsätzlich muß man sich vor aller Planung und Gestaltung über seine **Bedürfnisse** klar werden – und dabei nicht vergessen, daß sich Bedürfnisse mit der Zeit wandeln können. Gerade heranwachsende Kinder ändern rasch ihre Bedürfnisse: Ein Sandspielplatz sollte nicht für alle Ewigkeit gebaut sein. Auch sollte man an seinen veränderten Tageslauf im Ruhestand denken. Und es gilt, seine Bedürfnisse nüchtern zu erkennen. Man mag gegen den geschorenen Rasen sagen, was man will, er läßt sich kaum umgehen, wenn man nicht gezwungen sein will, ihn ständig zu umgehen. Das heißt, eine Fläche, die oft begangen wird, auf der man spielen, liegen, sitzen, Wäsche aufhängen will ... da hat die Blumenwiese nichts zu suchen. Und wie wir bei der ausführlicheren Erörterung der Blumenwiese sehen werden, empfiehlt es sich, auch dort Mähwege mit dem Rasenmäher offen zu halten, sonst ist man bald ein Gefangener seiner Ideologie.

Auch einige **befestigte Flächen** wird es wohl geben müssen in einem noch so naturfreundlichen Garten. Eine Terrasse oder Veranda am Haus ist wie ein Zimmer im Freien. Je zweckmäßiger und schöner es dort ist, desto mehr lassen sich andere Teile des Gartens ein wenig schonen. Ein fester, glatter Untergrund ist da eine der wichtigsten Voraussetzungen. Welches Material man dafür verwendet, ist eine Frage des Geschmacks und des Geldbeutels. Wichtig ist ein guter Unterbau aus grobem Kies und Sand. Der schönste Belag ist wieder einmal der teuerste: Natursteinplatten gebrochen. Aber auch mit Hirnholz, Holzrosten (beides wird allerdings bei Feuchtigkeit leicht glitschig), Ziegeln (Klinker) oder notfalls auch Betonsteinen läßt sich so etwas befriedigend lösen. Dazu sollte man für Wind- und Sonnenschutz sorgen und nicht die Belebung durch Kübel- oder Kletterpflanzen und die Einrichtung mit geeigneten Gartenmöbeln vergessen.

Es mag nun durchaus sein, daß all die Wünsche nach Spielplatz und Wäscheleine, nach Garage und Sitzplatz, nach Gemüse und Obst auf einem kleinen Grundstück keinen Platz mehr

Befestigungen sind oft unumgänglich, aber sie können tot oder lebendig wirken.

lassen, wofür man eigentlich auch noch ein gewisses Bedürfnis hätte: für das Stückchen Natur, wo man still in der Sonne sitzen und beim Summen der Insekten von Kindertagen träumen kann. Gewiß tut man sich mit der Schaffung kleiner Biotope und Lebensgemeinschaften um so leichter, je größer das Grundstück und je geringer der Nutzungsanspruch ist. Ich meine aber, es sei nicht eine grundsätzliche Entscheidung nötig für oder gegen den Naturgarten. Es kommt mehr auf die Einstellung als auf die Größe des Grundstücks an.

Einen Naturgarten anlegen

Terrassenpflaster aus Kieseln, mit *Alyssum* durchwachsen.

Selbst einen bis in den letzten Winkel genutzten Garten kann ich naturnah bewirtschaften, kann darin aus Beobachtungen lernen, kann der Natur die größtmögliche Chance geben, kann mich bemühen, von ihr zu lernen, sie für meine Zwecke behutsam zu lenken. Oder ich kann mit Gift und Perfektion alles niedermachen, was sich meinen totalen Herrschaftsansprüchen entgegenstellt.

Von den Gegnern des ökologischen Land- und Gartenbaus wird manchmal abschätzig gesagt, dabei handle es sich »nur um Weltanschauung«. Ich meine, man tut der Verständigung keinen guten Dienst, wenn man darauf ebenso undifferenziert mit Zurückweisung reagiert. Es ist tatsächlich ein fundamentaler weltanschaulicher Unterschied, ob ich davon ausgehe, die Welt (Natur) sei insgesamt beherrschbar und manipulierbar, oder ob ich davon

überzeugt bin, daß wesentliche Zusammenhänge komplizierter sind als Computer, daß wir als Teil dieser Welt niemals in der Lage sein werden, auch nur ein vollständiges Abbild der Welt (unter Einschluß des Menschen) zu geben – geschweige denn sie zu »betreiben« wie ein Wirtschaftsunternehmen, ohne uns damit selbst zu gefährden.

Je erfahrener wir im Garten werden (in diesem winzigen Ausschnitt der Welt), desto mehr wissen wir, wie eng die Grenzen des Machbaren sind, wie wenig wir wissen über die komplexen Zusammenhänge. Am Garten kann jeder jene Bescheidenheit und Demut lernen, die wir angesichts der Weltentwicklung vielleicht dringender brauchen als alles andere. Und im Naturgarten können wir uns darin üben, zwei scheinbar widersprüchliche Grundprinzipien mehr oder weniger harmonisch zu vereinigen: das Rationale (Ordentliche, Geometrische) und das Vitale (Wilde, Chaotische). Ihre Durchdringung kennzeichnet die humane Landschaft ebenso wie den geglückten Garten.

Die Gestaltung eines Naturgartens zeichnet sich nicht durch Zahl und Größe der gekonnt arrangierten Lebensräume aus. Man erkennt sie an viel Bescheidenerem. An der Art, wie zwei Bäume nebeneinander und im Gelände stehen etwa. Wer die pflegeleichte Konifere aus der Mandschurei wie eine Statue in den unkrautfreien Rasen stellt und jeden Winkel nach den Gesichtspunkten von Sauberkeit und Ordnung anlegt und instand hält, der wird halt nie mehr zustande bringen, als eine gepflegte Friedhofsatmosphäre. Wer aber sich die Mühe macht, in der Umgebung einmal herumzuschauen, was da an Stellen wächst, wo der Mensch seit ein paar Jahren seine angebliche Kulturpflicht versäumt hat, der auch die Mühe sich macht zu sehen, **wie** dort die Bäume wachsen, der wird solche Friedhofsfehler nicht mehr so leicht machen, dessen Garten wird auch bei kleinster Fläche bald ein kleines Paradies sein, voll Leben, und ein Quell der Gesundheit.

Obst- und Gemüsegarten als Lebensraum

Das mag auf den ersten Blick etwas übertrieben erscheinen, den Nutzgarten mit einzubeziehen in das Konzept des Naturgartens, Obst- und Gemüsegarten als Lebensraum zu bezeichnen. In Wirklichkeit liegt hier die Wurzel der ökologischen Betrachtungsweise. Die Anlage von Biotopen, speziellen Orten für spezielle Lebensgemeinschaften fand erst viel später breites Interesse.

Am Anfang stand der biologische Gartenbau. Sei es in seiner alten Form des bäuerlichen Kräuter- und Obstgartens, sei es in den weiterentwickelten Praktiken der Bodenpflege (R. Steiner, R. Francé u. a.), der Kompostwirtschaft (A. Seifert, A. Howard u. a.), der Mischkultur (G. Franck u. a.), des Mulchens, der biologischen Schädlingsabwehr usw. Der biologische Obst- und Gemüsebau, wie er vor allem in vielen, vielen Privatgärten in langer Tradition betrieben wird, ist – das scheint mir sicher – zumindest die breiteste Grundlage für das, was man heute unter Naturgarten versteht.

Wer den Nutzgarten nicht als Lebensgemeinschaft von Pflanzen, Bodenorganismen und Tieren sieht, bei dem werden auch Naturbiotope – so muß man befürchten – allenfalls zu hübschen Arrangements geraten. Auch die sich oft als »biologisch« gebärdende Einteilung der Tierwelt in Schädlinge und Nützlinge hat noch nicht viel mit ganzheitlicher Betrachtung zu tun. Wenn es auch schon ein großer Fortschritt gegenüber dem chemischen Totalkrieg ist, Insekten z. B. nicht nur und generell als Feinde anzusehen, die es auszurotten gilt.

In diesem Buch wurde in den Anfangskapiteln der Vermittlung von Grundlagen viel Platz eingeräumt, weil wir der Meinung sind, richtiges, naturgemäßes Handeln kann nur aus der Einsicht in die grundlegenden, ja gewiß nicht einfachen Zusammenhänge zwischen Klima, Boden, Pflanzen und Tieren erwachsen. Natürlich kann man die Zubereitung eines brauchbaren Kompostes nach Anleitung eines Buches lernen, kann mit Erfolg Mischkultur nach der Tabelle, Mulchen nach Anweisung, Pflanzenschutz nach Kräuterrezept ausführen. Es werden einem unter solchen Bedingungen aber auch immer wieder Fehler passieren, die man vermeiden könnte, wenn einem die tieferen Zusammenhänge, die natürlichen Bedürfnisse der Bodenorganismen und der verschie-

Bei der Planung des Gemüsegartens steht Zweckmäßigkeit obenan.

Beifuß · Himbeeren · Ringelblumen · Schöpfbecken · Brombeeren · Gartenkresse · Liebstock

Johannisbeeren · Wermut · Kapuzinerkresse

Lauch · Salat und Radies · Brokkoli · Salat und Radies · Lauch — Portulak · Tripmadam

Zwiebeln · Möhren · Tomaten · Möhren · Zwiebeln — Kamille · Petersilie · Dill

Blaukraut und Sellerie · Rote Rüben · Erbsen · Rote Rüben · Blaukraut und Sellerie — Pimpinelle · Fenchel · Thymian

Kohlrabi · Salat und Radies · Gurken · Salat und Radies · Kohlrabi — Kerbel · Basilikum · Boretsch

Spinat · Rosenkohl · Frühkartoffeln · Grünkohl · Spinat — Salbei · Meerrettich · Estragon

Blumenkohl · Kopfsalat und Rettich · Stangenbohnen · Kopfsalat und Rettich · Mangold — Schnittlauch · Bohnenkraut · Zitronenmelisse

Knoblauch · Ringelblumen · Erdbeeren · Stachelbeeren

Die bunte Mischung des Bauerngartens ist ein Beispiel für Schönheit und Gesundheit.

denen Pflanzen, die Lebensweisen der Tierarten vertraut wären. Man wird im Garten nicht nur mehr Erfolg haben mit einer gewissen ökologischen Grundlagenkenntnis, sondern die Gartenarbeit wird auch mehr Freude machen, wie jede sinnvolle, einsichtige Arbeit, ja sie kann zur Leidenschaft werden.

Manche Menschen haben eine so gute Beobachtungsgabe, ein so dauerhaftes Gedächtnis und ein so sensibles Einfühlungsvermögen, daß sie aus der praktischen Erfahrung weit besser lernen, als aus noch so umfangreichen Informationen aus zweiter Hand. Früher waren diese Fähigkeiten offenbar sehr viel weiter verbreitet, als die Flut der second-hand-Informationen (das »Medienrauschen«) das Wahrnehmungsvermögen der Menschen noch nicht so abgestumpft hatte. Heute sind viele darauf angewiesen, zumindest hingewiesen zu werden auf das, worauf es zu achten gilt.

In diesem Sinne sind die Einführungskapitel besonders auch für die Arbeit im Nutzgarten

gedacht. Ich will mich hier daher auf einige Spezialfragen beschränken, die im ersten Teil nicht berührt werden konnten. Grundsätzlich sollen aber auch hier keine Gebrauchsanleitungen, sondern nur Hinweise gegeben werden. Eine umfassende Darstellung des biologischen (oder ökologischen) Gartenbaus wird man in diesem Rahmen nicht erwarten können. Es sei dafür auf die Spezialliteratur verwiesen (z. B. M.-L. Kreuter, Der Bio-Garten; v. Heynitz/Merckens, Das biologische Gartenbuch; Voitl/Guggenberger/Willi, Das große Buch vom biologischen Land- und Gartenbau).

Kompostbereitung ist keine Geheimwissenschaft

Kompost ist schon deswegen das ideale Mittel zur Bodenverbesserung und Düngung, weil er in seiner Zusammensetzung und Entstehung am meisten den natürlichen Verhältnissen der Verrottung und Verwitterung im Stoffkreislauf der Natur entspricht (s. S. 17). Man kann damit weder den Boden noch die Pflanzen schädigen – sofern der Kompost keine Schadstoffe enthält und genügend verrottet ist – kann also in der Anwendung nichts falsch machen, wenn man bei der Zubereitung einige einfache Grundregeln beachtet. Damit unterscheidet er sich sehr von den meisten Industriedüngern und auch von konzentrierteren organischen Düngern, mit denen man bei falscher Anwendung Boden und Pflanzen schwer schaden kann.

Zur Bereitung eines guten Kompostes genügt es nicht, organische Abfälle auf einen Haufen zu werfen. Andererseits bedarf es auch keiner aufwendiger Hilfsmittel oder langjähriger Erfahrungen, um in angemessener Zeit zu einem guten, nährstoffreichen, erdigen Produkt zu gelangen. Dazu sind nur einige grundlegende biologische Tatsachen zu berücksichtigen, wie sie im wesentlichen dem Bodenkapitel bereits zu entnehmen sind.

Als **Rohstoffe** kommen grundsätzlich alle **organischen Stoffe** in Frage: Küchenabfälle (ein-

Obst- und Gemüsegarten als Lebensraum

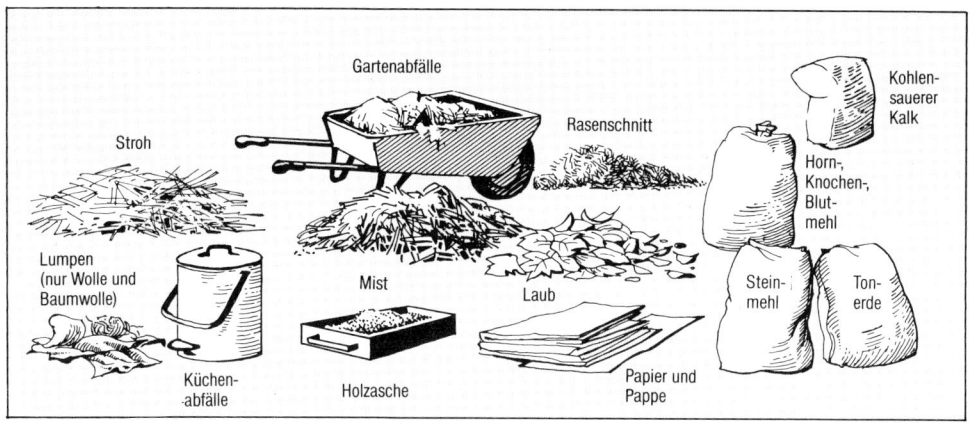

Nahezu alle organischen Stoffe lassen sich kompostieren. Entscheidend ist die richtige Mischung (Komposition).

schließlich Kaffeesatz, aber ohne Zitrusschalen), Pappe, Papier (beides möglichst anfeuchten und nicht in dicken Lagen), Holzspäne in Maßen, Gartenabfälle (möglichst gut zerkleinert), Stroh in geringeren Mengen und tierische Abfälle (Mist, Blut, Federn, Haare, zerkleinerte Knochen), Aschen, Gartenaushub usw. Beim Aufsetzen dieser Stoffe ist ihre sehr unterschiedliche Zusammensetzung zu berücksichtigen. Dabei kommt es vor allem auf das Verhältnis von Kohlenstoff zu Stickstoff an (s. S. 25). Viel Kohlenstoff (und wenig Stickstoff) bringen die meisten »trockenen« Stoffe pflanzlichen Ursprungs in den Komposthaufen: Papier, Pappe, Stroh, Baumwoll-Lumpen etc. Viel Stickstoff (und wenig Kohlenstoff) bringen die meisten tierischen Abfälle: Mist, Harn, Blut, Knochen, Horn, Wolle, Federn ... Relativ ausgeglichen sind frische Pflanzenabfälle aus der Küche und aus dem Garten.

Als zweite wichtige Komponente braucht unser Kompost wenigstens kleine Zugaben an **mineralischen Substanzen:** vor allem etwas Lehm oder gekaufte Tonerde (z. B. Betonit), etwas Kalk (nur nicht in Verbindung mit Mist, da es dann zum gasförmigen Entweichen des wertvollen Stickstoffs kommen kann). Sehr nützlich sind auch wiederholte Gaben von Steinmehl (insbesondere Basaltmehl). Auch

Holzasche ist in Grenzen eine (kalireiche) Mineralstoffquelle, während Kohlenasche wegen ihres oft hohen Schwefelgehalts nur sehr zurückhaltend zu verwenden ist.

Wichtig ist nun, all diese verschiedenen Rohstoffe in einigermaßen **ausgewogener Mischung** und **guter Verteilung** zusammenzubringen. Wenn man von einem Rohstoff mehr hat, als einem in einer Schicht sinnvoll erscheint, so sollte man ihn neben dem Komposthaufen lagern und von Zeit zu Zeit mit anderen Abfällen zugeben.

Mit der Zeit wird man ein Gefühl dafür entwickeln, welche **Lebensbedingungen** den vielen Organismenarten am meisten zusagen, die aus den Abfällen eine lockere, schwarze, wohlriechende Erde machen: Sie brauchen Wärme, aber keine brennende Sonne, sie brauchen Feuchtigkeit, aber keinen Sumpf, und vor allem brauchen sie Luft. Darum sollten Komposthaufen nie zu groß und besonders nicht fest gepackt, sondern schön locker sein. An der Basis sollte er nicht breiter als 2 m sein, und die Höhe sollte 1–1,5 m nicht übersteigen. Wichtig ist, daß der Komposthaufen auf natürlichem Untergrund angelegt wird, also »Bodenschluß« erhält. Es wäre falsch, ihn etwa aus Gründen der »Sauberkeit« auf einer Plattenfläche, Folie oder einem betonierten Untergrund anzulegen, denn hier haben z. B. die

79

wichtigen Regenwürmer keine Möglichkeit, in den Kompost zu gelangen. Damit auch Luft in der Mitte des Haufens zutreten kann, empfiehlt es sich, ein paar Tonröhren, wie man sie im Bauhandel bekommt, am Boden als Lüftungskanal zu legen.

Zur »Halbzeit« – was je nach Material und Außentemperaturen nach 2–3 Monaten oder nach 1 Jahr sein kann – sollte man den Haufen **umsetzen,** wobei das Oberste zu unterst und alles schön durcheinander kommt. Es sollte zu diesem Stadium von den kleinen, roten »Regenwürmern« (Mistwürmern) nur so wimmeln.

Wie der Erdboden auch, sollten Komposthaufen immer abgedeckt sein. Dafür eignen sich die gleichen Materialien, wie zur Bodenbedeckung (s. S. 26), zusätzliche alte Säcke, Lumpen, Schilfmatten, alte Teppiche (sofern sie luftdurchlässig sind) und anderes Material, das mit der Zeit mitverrottet.

Man kann Kompostmieten frei oder in luftigen Behältern aufsetzen. Es gibt **Kompostsilos** aus Holz, Metall und aus Betonteilen zu kaufen. Man kann sich solche Behälter aber auch sehr leicht selber machen. Es empfiehlt sich, mindestens zwei Behälter zu haben, damit der Inhalt des einen in Ruhe verrotten kann, während der andere frisch gefüllt wird. Noch besser sind drei Abteilungen, wobei die erste, für die frischen Abfälle, mindestens so groß sein

muß, wie die beiden anderen zusammen. Im letzten Abteil liegt der reife, gesiebte Kompost zur ständigen Verwendung. Herausnehmbare Bretter an der Vorderseite erleichtern den Zugang.

Vom Handel wird allerlei hilfreiches, aber kaum wirklich notwendiges zum Kompostieren angeboten. Das reicht von den zweifellos nützlichen, aber (wenn sie gut sind) sehr teuren Zerkleinerungsmaschinen bis zu einer Vielzahl von Kompostierungsmitteln, die Mineralstoffe, Bodenbakterien, Fermente, Spurenelemente, Kräuter, Sauerstoffbildner und anderes enthalten. Auf all dies kann man ohne weiteres verzichten, wenn man sich ein bißchen Mühe macht, das Gröbste mit der Hand zu zerkleinern, wenn man seinen Kompost richtig »komponiert« und pflegt und nicht allzu ungeduldig ist. Wer seine Küchen- und Gartenabfälle gelegentlich mit etwas Bentonit, kohlensaurem Kalk und Horn-Blut-Knochenmehl (falls kein Mist erreichbar ist) bestreut und ab und zu eine Prise alter Komposterde dazugibt, der wird keine Probleme haben und keine weiteren Hilfsmittel brauchen. Der gelegentliche Zusatz von Wild- und Küchenkräutern gehört schon in den Bereich der Kunst für Fortgeschrittene – und da gibt es keine Grenzen.

Die **Anwendung** von Kompost im Garten bedarf keiner Anleitung. Ganz vererdete, ge-

Ein zweckmäßiges Kompostsilo kann man unschwer selber bauen.

Mulch und Mischkultur machen den Nutzgarten zum naturnahen Lebensraum.

siebte Komposterde kann man direkt in Saatrillen und Pflanzlöcher geben, um den Jungpflanzen einen kräftigen Start zu ermöglichen. Noch nicht ganz verrottetes Material sollte nur zur Bodenbedeckung verwendet werden.

Mulch – eine Haut für den Boden

Unter natürlichen Bedingungen sind Böden in unserem Klimabereich immer bedeckt, sei es durch die lebende Vegetationsdecke, sei es durch pflanzliche Abfälle (Streu), oder durch beides. Die große Bedeutung dieser Abdeckung für das Bodenleben, für Bodenstruktur, Wasser- und Wärmehaushalt (s. S. 27), veranlaßt naturgemäß arbeitende Gärtner (und Landwirte) zur Nachahmung. Im Obst- und Gemüsegarten kommen dafür organische Stoffe, wie Rasenschnitt, Stroh und Pappe, auch Folien oder Holzabfälle (für Baumscheiben) in Frage.
Die Bodenbedeckung wird während der Vegetationsperiode im Gemüsegarten zwischen den Kulturpflanzen ausgebreitet, im Winter auf der ganzen, nichtbewachsenen Fläche. Dafür eignet sich besonders gut das herbstliche Falllaub. Langes Stroh und grobe Materialien eignen sich nicht für Gemüsebeete mit zarten Pflänzchen. Da sind Rasenschnitt und gehäckseltes Stroh ideal. Der Rasenschnitt verrottet so rasch, daß man alle 1 bis 2 Wochen die dünne Mulchschicht erneuern muß. Stroh hält wesentlich länger.
Die ins Auge springenden **Vorteile des Mulchens** sind: Schutz vor Erosion durch Regen und Wind, keine Verkrustung und Verschlämmung, Unterdrückung von Unkraut, gleichmäßigere Bodentemperatur, weniger Verdunstung, Schutz und Förderung des Bodenlebens, langsame, stetige Düngung, saubere Früchte (z. B. bei Erdbeeren). Eine gute Mulchwirtschaft kann Hacken und Wässern vollständig ersetzen.
Ein gewisser **Nachteil** dieser Methode ist, daß sich unter stärkeren Mulchschichten gerne Wühlmäuse ansiedeln, daß das Material nicht immer leicht zu beschaffen ist, und daß man vor dem Pflanzen und Säen zuerst den Boden freilegen muß – was allerdings weniger Arbeit

macht, als wenn man ihn durch Hacken vorbereiten muß.

Bei Dauerkulturen überwiegen die Vorteile einer ständigen Mulchdecke auf jeden Fall mögliche Nachteile: Obstbäume und Beerensträucher sollten grundsätzlich in abgedecktem Boden stehen. Es ist erstaunlich, welche Wirkung das auf Gesundheit und Ertrag hat. Auch Kartoffeln, Kohlarten und die meisten in Reihen gezogenen Gemüsearten sind für Mulchabdeckung sehr dankbar. Bei schnell bodenbedeckenden Arten, wie Spinat und Kopfsalat, ist eine Mulchdecke nicht oder nur am Anfang nötig.

Nicht jede Blattlaus ist ein Schädling

Viele Gartenfreunde geraten in Panik und helle Aufregung, wenn sie an ihren Rosen Blattläuse, am Kohl Raupen und an den Radieschen Erdflöhe entdecken. Kein Zweifel: Diese und eine ganze Reihe anderer Tiere, können erheblichen Ärger und Schaden machen. Wenn wir ehrlich sind, überwiegt aber der Ärger meistens bei weitem den Schaden, zumal, wenn wir den Obst- und Gemüsebau nicht erwerbsmäßig betreiben und nicht gleich ganze Ernten bedroht sind.

Ich meine, es steht dem naturgemäß arbeitenden Gärtner gut an, eine etwas gelassenere Haltung gegenüber den Kreaturen einzunehmen, die nun einmal davon leben, Blätter, Wurzeln, Früchte zu fressen und Säfte zu saugen, die wir am liebsten allein für uns hätten. Wer sich wirklich die Natur zum Lehrmeister nimmt, der weiß, daß es da keine Hundertprozentigkeit gibt. Jeder teilt in einer Lebensgemeinschaft mit jedem. Da sollten wir auch die Größe haben, von vornherein gewisse Verluste bei der Berechnung von Bedarf und Anbau mit einzukalkulieren.

Außerdem besagt ein bedenkenswertes Sprichwort: Aus Schädlingen wird man klug. Das heißt nichts anderes, als daß Schädlinge, wenn sie in größeren Mengen auftreten, fast immer ein Zeichen dafür sind, daß wir etwas falsch gemacht haben. Pflanzen, die unter optimalen, aber nicht luxuriösen Bedingungen aufwachsen, werden von pflanzenfressenden Tieren viel weniger befallen als Kümmerlinge oder Überernährte. Die Giftspritze ist ein Armutszeugnis für jeden Gärtner. Erst wer alle anderen Möglichkeiten ausgeschöpft hat (und die sind fast unerschöpflich) sollte sich das Recht zubilligen, im wirklichen Notfall auch einmal zu unökologischen Mitteln zu greifen.

Im Kapitel »Tiere miteinander« haben wir die komplexen Jäger-Beute-Beziehungen im Tierreich kennengelernt, die sich in jedem natürlichen Ökosystem mit der Zeit herausbilden und für dessen Stabilisierung sorgen, indem Populationsschwankungen einzelner Arten gedämpft werden. Wer sich dieses komplizierte Gewebe vor Augen hält, der wird von selbst zögern, mit den gröbsten Mitteln da hinein zu schlagen (und die meisten chemischen Pflanzenschutzmittel sind solch grobe Keulen), bevor noch recht klar ist, ob die ausgemachten »Feinde« überhaupt wesentlichen Schaden anrichten werden. In dem von Hans Steiner für den württembergischen Obstbau entwickelten **»integrierten Pflanzenschutz«** steht daher vor jeglicher Pflanzenschutzmaßnahme die Feststellung des Befalls und die Ermittlung des daraus zu erwartenden Schadens. Erst wenn diese Untersuchungen ergeben, daß eine ökonomisch wirklich zu Buche schlagende »Schadensschwelle« überschritten werden könnte, werden Gegenmaßnahmen ergriffen – die übrigens auch nicht immer gleich massives Gift sein müssen.

Diese differenzierteren Methoden waren notwendig geworden, weil sich speziell im Obstbau eine vorbeugende Spritzroutine entwickelt hatte, die von den Herstellern der Spritzmittel natürlich eifrig gefördert worden war. Der Obstbauer machte sich gar nicht mehr die Mühe, nachzuschauen, ob seine Bäume von Schädlingen befallen waren, und spritzte »nach Kalender« gegen alles, was nur irgendwann einmal als Schädling oder Pilzkrankheit aufgetreten war. Bis zu dreißigmal in der Saison. Leider geschieht das heute noch in vielen Obst-, Weinbau- und Hopfengegenden.

Obst- und Gemüsegarten als Lebensraum

Eine erstaunliche Zahl (es sind inzwischen über 100 Insektenarten) von Schädlingen haben bei dieser chemischen Dauerberieslung resistente Formen ausgebildet, die sich trotz allem fröhlich vermehren und das um so besser, als jegliches biologisches Regulativ fehlt. Denn selbstverständlich ist in solchen Giftplantagen kein einziger »Nützling« mehr zu finden. In einigen Fällen wurden sogar vorher ganz harmlose Tiere erst dadurch zu massenauftretenden Schädlingen, daß man ihre gesamten natürlichen Feinde ausgerottet hat. Ein berüchtigtes Beispiel ist die Obstbaumspinnmilbe oder »Rote Spinne« *(Panonychus ulmi)*, die erst im Lauf der (giftigen) Zeit zu einem lästigen und sehr widerstandfähigen Schädling wurde, weil man ihre Feinde ausgerottet hatte.

Man muß sich wirklich darüber im klaren sein, daß jedes Einbringen von Giften in eine Lebensgemeinschaft immer weitreichende Auswirkungen auf viele Organismen hat. Wo alles miteinander verknüpft ist, lassen sich einzelne Arten nicht gezielt herausschießen, ohne das Ganze zu stören. Abgesehen davon, daß es nur ganz wenige wirklich spezifisch wirkende Mittel gibt. Selbst sogenannte systemische Mittel, das sind Insektizide, die von den Pflanzen aufgenommen und nur an die dort saugenden Insekten weitergegeben werden, wirken natürlich allein schon über die vergifteten Insekten, die von anderen Tieren gefressen werden, weiter. Und wo man einmal angefangen hat, das Netz zu zerreissen, da reißt es immer weiter, da muß man immer mehr und immer häufiger zur Chemie greifen.

Unser Ziel im Naturgarten sollte wirklich die ausgewogene tierische und pflanzliche Gemeinschaft sein. Vereinzelte Schäden sollten wir einkalkulieren und hinnehmen. Und wenn immer wieder die gleichen, größeren Schäden auftreten, dann sollten wir uns überlegen, ob hier nicht eine Pflanze am falschen Ort ist. Die Kunst des Landbaus besteht nicht darin, mit List und Tücke die unwahrscheinlichsten Arten über die Runden zu bringen. Sie bestand schon immer darin, die für den jeweiligen Standort am besten geeigneten Arten und Sorten herauszufinden. Als man Obstbau noch mit den alten (und herrlich aromatischen) Lokalsorten im Umkreis der Bauernhöfe betrieb – und nicht in Großplantagen mit landfremden »Edelsorten« – da waren auch Schädlinge und Krankheiten kein Problem. Und sind es heute noch nicht, wo es solche bäuerlichen Obstgärten noch gibt.

Im übrigen sei noch einmal darauf hingewiesen, daß die **Kulturbedingungen,** unter denen unsere Obstbäume, Beerensträucher und Gemüsesorten heranwachsen, von entscheidender Bedeutung dafür sind, wie gesund und widerstandsfähig gegen Schädlinge sie sind. Und diese Kulturbedingungen schließen so viele Möglichkeiten ein – von der Bodenbearbeitung, der Düngung, und der Bewässerung bis hin zur Versorgung mit Steinmehlen, Kräuterjauchen und bis zur Mischkultur – daß kaum jemand von sich behaupten kann, er hätte bereits alle ausgeschöpft. Gerade die Kräftigung der Pflanzen etwa durch Brennessel- und Schachtelhalm-Auszüge wird noch viel zu wenig im Sinne eines vorbeugenden Pflanzenschutzes angewandt. Es gibt heute zu diesem Thema ausführliche Spezialliteratur.

Mischkultur für Erfahrene

Unter natürlichen Bedingungen wachsen die verschiedenen Pflanzenarten nicht völlig willkürlich und zufällig zusammen. Sie bilden vielmehr charakteristische **Gesellschaften.** Über die Ursachen und Bedingungen der verschiedenen Nachbarschaften wissen wir nur unzureichend Bescheid.

In der Landwirtschaft gehört zu den ältesten Erfahrungen die Beobachtung, daß verschiedene Kulturpflanzen ganz unterschiedliche Ansprüche an die »Nährstoff«-Versorgung des Bodens stellen. Es hat sich daraus die berühmte Dreifelderwirtschaft entwickelt, bzw. modernere Formen der **Fruchtfolge,** wobei abwechselnd auf der gleichen Fläche nährstoffsammelnde Pflanzen (z. B. Klee, früher Brache mit Weide), dann stark nährstoffzehrende Arten (z. B. Rüben) und dann schwächer zehrende Arten (z. B. Getreide) angebaut werden. (Im fortgeschrittenen biologischen Landbau sind die Fruchtfolgen viel ausgefeilter und umfassen 8–12 Glieder.)

Im Gemüsegarten galt lange Zeit eine entsprechende Dreiteilung. Nach einer kräftigen Herbstdüngung mit angerottetem Mist folgten im nächsten Jahr auf dieser Fläche starkzehrende Gemüsearten, im zweiten Jahr dann auf der gleichen Fläche schwachzehrende Arten und im dritten Jahr sogenannte »abtragende«

Arten. Mit drei Abteilungen im Garten (dazu einer vierten für Dauerkulturen, wie Erdbeeren, Küchenkräuter usw.) hatte man dadurch eine ständige Rotation.

Diese »Drei-Parzellen-Wirtschaft« ist einfach, hat aber auch Nachteile. Vor allem ist es bei dieser starren Einteilung schwierig, die verschieden langen Zeiten zwischen Aussaat und Ernte durch den Anbau von Vor- und Nachfrüchten so zu nutzen, daß möglichst immer etwas wächst auf den Flächen. Im Gegensatz

Es gibt hemmende (−), fördernde (+) und neutrale Nachbarschaften zwischen Pflanzen.

	Bohnen	Dill	Endivien	Erbsen	Erdbeeren	Fenchel	Gurken	Kapuzinerkresse	Kartoffeln	Knoblauch	Kohlarten	Kohlrabi	Kopfsalat	Lauch	Möhren	Petersilie	Pfefferminze	Pflücksalat	Radies/Rettich	Rote Rüben	Salbei	Sellerie	Spinat	Tomaten	Zucchini	Zwiebeln
Bohnen	■	+		−	+	−	+		+	−	+	+	+	−				+	+	+		+		+		−
Dill	+	■	+			+			+		+		+					+	+							+
Endivien			■			+					+			+												
Erbsen	−	+		■	+	+		−	−	+	+	+	−	+					+					−	+	−
Erdbeeren	+				■				+		+	+							+			+				+
Fenchel	−		+	+		■	+						+					+			+			−		
Gurken	+	+		+		+	■		−	+	+		+	+				−	+		+		−			+
Kapuzinerkresse								■	+										+					+	+	
Kartoffeln	+					−	+		■	+			+					+			−		−	+	−	
Knoblauch	−			−	+		+		+	■	−				+				+					+		
Kohlarten	+	+	+	+	−		+			−	■		+	+				+	+	+	+		+	+	+	−
Kohlrabi	+			+							+	■	+	+					+	+		+	+	+	+	
Kopfsalat	+	+		+	+	+	+			+	+	■		+	+		−	+		+	+		−		+		+
Lauch	−		+	−	+					+	+	+	■	+						−		+		+		+
Möhren		+		+							+	+	■		+	+	+			+			+		+	
Petersilie											−				■			+						+		
Pfefferminze							+		+		+		+			■								+		
Pflücksalat	+	+			+					+				+				■	+	+			+			
Radies/Rettich	+		+	+		−	+			+	+	+		+	+		+	■				+	+			
Rote Rüben	+	+				+		−	+	+	+	+	−						+		■			+	+	
Salbei				+											+						■					
Sellerie	+					+		−			+	+	−	+								■		+		
Spinat				+				+			+	+							+				■	+		
Tomaten	+			−			−	−	+		−	+	+	+	+	+	+	+	+	+	+	+		■	+	
Zucchini			+				+																■	+
Zwiebeln	−	+		−	+		+			−		+	+	+						+					+	■

zur Fruchtfolge nennt man diese Staffelung innerhalb des Jahres **Fruchtwechsel.** Dabei werden auch sogenannte Zwischenfrüchte angebaut, z. B. Radieschen zwischen Möhren, wobei man die verschieden langen Keim- und Reifezeiten ausnützt. Daraus entwickelte sich schließlich die **Mischkultur,** bei der weniger der Nährstoffbedarf als die gegenseitige Ergänzung verschiedener Arten im Vordergrund steht.

Die positiven Erfahrungen mit der Mischkultur haben verschiedene Gründe. Zum einen sind die unterschiedlichen Nährstoffbedürfnisse nicht nur quantitativer, sondern vor allem qualitativer Art. Die Pflanzen brauchen je nach Art und je nach Wachstumsphase sehr unterschiedliche Mineralstoffe des Bodens. Das heißt, in Monokulturen brauchen alle Pflanzen immer zur gleichen Zeit genau die gleichen Mineralstoffe, sie machen sich gegenseitig die größte Konkurrenz. Außerdem erschließen die Wurzeln verschiedener Pflanzenarten oft ganz verschiedene Bereiche des Bodens. (Flach- und Tiefwurzler, s. S. 40) Manche Pflanzen wirken (offenbar mit ihren Ausdünstungen) abstoßend auf bestimmte Tiere und können damit auch andere Pflanzen in ihrer Nachbarschaft schützen. Hierfür kommen besonders Gewürzkräuter in Betracht.

Es ist aber nicht so, daß alle Gewürzkräuter auf alle anderen Pflanzen nur positive Wirkungen hätten. Der bittere Wermut vertreibt zwar von Radieschen, Rettichen und Kohl die Erdflöhe (kleine, vor allem bei Trockenheit auftretende, springende Blattkäfer, die Löcher in die Blätter fressen), hemmt aber das Wachstum von Fenchel, Salbei, Kümmel und Zitronenmelisse sogar noch über größere Entfernung. Allgemein positive Wirkung scheint der Baldrian zu haben.

Nicht nur Gewürzpflanzen wirken stark in ihrer Umgebung, sondern auch Blumen und Unkräuter. Die kräftig duftende Studentenblume *(Tagetes)* scheidet über ihre Wurzeln wasserlösliche Stoffe aus, die für Wurzelälchen (Nematoden) giftig sind. Kapuzinerkresse unter Obstbäumen vertreibt Blutläuse, Lavendel zwischen Rosen hält Blattläuse fern usw. Auch

In der richtigen Mischkultur schützen und fördern die einen die andern. In der Monokultur herrscht Konkurrenz.

Wildkräuter haben ihre positiven Auswirkungen, vorausgesetzt, sie überwuchern mit ihrer Vitalität nicht die Pflanzen, die sie schützen sollen. Hier müssen noch viele Beobachtungen gesammelt werden – wie überhaupt beim Thema Mischkultur. Tabellen über Kombinationsmöglichkeiten sollten immer kritisch unter den eigenen Bedingungen überprüft werden.

Alte und neue Obstgärten

Die möglichst harmonische Einbindung des Nutzgartens in den Naturgarten muß unser Ziel sein. Der Artenreichtum, den wir anstreben, ist die Grundlage der natürlichen Selbstregulation. Und diese wiederum ist die Voraussetzung für gesundes, giftfreies Obst und Gemüse.

Alte Obstgärten sind Lebensräume für viele bedrohte Arten.

Schon in der Anlage des Gartens – auch des Nutzgartens – sollte man der Artenvielfalt eine Chance geben. Der Obstgarten ist dafür besonders geeignet, denn hier können wir Bedingungen schaffen, die fast schon als natürlich zu bezeichnen sind. Nicht umsonst waren die alten bäuerlichen Obstgärten ein wahres Tierparadies. Vor allem Vogelarten brüteten hier, die wir heute oft nur noch von den »Roten Listen« der vom Aussterben bedrohten Arten

Mit den Obstbäumen verschwindet der Wendehals.

her kennen: der lustige kleine Steinkauz, die prächtige Blauracke und der ebenso prächtige Wiedehopf, der merkwürdige Wendehals, Würger, Trauerschnäpper, Ortolan, Kernbeißer und viele höhlenbrütende Singvögel. Voraussetzung dafür waren alte und zum Teil hohle Apfel- und Birnbäume, die man heute oft als Schande ansieht, obwohl sie immer noch reichlich tragen.

Die meisten Obstsorten werden heute auf wuchshemmende Unterlagen veredelt, die keine richtigen Stämme mehr ausbilden und oft auch so schwache Wurzeln besitzen, daß die Pflanzen zeit ihres relativ kurzen Lebens an Gerüste gebunden werden müssen. Der Vorteil solcher Gewächse ist: sie tragen früh und reich, oft schon im zweiten oder dritten Standjahr. Ihr Nachteil: sie müssen ständig gedüngt, gemulcht, gespritzt, geschnitten werden und können daher nie sich zu einer artenreichen Lebensgemeinschaft entwickeln, wie dies bei den alten Obstbäumen der Fall war.

Wer also das Glück hat, ein Grundstück mit alten Obstbäumen zu besitzen, der sollte diesen Schatz hüten und rechtzeitig für hochstämmigen Nachwuchs sorgen denn natürlich kommt auch für den schönsten alten Obstbaum einmal der Tag, an dem man ihn zu Holz machen muß.

Hecken und Gehölze

Bäume und Sträucher sind das lebende Rückgrat eines jeden Gartens. Sie vergehen nicht im Herbst, wie die Einjährigen und Stauden, sondern tragen die Hoffnung auf einen neuen Frühling aufrecht und sichtbar durch die Zeit der Kälte und der kurzen Tage. Man stelle sich nur vor, wie trostlos die winterliche Welt wäre, wenn auch die Gehölze im Herbst ihre oberirdischen Teile gänzlich fallen ließen, wie die Stauden! Hinzu kommt die eben nur in vielen, vielen Jahren erreichbare Höhe und beherrschende Majestät eines Baumes. Was diese zusätzliche Dimension für Landschaft und Lebensgefühl bedeutet, wird einem erst so recht klar, wenn man einmal längere Zeit in baumlo-

sen Steppen – natürliche oder vom Menschen geschaffene – verbracht hat.

Der den Menschen und viele seiner Gebäude überragende Baum vermittelt ein Gefühl der Geborgenheit und macht uns klein und bescheiden, wie der Anblick des Gebirges und des Sternenhimmels. Offenbar ertragen aber nicht alle Menschen diese Einschränkung ihrer Macht, diese Relativierung ihrer Größe. Jedenfalls gewinnt man diesen Eindruck, wenn man mit anschauen muß, wie gedanken- und respektlos mit Bäumen, diesen meist einzigen lebenden Zeugen früherer Jahrhunderte, oft umgegangen wird.

Die Größe mancher Bäume ist gewaltig. Am

Schützend überragt eine alte Kastanie das Haus des Verfassers.

Hecken und Gehölze

höchsten in den Himmel wachsen sie – wie könnte es anders sein – in den USA: Die am Pazifik vorkommende Küstensequoia überragt mit bis zu 110 m Höhe selbst hohe Kirchtürme und vierzigstöckige Hochhäuser. Sie braucht dafür freilich auch 2000–3000 Jahre. In Europa werden die Bäume weder so alt, noch so hoch. Nur ganz wenige Arten werden im Durchschnitt 40 m hoch in unseren Breiten. 60 m hohe Tannen und Fichten sind ungewöhnliche Seltenheiten. Die meisten unserer Baumarten bleiben unter 30 m – überragen

damit allerdings normale Wohnhäuser immer noch mit 15–20 m und sorgen dadurch oft für das, was dem Architekten nicht gelang, die Einbindung in die Landschaft.

Die **Höhe,** die ein Baum erreichen kann, hängt nicht nur von seiner Art, sondern auch vom Standort ab. Eine hundertjährige Fichte wird auf einem schlechten Standort nur halb so hoch wie auf einem sehr guten. Die Artenunterschiede sind aber ebenfalls groß. Feldahorne, Birken, Hainbuchen, Wildobst, Ebereschen und Eiben überragen auch im Alter

Wer Bäume pflanzt, sollte bedenken, daß manche sehr groß werden.

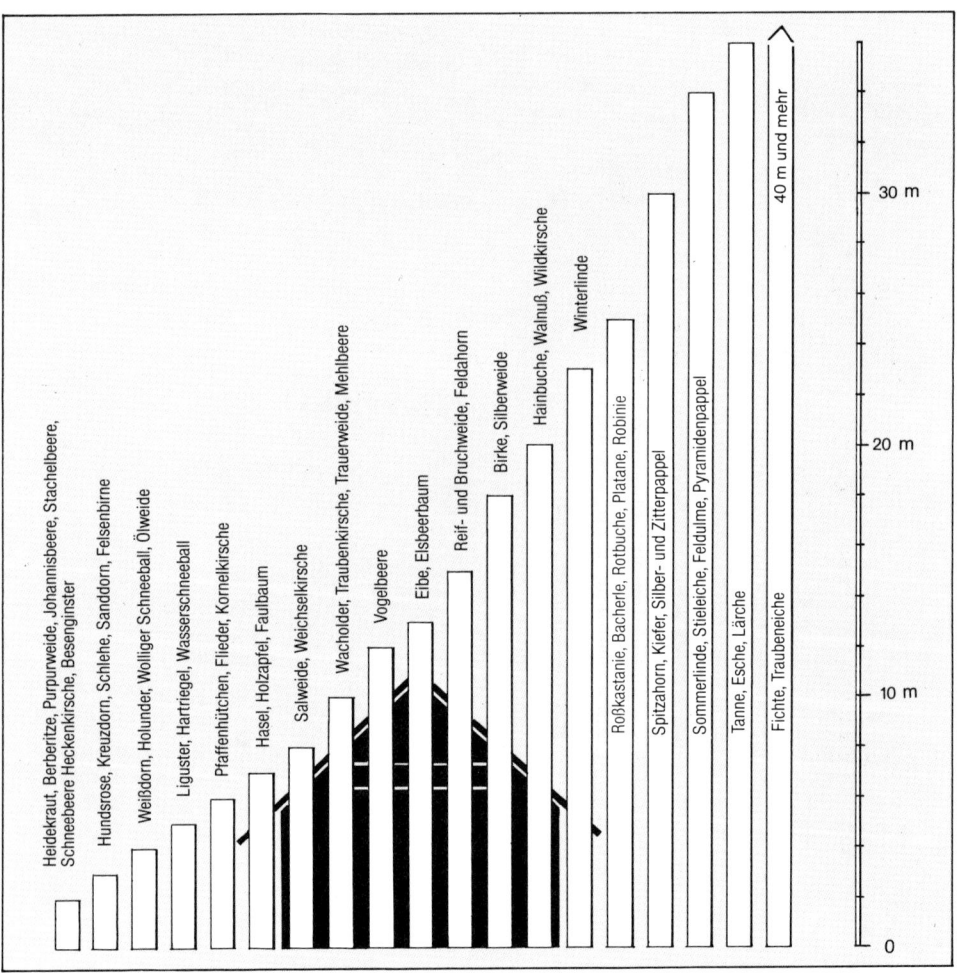

kaum den Giebel eines Einfamilienhauses. Tannen, Fichten und Lärchen, Eschen, Linden, Eichen und Ulmen dagegen können leicht doppelt so hoch werden. Diese Entwicklungen muß man sich vor Augen halten, bevor man Bäume pflanzt. Auch die von einem freistehenden Baum mit seiner Krone überdeckte Fläche ist bei vielen Arten weit größer, als man es sich vorstellen kann, wenn man das kleine Bäumchen pflanzt: 50 m^2 sind da bald überschattet, und ausladende Laubbäume bringen es im Alter auf das Zwei- und Dreifache.

Die **Lebenszeit** unserer Baumarten ist ebenso unterschiedlich wie ihre maximale Höhe. 100 Jahre allerdings werden auch die kurzlebigeren Arten ohne weiteres: Erlen, Birken, Hainbuchen, Pappeln, Weiden. Die meisten von ihnen wachsen rasch und können sich in ihrer Lebensspanne zu imposanten Baumgestalten entwickeln. Die meisten anderen Baumarten unserer Wälder könnten mehrere hundert Jahre alt werden, wenn man sie nur ließe. Eichen und Linden können sogar tausend Jahre überdauern, und von der Eibe heißt es, es seien 2000 Jahre alte Exemplare bekannt geworden. Die Eibe gehört zu den besonders langsam wachsenden Arten und ist schon deswegen heute nicht mehr gefragt. Den Germanen galt sie als heiliger Baum. – In solchen Zeiträumen zu denken, fällt uns schwer, da wir kaum wagen, bis zum Erwachsenenalter unserer Kinder weiterzudenken. Aber das Pflanzen von Bäumen ist ein guter Anlaß, den zeitlichen Blick einmal zu erheben über unser Dahinwursteln von Tag zu Tag.

Bäume und Sträucher geben dem Garten auf lange Zeit sein Gesicht. Und sie bestimmen auch (wie wir auf S. 11 sahen) über die Beeinflussung des Kleinklimas sehr entscheidend seine ökologischen Grundbedingungen. Sie werfen Schatten und Laub, entziehen dem Boden nicht unerhebliche Mengen von Wasser, fangen den Wind ab, verhindern die Ansiedlung vieler Arten und bieten vielen anderen Lebensmöglichkeiten. Darum will die Anlage von Gehölzen gründlich überlegt sein. Sie stellen gewissermaßen das pflanzliche Gerüst des Gartens dar.

Heimische Gehölze sind schöner und lebendiger als exotische Koniferen.

Vor dem Pflanzen planen

Zuerst muß man wissen, **wo** man Bäume und Sträucher pflanzen will, und **welchen Zweck** sie erfüllen sollen.

In einem kleineren Garten, mit einer Grundstücksgröße von weniger als 2000 m^2, wird man zur Erhaltung einer einigermaßen großzügigen Freifläche und gleichzeitig für einen Schutz nach außen hauptsächlich die Randbereiche als Standort für Gehölze vorsehen. Dabei ist freilich zu berücksichtigen, daß in den meisten Bundesländern ein Grenzabstand von mindestens 2 m eingehalten werden muß bei allen Gehölzen, die höher als 2 m werden.

Hecken und Gehölze

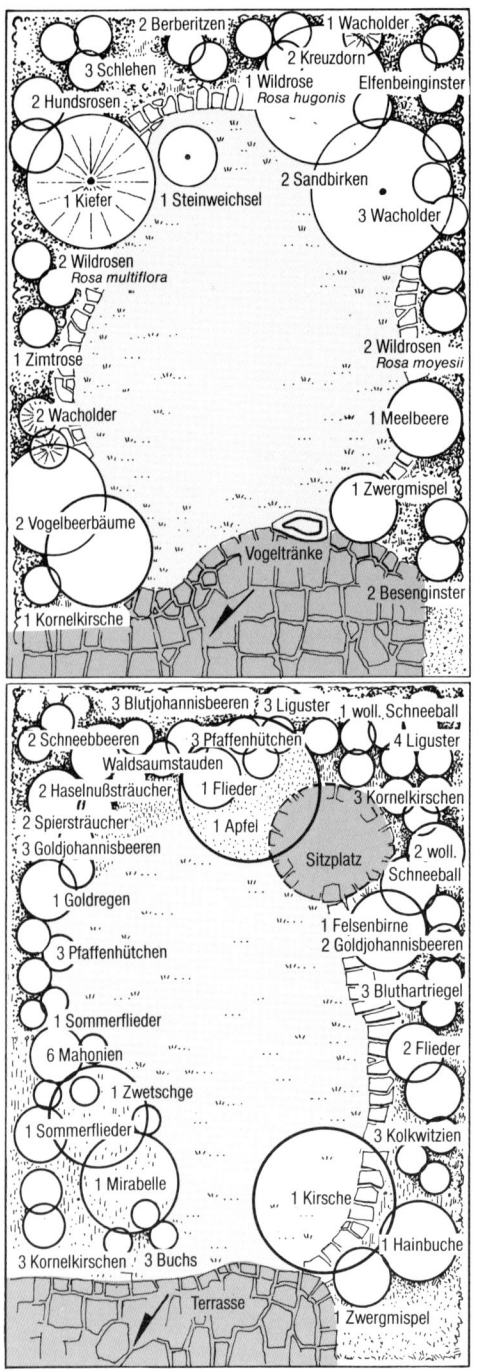

Sträucher und Schnitthecken bis zu 2 m Höhe können auf 0,5–1 m an die Grenze gepflanzt werden; dabei ist jedoch auf die teilweise beachtliche Reichweite der Äste und die daraus eventuell folgende Notwendigkeit häufigen Stutzens zu achten.

Eine geschickte **Randbepflanzung** – und zwar möglichst in der Kombination von Sträuchern und in kleinen Gruppen stehenden Bäumen – kann einem selbst auf kleinen Flächen den Eindruck von Tiefe und gleichzeitig von Geborgenheit vermitteln. Weit mehr als eine bis an den Zaun stoßende Freifläche. Dieser Effekt kann, etwa bei länglichen Grundstücken, durch eine angedeutete Gliederung der Freifläche noch wesentlich verstärkt werden.

Gehölze dienen im Garten ganz unterschiedlichen **Zwecken.** In der Regel werden an erster Stelle Schutz und Zierde stehen. Und man wird danach die geeigneten Arten auswählen. Gerade im Naturgarten aber kommen weitere Funktionen hinzu. Hier sollen bestimmte Lebensräume geschaffen werden, in denen sich besondere oder auch bloß allgemein artenreiche Lebensgemeinschaften entfalten können. Man möchte vielleicht vor allem Vögeln Versteck, Nistmöglichkeiten und Nahrung bieten. Oder es werden bestimmte Pflanzengesellschaften (Feuchtgebiet, Heide, Nadelholzbestand, Feldhecke u. ä.) angestrebt. Einem anderen mag es mehr darum gehen, von allen in der Umgebung vorkommenden Gehölzarten einige Vertreter in seinem Garten zu haben. Jedes dieser Ziele muß mit Bedacht angesteuert und den praktischen Gegebenheiten angepaßt werden.

Zwei Möglichkeiten einer Randbepflanzung: heimische Gehölze auf trocken-sandigem Boden (oben) und eine ausgesprochene Blütenhecke (unten).

Der nächste Schritt ist dann die Frage, welche Arten sich für den jeweiligen Ort und Zweck eignen. Dabei ist an mehrere Eigenschaften der Gehölze zu denken:

- an ihre Standortansprüche (vor allem Licht und Boden),
- an ihr Aussehen (Nadel- oder Laubholz, zierend durch Blüten, Blätter oder Früchte),
- an ihre Dimensionen (Höhe und Breite),
- an ihre Eignung zum Schnitt,
- an ihre ökologische Bedeutung (für andere Pflanzen und Tiere),
- an ihren Nutzen für die menschliche Ernährung und Gesundheit,
- an die Möglichkeit wuchernder Ausbreitung und anderes mehr.

In unserer Tabelle können wir nur stichwortartig auf diese Eigenschaften und Ansprüche der wichtigsten heimischen Gehölzarten hinweisen. Ausführlichere Angaben sind der spezielleren Literatur zu entnehmen (z. B. M. Ehlers, Baum und Strauch in der Gestaltung der deutschen Landschaft).

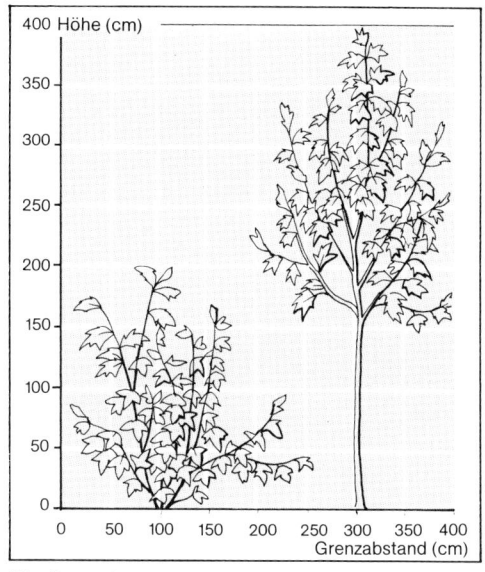

Die Grenzabstände sind in den Bundesländern unterschiedlich.

Die Zahl der **einheimischen Gehölze** ist groß genug, daß man für jeden Zweck die geeigneten Arten darunter finden kann. Gegenüber Exoten und Züchtungen haben sie den eindeutigen Vorteil, an das Klima und an den Boden angepaßt zu sein. Vor allem aber sind einheimische Gehölzarten am besten auf die einheimische Tierwelt eingestellt und umgekehrt. Bei richtigem Standort gibt es keine »Schädlinge« oder Krankheiten, mit denen sie nicht fertig würden (von ganz vereinzelten Ausnahmen abgesehen). Und auch die Tierwelt ist darauf eingestellt: Die Bienen finden Pollen, Nektar und Blatthonig, Vögel und Kleinsäuger Beeren, Nüsse und andere Früchte sowie Versteck und Nistmöglichkeiten.

Diese Grundeinstellung zugunsten heimischer Bäume und Sträucher sollte allerdings auch nicht zum Dogma entarten. Es gibt durchaus in Mitteleuropa nicht-heimische Arten, die große Vorteile haben und nicht fremd wirken. So sind etwa viele aus China stammende Zwergmispelarten *(Cotoneaster)* hervorragende Bienenweide. Andere Arten sind besonders widerstandsfähig etwa gegen Luft- und Bodenver-

schmutzungen durch den Verkehr. So eignet sich die schöne Platane als Alleebaum besser als so manche heimische Art. Andere Arten zeigen durch ihre aktive Ausbreitung an, daß sie sich – obwohl eingebürgert – bei uns heimisch fühlen. So ist die Robinie oder Falsche Akazie zweifellos ein Gewinn für unsere Flora. Wer radikal gegen fremde Florenelemente ist, dürfte weder Walnußbaum noch Kastanie in seinem Garten dulden.

Ich meine, man sollte die Grenze dort ziehen, wo z. B. durch Züchtung gefüllter Blüten deren Bedeutung als Insektennahrung und Fruchtorgan verloren gegangen ist, wo Krankheiten und Schädlingsbefall anzeigen, daß die Lebensbedingungen nicht stimmen, und wo die ganze Erscheinung nicht in den Rahmen der übrigen Vegetation paßt. Gerade dieser letzte Punkt ist eine sehr subjektive Frage, die vom Gespür des Gärtners ebenso abhängt, wie von Gesamtbild des einzelnen Gartens. Hier muß jeder selbst zu der ihn befriedigenden Lösung kommen. – Eine Liste der nach meiner Meinung akzeptablen Exoten und Züchtungen ist nachstehend angefügt (s. S. 93).

Hecken und Gehölze

Einheimische Heckensträucher (nach der Höhe geordnet)	braucht Sonne	verträgt/braucht Halbschatten	verträgt/braucht Schatten	normaler, humoser Boden	magerer/trockener Boden	mooriger/sumpfiger Boden	frischer Boden	kalkliebende Pflanze	kalkfliehende Pflanze	immergrün	dornig	Bienenweide	Vogelschutz	Früchte bedeutsam	schöne Blüten	wuchert	für Schnitt geeignet
Berberitze *(Berberis vulgaris)*	■	■		■							■	■	■	■			■
Besenginster *(Cytisus scoparius)*	■				■				■			■			■		
Johannisbeere *(Ribes alpinum* und *R. nigrum)*		■	■									■					
Stachelbeere *(Ribes grossularia)*		■	■								■	■					
Schneebeere *(Symphoricarpus)*		■	■									■		■		■	
Heckenkirsche *(Lonicera xylosteum)*		■	■									■		■			
Purpurweide *(Salix purpurea)*				■		■	■										
Hundsrose *(Rosa canina)*	■	■		■			■				■	■	■	■	■		
Brombeere *(Rubus fructicosus)*		■	■								■	■	■	■		■	
Schlehe *(Prunus spinosa)*	■				■		■				■	■	■	■	■		
Felsenbirne *(Amelanchier)*	■				■		■							■	■		
Kreuzdorn *(Rhamnus catharticus)*	■	■		■			■					■	■		■		
Sanddorn *(Hippophae)*	■						■	■					■	■			
Ölweide *(Elaeagnus angustifolia)*	■						■						■	■			
Wolliger Schneeball *(Viburnum lantana)*		■			■		■					■	■	■	■		
Holunder *(Sambucus nigra)*		■	■				■					■		■	■		
Weißdorn *(Crataegus)*	■	■		■			■				■	■	■	■	■		■
Liguster *(Ligustrum vulgare)*		■	■					■		■		■	■	■	■		■
Hartriegel *(Cornus sanguinea)*		■	■				■	■				■		■	■		
Wasserschneeball *(Viburnum opulus)*		■	■			■	■							■	■		
Pfaffenhütchen *(Euonymus)*	■	■		■								■					
Kornelkirsche *(Cornus mas)*		■						■				■		■	■		
Flieder *(Syringa vulgaris)*	■	■		■								■			■	■	
Hasel *(Corylus avellana)*	■	■		■								■	■	■			
Faulbaum *(Rhamnus frangula)*		■	■			■						■					
Holzapfel *(Malus silvestris)*	■	■		■			■				■	■		■	■		
Traubenkirsche *(Prunus padus)*		■					■					■	■	■	■		
Mehlbeere *(Sorbus aria)*	■				■		■					■		■			
Vogelbeere *(Sorbus aucuparia)*	■	■		■								■		■			
Elsbeere *(Sorbus torminalis)*	■				■		■					■		■			
Feldahorn *(Acer campestre)*	■	■		■								■					■
Birke *(Betula pendula* und *B. pubescens)*	■				■	■	■										
Hainbuche *(Carpinus betulus)*		■	■											■	■		■
Wildkirsche *(Prunus avium)*	■			■								■		■	■		
Erle *(Alnus glutinosa)*	■	■				■	■					■					
Zitterpappel *(Populus tremula)*	■	■		■													

Ziersträucher
Sommerflieder *(Buddleia)*
Buchsbaum *(Buxus)*
Zwergmispelarten *(Cotoneaster)*
Maiblumenstrauch *(Deutzie)*
Goldglöckchen *(Forsythia)*
Zaubernuß *(Hamamelis)*
Ranunkelstrauch *(Kerria)*
Kolkwitzie *(Kolkwitzia)*
Goldregen *(Laburnum)*
Mahonie *(Mahonia)*
Pfeifenstrauch, Jasmin *(Philadelphus)*
Fingerstrauch *(Potentilla)*
Feuerdorn *(Pyracantha)*
Rosen *(Rosa)*
Spierstrauch *(Spiraea)*
Weigelie *(Weigela)*

Leider liebt unsere Zeit – auch im Garten – das Auffällige, Ungewöhnliche, das Knallige, Exotische, das »Laute«. Da werden bizarre Essigbäume und verkrüppelte Korkenzieherhaseln, verquetschte Nestfichten und Heckchen aus Blutberberitzen und immer wieder die ausgefallensten Blaufichten und Goldwacholder, Scheinzypressen und Arizonatannen wie Grabsteine in den Rasen gestellt. Baumschulen und Gartencenter spiegeln diesen Kitsch- und Märchenpark-Geschmack mit einem verwirrenden Angebot der ausgefallensten Formen und Farben wider. Da wird die lebende Pflanze zur schieren Dekoration, zum Freiraummobiliar, das nur ja den Rasenteppich nicht verschmutzen darf, zum ganzjährigen Weihnachtsbäumchen, auf das man möglichst im November schon und bis in den Februar hinein die elektrischen Kerzen klemmt. Man fragt sich wirklich, warum nicht Plastikbäume dafür verwendet werden, womöglich mit innengeführtem Anschlußkabel – zumal Wachstum oft nicht erwünscht ist.

Nadelbäume – Laubbäume

Wer ein wenig Sinn und Gefühl für Pflanzengesellschaften und Lebensgemeinschaften hat, der wird sich schon sehr gründlich überlegen,

ob überhaupt **Nadelbäume** in seinem Garten am Platz sind. Und das aus doppeltem Grund: Zum einen sind Koniferen – von den einheimischen vor allem Tanne und Fichte – ausgesprochene Waldbäume. Wo sie natürlich vorkommen – in den höheren Berglagen unserer Breiten und in nördlicheren Gegenden – bilden sie allein, gemeinsam oder auch mit anderen Arten ausgedehnte »Bestände«, also Wälder. Als Einzelbäume kommen sie nur am Rand ihrer Verbreitung vor, z. B. an der Baumgrenze im Gebirge oder am Rand verlandender Moore. Anders bei Kiefer, Lärche und Wacholder. Sie besiedeln ohnehin bevorzugt Extremstandorte; die Kiefer trockene Sandböden, die Lärche luftig-lichte Höhenlagen, der Wacholder trockene Kalk- und Heideböden. An solchen Orten bilden sich nur selten geschlossene Bestände, so daß Einzelbäume und lockere Gruppe

Auf sandigen Böden lassen sich sehr schöne Heidegärten anlegen.

93

Hecken und Gehölze

dieser Arten eine natürliche Erscheinung sind.

Der zweite Grund, warum man gut daran tut, die Ansiedlung von Nadelbäumen im Garten ausreichend zu bedenken, ist die Tatsache, daß alle Koniferen – mit Ausnahme der Lärche – **dunkle Bäume** sind, die ungleich schwerer, oft bedrückend wirken als gleichgroße Laubbäume. Da sie zudem ganzjährig belaubt sind – wieder mit Ausnahme der Lärche – sind die Lichtverhältnisse in ihrem Umkreis besonders stark eingeschränkt. Das wird bei Tanne und Fichte noch dadurch verstärkt, daß sie im Freistand bis zum Boden mächtige Äste ausstrekken. Wo eine Fichte sich frei entfalten kann, da wächst kein Kraut und Blümlein mehr.

Daß solche Eigenschaften nicht nur negativ sind, ist klar. Sie müssen nur bedacht werden: In einem größeren, parkartigen Naturgarten können heimische Nadelbäume (und mit größter Vorsicht vielleicht auch die eine oder andere fremde Art) in kleinen, möglichst altersgestuften Gruppen und auch im Kontrast zu hellen Laubbäumen und blühenden Sträuchern sehr reizvoll sein und sehr natürlich wirken.

Da die abfallenden Nadeln mit der Zeit zur Entstehung eines **sauren Rohhumus** führen können, bilden sich im Umkreis von Nadelbäumen spezielle Lebensbedingungen. Da wachsen Pilze, Moose, Farne, Heidekraut und Waldbeeren – eine ganz andere Flora, als die eines Laubwaldes oder einer Mischhecke. Kiefern und Wacholder, auch Lärchen und Fichten passen daher (mit Birken u. a.) zu **Heidegärten,** aber nicht ans Wasser, nicht auf die freie Wiese und nicht ans Haus, wo sie einem die Sonne auch dann nehmen, wenn man um jeden Strahl froh ist.

Laubbäume sind zwar auch Waldbäume und kommen auch unter natürlichen Bedingungen (die es freilich in Mitteleuropa kaum noch gibt) in größeren Reinbeständen vor, so insbesondere die Rotbuche und lokal auch die Eiche. Die allermeisten Arten aber wachsen natürlicherweise in lichten Mischwäldern oder auch auf Extremstandorten, wie z. B. die Sand- und die Moorbirke, oder die auf nasse Standorte spezialisierten Erlen und Weiden und die auf trockene, nährstoffarme Böden eingestellte Robinie. Da haben sie oft Gelegenheit, ohne bedrängende Konkurrenz, sich frei zu entfalten. Viele Laubbaumarten findet man – zumal in der heutigen Landschaft – häufiger oder sogar ausschließlich als **Einzelbäume,** an Straßenrändern, in Städten und Dörfern, bei Kirchen und Gasthäusern, in Parks, als Hofbaum oder auch einmal als übriggebliebener Feldbaum: Spitzahorn, Roßkastanie, Birken oft, Pyramidenpappeln, Eichen, Linden, Ulmen. Auch oder überwiegend in **größeren Beständen** oder Mischwäldern kommen Erlen, teilweise Birken, Hain- und Rotbuchen, Eschen, Pappeln (in Plantagen), Eichen und Weiden vor.

Vielleicht wichtiger noch für die praktischen Belange des Naturgartens ist die Kenntnis von **Gehölzgesellschaften.** Man sollte nicht jeden Baum oder Strauch mit jedem anderen zusammenstellen, wenn man Wert auf natürliche Lebensgemeinschaften – und auf geschlossene Hecken, lange Blütezeit und ähnliches legt. Der beste Lehrmeister ist hier wieder die Natur selber. Allerdings gilt es, als Vorbild solche Stellen in der Landschaft zu finden, wo sich Gehölze ohne Einfluß des Menschen ansiedeln konnten (s. S. 50). Man wird solche natürlichen Sukzessionen (ökologische Entwicklungen) am ehesten in verlassenen Kiesgruben, an Feuchtstellen und auf landwirtschaftlich nicht mehr genutzten (z. B. steileren) Flächen finden. Auch wir müssen uns hier auf so allgemeine Standortkategorien und auf die wichtigsten Arten beschränken. Ausführliche Listen heimischer Bäume und Sträucher für 48 natürliche Pflanzengesellschaften finden sich in dem erwähnten Buch von M. Ehlers im Anhang.

Die Hecke

Wo dichter Sichtschutz das ganze Jahr über erwünscht ist (sei es zum Nachbarn oder zur verkehrsreichen Straße) sind **immergrüne Hecken** gefragt. Üblicherweise verwendet man in solchen Fällen *Thuja-* (Lebensbaum-) Arten, die gut den Schnitt vertragen und sehr

Eine Wildhecke braucht viel Platz, aber sie ist eine Welt für sich, voller Leben.

dicht werden. Vögel brüten gern darin, sonst aber bieten sie der Tierwelt nicht viel. Ihr etwas merkwürdiger Geruch ist nicht jedermanns Sache und außerdem erinnern sie ein wenig an Friedhof und Krankenhaus.

Ebenfalls recht dicht werden *Taxus*- (Eiben-) Schnitthecken. Sie wirken allerdings recht dunkel, und außerdem besteht die Gefahr, daß Kinder die roten Früchte essen, deren Kerne wie alle Teile der Pflanze (außer dem roten Samenmantel) giftig sind. Zudem wachsen

Eiben sehr langsam. Schließlich kommen noch Fichten in Frage, die man entweder frei in die Höhe wachsen lassen oder durch regelmäßigen Schnitt niedrig halten kann. Sie brauchen allerdings eine Breite von 2–3 m (bei freiwachsenden das Doppelte), da die Schnitthecke unten erheblich breiter sein muß, wenn sie nicht rasch verkahlen soll. Ein entsprechendes Gerüst erleichtert das Schneiden.

Nadelhölzer sind besonders empfindlich gegen Salz, das im Winter von gestreuten Straßen

Haselmaus

Heckenbraunelle

Hecken und Gehölze

Weißdorn *(Crataegus)*.

England verwendete man dafür schon vor 1000 Jahren den Weißdorn. Solche Hecken haben sich bis auf unsere Tage erhalten. Auch bei uns diente der »Hagedorn« (Hag = die Hecke, der Zaun) bevorzugt für Einfriedungen. Bei den englischen Hecken hob man einen kleinen Graben aus, schüttete den Aushub seitlich zu einem kleinen Wall auf (daher die Bezeichnung Wallhecken) und pflanzte darin in dichten Abständen (alle 25–50 cm) junge Weißdornruten. Die wurden dann einige Jahre später dicht überm Boden halb eingeschnitten und etwa im Winkel von 30° alle nach einer Seite gebogen und um senkrecht eingeschlagene Pfosten gewunden, die oben mit Haselruten umflochten wurden. Wenn man die Ruten abwechselnd nach links und rechts biegt, erhält man einen regelrechten Gitterzaun. An den Kreuzungsstellen verwachsen die Ruten miteinander, so daß ein sehr stabiler Verbund entsteht. Für solche lebenden Geflechte eignen sich Weidenarten oder auch Ebereschen (Vogelbeerbäume).

Am schönsten für den Naturgarten, weil voller Leben, ist die **freiwachsende Mischhecke.** Sie besteht aus einer großen Artenvielfalt von Sträuchern verschiedener Höhe und kann – wo genügend Platz ist – von Laubbaumarten überragt werden. Allerdings ist bei der Artenauswahl und -zusammensetzung von vornherein auf verschiedene Eigenschaften zu achten, da sonst mit zunehmendem Alter die Hecke unten immer kahler und durchlässiger wird. Da muß man rechtzeitig für schattenverträgliches Unterholz sorgen, oder die höher werdenden Arten in die Mitte der Hecke stellen und die Ränder mit niedrigeren Arten bepflanzen.

Eine freiwachsende Hecke braucht viel Platz. Selbst wenn man sie nur einreihig pflanzt, muß man mit mindestens 1,50 m nach jeder Seite rechnen, also mit einer Gesamtbreite von 3 m. Oft wird es nötig sein, die Außenseite einer an der Grundstücksgrenze wachsenden Wildhecke gelegentlich zurückzustutzen. Das muß nicht von Nachteil sein, da sie dadurch dichter wird. Trotzdem sollte man mindestens 1 m Platz lassen zwischen Pflanzung und Grenze – sofern nicht das Gesetz ohnehin 2 m (oder

hochspritzt, und gegen Luftverschmutzungen allgemein. Neben einer Straße müssen immergrüne Hecken im Winter daher gegen Spritzwasser geschützt werden, sonst sind sie bald dürr und kahl.

Schnitthecken haben allgemein den Vorteil, wenig Platz zu beanspruchen, dicht zu werden, (vollends, wenn man sie um einen Drahtgitterzaun pflanzt), Sichtschutz zu bieten und schöner zu sein als die meisten toten Einfriedungen. Ihre Nachteile sind:

- man muß sie ein- bis zweimal im Jahr schneiden (im August und zur Verjüngung gelegentlich im Winter),
- sie sehen städtisch aus und passen nicht recht zu ländlichen und Natur-Gärten,
- sie wirken auf längere Stücke monoton, während gemischte Schnitthecken merkwürdig scheckig aussehen.

Schnitthecken aus **Laubhölzern** wirken meist lebendiger und freundlicher als Nadelholzhecken. Dabei braucht man auf den winterlichen Sichtschutz nicht zu verzichten, wenn man Arten nimmt, die immergrün sind, wie die Sorte *Atrovirens* unseres heimischen Ligusters, oder die ihr altes Laub lange nicht abwerfen, wie Rot- und Hainbuche.

Eine besondere Art von Schnitthecke ist die **geflochtene Hecke.** Sie hat als lebender Weidezaun in vielen Ländern alte Tradition. In

mehr) vorschreibt. Am vorteilhaftesten ist eine Wildhecke allemal als Gemeinschaftspflanzung mit dem Nachbarn. Sie kann sich dann groß entfalten und nimmt jedem nur wenig Fläche weg. Eventuell kann man in der Mitte einen Drahtzaun errichten.

Bei einer in ost-westlicher Richtung verlaufenden Hecke ist darauf zu achten, daß die sonnenliebenden Arten auf die Südseite und die schattenverträglichen auf die Nordseite kommen. Manche Sträucher haben eine starke Tendenz, in die Umgebung zu **wuchern** durch Wurzelbrut oder Ableger. Dazu gehören z. B. Hartriegel und Schneebeere. Das ist nur durch wiederholtes Mähen an den Grenzen der Hecke einzudämmen. Plant man jedoch ein Staudenbeet im Anschluß an die Hecke, so sollte man auf wuchernde Arten unbedingt verzichten. Auch die schöne Hecken- oder Hundsrose kann durch Ausläufer und ihre Fähigkeit, in die Bäume zu klettern, unter Umständen recht lästig werden, hängt mit hakigen Ruten in den Weg und erdrückt wohl auch schwächeres Gesträuch.

Zur natürlichen Mischhecke gehört eine Vielzahl von **Pflanzenarten,** die sich hier meist von selber ansiedeln. Sie stammen zum Teil aus Laubwald- und Waldrandgesellschaften, teils gehören sie der Vegetation offener Flächen an. Ganz früh blühen hier Bingelkraut und das lackgelbe Scharbockskraut, Buschwindröschen, Lungenkraut und Schlüsselblume, etwas später Veilchen und Goldstern, Sternmiere und Lichtnelke, Braunwurz dann und Wiesenkerbel, Bärenklau und viele andere, je nach Boden und Umgebung.

Gerade die für Laubwälder typischen **Frühblüher** (s. S. 11) finden in älteren Hecken ihre ökologische Nische: Schneeglöckchen und Märzenbecher gehören dazu, Leberblümchen (wo es genügend Kalk gibt), gelbe Anemone und Milzkraut, die Haselwurz (mit den scharbockskrautähnlichen Blättern) und auch so stattliche Pflanzen wie Aronstab, Salomonssiegel und Seidelbast. – Man sollte aber kein Blumenbeet aus der Hecke machen. Was nicht von selber gedeiht, gehört nicht dorthin.

Entsprechend vielfältig ist die **Tierwelt** der Hecke. Da wimmelt und summt es von den vielgestaltigsten Insektenarten. Auch Raupen und Blattläuse können oft in Mengen auftreten, sind aber kein Grund zur Beunruhigung, wie wir schon sahen (s. S. 82), selbst wenn einmal eine Traubenkirsche von Gespinstmotten kahlgefressen werden sollte. Wildpflanzen erholen sich rasch wieder.

Besonders anziehend ist so eine Hecke mit ihrem Nahrungsreichtum, mit ihrem Schutz vor Greifvögeln und Katzen, mit ihren für den Nestbau geeigneten Astquirlen für viele **Vogelarten.** Gelbspötter und Heckenbraunelle, Gartengrasmücke und Mönchgrasmücke, Rotkehlchen und Amsel, Goldammer und Grünling sind Arten, mit denen man mit einiger Sicherheit als Brutvögel rechnen kann. Ihre Gesänge, die bis weit in den Sommer zu hören sind, erfüllen den Garten mit täglicher Freude. Hinzu kommen viele Gäste, die in der Hecke Nahrung und Deckung suchen, vielleicht auch gelegentlich brüten: Zaunkönig, Sumpfrohrsänger, Zaungrasmücke, Zilpzalp und Fitislaubsänger, Singdrossel, die verschiedenen Meisenarten, Buchfink, Girlitz, Stieglitz, Gimpel und andere.

Auch für so manch selten werdende **Kleinsäuger** ist die Hecke ein Paradies, für Igel, Spitzmaus und Rötelmaus, für Eichhörnchen und Siebenschläfer und anderes nächtliches Getier, das wir selten zu Gesicht bekommen. Vielleicht haben wir einmal das Glück, die entzückende Haselmaus in der Morgen- oder Abenddämmerung im Geäst turnen zu sehen. Sie liebt besonders solch beerenreiches Gestrüpp und baut dort auch ihre Kugelnester ins Geäst. Ihre nahen Verwandten, Baum- und Gartenschläfer, sind leider so selten geworden, daß man ihnen kaum noch begegnen wird. Mehr Glück werden wir mit der Zwergmaus haben. Sie liebt grasdurchwachsenes Gebüsch, ist nicht selten und gehört zu den wenigen hauptsächlich tagaktiven Kleinsäugern. Sie ist nicht scheu und läßt sich bei ihren Kletterkünsten – wobei sie ihren Schwanz als Greifschwanz benützt – durch einen stillen Beobachter gar nicht stören. – Die Mischhecke ist das Rückgrat des Naturgartens.

Hecken und Gehölze

Stauden für den Lebensraum »Gehölz«

Da die Pflanzen, wie wir schon mehrfach feststellten, nicht zufällig und beliebig an bestimmten Orten vorkommen, tut man gut daran, nach den Standortbedürfnissen der einzelnen Arten zu fragen, bevor man Pflanzen in seinen Garten setzt. Die Auswahl der Gehölzarten ist der erste Schritt. Der zweite Schritt ist dann die Auswahl der dazu passenden **Stauden,** also jener Pflanzen, die zwar nicht verholzen, dafür aber bodennah überdauern und auf diese Weise über viele Jahre immer wieder austreiben – im Gegensatz zu den einjährigen Kräutern, die jedes Jahr neu gesät werden müssen.

Man sollte zurückhaltend sein mit dem Pflanzen von Stauden im naturnahen Garten, zumal viele Arten sich von selber ansiedeln. Diese Zurückhaltung fällt einem nicht leicht, wenn man den Katalog einer guten Staudengärtnerei zur Hand hat. Da werden neben vielen Züchtungen auch zahllose heimische und exotische Wildpflanzen angeboten. Um hier die (ökologische) Orientierung zu erleichtern, haben die Botaniker Hansen und Müssel vom Institut für Stauden und Gehölze an der Fachhochschule Weihenstephan bei München eine Art »Postleitzahlen-System« entwickelt: Jede Art wird dabei mit einer vierstelligen Zahl gekennzeichnet, wobei die erste Ziffer den allgemeinen **ökologischen Lebensbereich** angibt.

Die Nummer 1 bedeutet an der ersten Stelle »Lebensraum Gehölz«. Darunter fallen also schattenliebende Waldstauden, die natürlichen Laubhumus oder entsprechend humusreiche Böden brauchen. Man wird sie hauptsächlich zur Pflanzung unter Bäumen verwenden. Nicht alle jedoch vertragen die Konkurrenz flachstreichender Baumwurzeln. Über solche und andere speziellere Bedürfnisse geben die Kennziffern an zweiter, dritter und vierter Stelle Auskunft. Das Christophskraut (*Actaea*) mit der Kennziffer 1235 ist also eine Staude, die zur Lebensgemeinschaft Gehölz gehört, eine wichtige Begleitstaude von dauerhafter Wirkung und guter Wüchsigkeit, die kühlen Schatten und reichliche Bodenfrische liebt und so stattlich werden kann, daß sie auch noch im Einzelstand zur Wirkung kommt.

Die folgenden beiden Listen enthalten vor allem Wildstauden, die sich zur Randbepflanzung oder Unterpflanzung von Hecken und naturnahen Gehölzgruppen eignen. Bei der Auswahl wurden heimische und zu unserer Vegetation passende Arten bevorzugt.

Lebensraum »Gehölz«	: Kennzahl 1
Lebensraum »Gehölzrand«	: Kennzahl 2
Lebensraum »Freifläche«	: Kennzahl 3*
Lebensraum »Beet«	: Kennzahl 4*
Lebensraum »Steingarten«	: Kennzahl 5*
Lebensraum »Ufer und Moor«	: Kennzahl 6
Lebensraum »Wasser«	: Kennzahl 7

Die Kennzahl an zweiter Stelle bedeutet:

1 = überwiegend horstig wachsende Arten von bestimmender Wirkung

2 = wichtige Begleitstauden von dauerhafter Wirkung und guter Wüchsigkeit, oft auch wie vorige als »Leitpflanze« verwendbar

3 = weniger anspruchsvolle Begleitstauden, die vor allem unter älteren Gehölzen gut gedeihen

4 = Liebhaberstauden, die hinsichtlich Standort, Pflanzung und Pflege erhebliche Ansprüche stellen

Die Kennzahl an dritter Stelle bedeutet:

1 = guter, humusreicher Boden in schattiger, auch halbschattiger und absonniger Lage (auch im Schatten von Gebäuden)

2 = lichter, warmer Schatten

3 = kühler Schatten mit reichlicher Bodenfrische

4 = frischer, sehr humoser, kalkarmer bis leicht saurer Boden im lichten Schatten

* In diesem Buch nicht enthalten

Die Kennzahl an vierter Stelle bedeutet:

1 = flächenhafte Bodendecker, wenig verträglich mit anderen

2 = verträgliche Flächenstaude auch für artenreiche Pflanzung

3 = durch Ausläufer wuchernde Arten, meist für Flächenpflanzung

4 = wenig wuchernde Arten, die man in Gruppen pflanzen sollte

5 = stattliche, meist horstige Arten, als Leitstauden verwendbar, teilweise auch im Einzelstand

6 = stattliche, durch Ausläufer oder ausladenden Wuchs wenig verträgliche Solitärstauden

7 = einzeln oder in kleinen Gruppen verteilt zu pflanzen

8 = kurzlebige Arten, bei Aussaat Vorkultur erforderlich oder alle 2–3 Jahre teilen und neu pflanzen

9 = oft kurzlebige Arten, die sich aber meist selbst aussamen

0 = spezielle Ansprüche gegenüber Standort und Pflege (z. B. Winterschutz)

Blütenstauden

1235 *Actaea*, Christophskraut: gefiederte Blätter, weißliche Blütentrauben, schöne Beeren

1334 *Anemone*, Buschwindröschen: weißer Frühblüher in niedrigen, flächigen Tuffs

1334 *Arum*, Aronstab: mittelhohe Wildpflanze mit ungewöhnlichen Blüten und Fruchtständen

1115 *Aruncus*, Geißbart: prächtige, bis 180 cm hohe Wildpflanze mit weißen Blütenrispen, langlebig und anspruchslos

1332 *Asarum*, Haselwurz: niedriger Bodenbedecker mit nierenförmigen, lederartigen, frischgrünen Blättern, langsame Entwicklung

1332 *Asperula*, Waldmeister: zierliche Laubwaldpflanze für flächige Tuffs, mit aromatisch duftenden Blättern und weißen, 15 cm hohen Blütendolden

1233 *Astilbe*, Prachtspiere: von vielen Arten und Sorten kommt nur *A. rivularis* mit großen Blättern und gelblichweißen Blütenrispen infrage, 150 cm hoch

1432 *Cardamine*, Schaumkraut: *C. trifolia* mit dunkelgrünen Blättern und weißen bis zartrosa Trugdolden, für größere Tuffs, 20 cm

Der anspruchslose Geißbart (*Aruncus*).

1223 *Convallaria*, Maiglöckchen: bekannter, süß duftender Frühjahrsblüher für flächige Gehölzunterpflanzung, giftig, 20 cm

1339 *Corydalis*, Lerchensporn: lila Frühjahrsblüher, dessen zierliche Belaubung in größeren Flächen wirkungsvoll ist, 20 cm

1427 *Hacquetia*, Schaftdolde: wolfsmilchähnlicher Frühjahrsblüher für kleinere Tuffs, 15 cm

1224 *Helleborus*, Christrose: bekannter Winterblüher mit immergrünem, fächerförmig geteiltem Laub und prächtig weißen Blüten

1327 *Hepatica*, Leberblümchen: Frühblüher mit blauen, anemonenähnlichen Blüten, hübschem, leberförmigen Laub, 10 cm

1327 *Lathyrus*, Frühlingsplatterbse: buschiger Frühblüher mit erbsenartigen, karminroten Blüten, in Gruppen, 30 cm

1332 *Maianthemum*, Schattenblume: zierliches Pflänzchen mit herzförmigen Blättern und weißen Blütenträubchen für Schattenflächen, 10 cm

1332 *Mercurialis*, Bingelkraut: unscheinbar, aber zur Begrünung schi schattiger Flächen bestens geeignet, 30 cm

1430 *Mertensia*, Blauglöckchen: graugrüne Blätter, Blüten in Doldentrauben, 40 cm

1221 *Omphalodes*, Gedenkemein: mit leuchtendblauen, vergißmeinnichtartigen Blüten für größere Flächen, 10 cm

1332 *Oxalis*, Sauerklee: bekannte heimische Waldpflanze mit weißen Blüten, guter Bodendecker für naturnahe Biotope, 15 cm

1241 *Pachysandra*, Dickanthere: wintergrüner Bodenbedecker für feuchte, kalkarme Böden mit weißen Blüten, 30 cm

1430 *Podophyllum*, Maiapfel: dekorativer, ausläufertreibender Bodenbedecker mit gelappten Blättern, nickenden, weißen Blüten und gelblicher Frucht, 30 cm

113x *Polygonatum*, Salomonssiegel: mit weißen Blütenglocken an bogigen Trieben, eine elegante Wildpflanze, 60 cm

Rippenfarn *(Blechnum)*.

1234 *Pulmonaria,* Lungenkraut: frühblühende heimische Laubwaldart mit weißfleckigen Blättern und anfangs rosa, später violetten Blüten, 25 cm

1231 *Symphytum,* Beinwell: mit rauhen, derben Blättern für feuchte Standorte, weißgelbe Blüten in Trauben, Bodenbedecker, 30 cm

1221 *Vinca,* Immergrün: wichtiger Bodenbedecker im Schatten mit glänzendgrünen Blättern und blauen Blüten, 10 cm

Freilandfarne

1135 *Athyrium,* Frauenfarn: Wedel 2–3 fach gefiedert, hellgrün, 70 cm, weitere Sorten, feinfiedriger und niedriger

Segge *(Carex).*

1444 *Blechnum,* Rippenfarn: einfach gefiederte, glänzendgrüne Wedel, auffallende Fruchtwedel im Sommer, 40 cm

1334 *Cystopteris,* Bulbenblasenfarn: lange, schmale Wedel mit Brutknöllchen, 40 cm

1115 *Dryopteris,* Wurmfarn: bekannte heimische Art *(D. filix-mas)* mit einfach gefiederten, trichterförmig gestellten Wedeln, 100 cm, dazu fast ein Dutzend weiterer Arten und Sorten mit zum Teil abweichenden Standortansprüchen und Verwendungsmöglichkeiten

1133 *Matteuccia,* Straußfarn: hellgrüne, einfach gefiederte Wedel, die zu deutlichen Trichtern angeordnet sind, ausläuferbildend, 80 cm

1445 *Osmunda,* Königsfarn: besonders prächtige Art mit breiten, doppelt gefiederten, hellgrünen Wedeln, 120 cm

1437 *Phyllitis,* Hirschzungenfarn: wertvolle Art mit ungefiederten, lederartig, dunkelgrünen Wedeln, 40 cm

1444 *Polypodium,* Tüpfelfarn: zierliche heimische Art mit schmaldreieckigen, tiefgefiederten, lederartig dunkelgrünen Wedeln, 20 cm

123x *Polystichum,* Schildfarn: verschiedene Arten und Sorten mit recht unterschiedlichem Habitus, 40–80 cm

1332 *Thelypteris,* Lappenfarn: mit zarten, dreieckigen, einfach gefiederten Wedeln, 20 cm

Gräser

1344 *Carex,* Segge: *C. umbrosa,* die Schattensegge, hat schmale Blätter und rotbraune Ähren und bildet zierliche Polster, 20 cm – zahlreiche Arten und Sorten haben völlig andere Gestalt, z. B. die Riesensegge *(C. pendula)* mit breiten, saftiggrünen, überhängenden Blättern, herabhängenden Ähren und einer Höhe von 100 cm (sie hat die Kennziffer 1135)

1242 *Luzula,* Hainsimse oder Marbel: *L. sylvatica* mit breitlinealen, dunkelgrünen Blättern und bräunlichen Ähren, 30 cm – weitere Arten zum Teil weiß behaart, 20–40 cm

1324 *Melica nutans,* Nickendes Perlgras: mit grasgrünen Blättern und rotbraunen, weißgerandeten Ähren, in Gruppen, 40 cm

Blumenzwiebeln und Knollen

1339 *Galanthus nivalis,* Schneeglöckchen: bekannte, heimische Art als Frühblüher in Laubgehölzen, II–III, 15 cm

1339 *Leucojum vernum,* Knotenblume: der bekannte Märzbecher mit glockigen, weißen Blüten und grünen Zipfeln, II–III, 20 cm

Stauden für den Lebensraum »Gehölzrand«

Ausdauernde Pflanzen des Waldsaumes und offener, lichter Gehölze. Typisch für den Biotop sind kriechende oder sich flach ausbreitende Arten. In allseits lichter Umgebung auch horstig wachsende Arten mit Übergängen zum Lebensraum »Freifläche« und in schattigeren Lagen zum Lebensraum »Gehölz«. Hierauf verweisen die Kennziffern in der folgenden Liste.

Die Kennzahl an zweiter Stelle bedeutet:

1 = horstige, oft starkwüchsige Arten, gelegentlich mit den Ansprüchen von Beetstauden
2 = breitlagernde und wuchernde Arten, die sich den wandelnden Bedingungen am Gehölzrand anpassen, aber auch andere Arten stark bedrängen können
3 = horstige, mit anderen Arten verträgliche, teils hochwüchsige Arten
4 = verträgliche, gedrungen oder kriechend wachsende Arten
5 = Liebhaberstauden mit besonderen Ansprüchen

Die Kennzahl an dritter Stelle bedeutet:

1 = überwiegend kalkreicher, zeitweilig trockener Boden in sonniger Lage
2 = nährstoffreicher, durchlässiger, trockener bis mäßig feuchter Boden in überwiegend sonniger Lage
3 = nährstoffreicher, frischer bis feuchter Boden, etwas kühle, zeitweilig schattige Standorte bevorzugend
4 = nährstoffreicher, frischer bis feuchter Boden in sonniger Lage
5 = humoser, kalkhaltiger, frischer, durchlässiger Boden in halbschattiger Lage
6 = humusreicher, kalkarmer, frischer bis feuchter (anmooriger) Boden
7 = humusreicher, kalkfreier, frischer bis trockener Boden

Die Kennzahl an vierter Stelle bedeutet:

1 = flächenhafte Bodendecker, wenig verträglich mit anderen
2 = verträgliche Flächenstaude auch für artenreiche Pflanzung
3 = durch Ausläufer wuchernde Arten, meist für Flächenpflanzung
4 = wenig wuchernde Arten, die man in Gruppen pflanzen sollte
5 = stattliche, meist horstige Arten, als Leitstauden verwendbar, teilweise auch im Einzelstand
6 = stattliche, durch Ausläufer oder ausladenden Wuchs wenig verträgliche Solitärstauden
7 = einzeln oder in kleinen Gruppen verteilt zu pflanzen
8 = kurzlebige Arten, bei Aussaat Vorkultur erforderlich oder alle 2–3 Jahre teilen und neu pflanzen
9 = oft kurzlebige Arten, die sich aber meist selbst aussamen
0 = spezielle Ansprüche gegenüber Standort und Pflege (z. B. Winterschutz)

Blütenstauden

2135 *Aconitum,* Eisenhut: die Art *pyrenaicum* mit hellgelben Blütenrispen, ist eine stattliche Dauerstaude, 100 cm, giftig
2537 *Adonis,* Adonisröschen: Frühblüher mit großen Blüten und filigranem Laub, 30 cm
2224 *Alchemilla,* Frauenmantel: vitale Staude mit schön geformten, graugrünen Blättern und gelben Blütensträußen, 30 cm
2125 *Althaea,* Stockrose oder Malve: unermüdlich blühende, sehr stattliche Pflanzen in verschiedenen Farben, 200 cm
2414 *Anemone sylvestris,* Großes Windröschen: mit großen, weißen Blüten und mehrspaltigen Blättern, V/VI, 40 cm
2145 *Artemisia,* Edelraute: mit feinem silbergrünem Laub, bis 150 cm
2222–4 *Astilbe,* Prachtspiere: verschiedene Arten und Sorten dieser federzarten, prächtigen Stauden vor allem in verschiedenen Rosatönen, 25–100 cm
2434 *Brunnera,* Kaukasus-Vergißmeinnicht: mit großen, herzförmigen Blättern und dunkelblauen Blüten, IV/V, 50 cm

Hecken und Gehölze

Prachtspiere (Astilbe).

Tränendes Herz (Dicentra).

2317 *Buphtalmum,* Ochsenauge: mit lanzettlichen Blättern und strahlendgelben Blüten, sehr vitaler Sommerblüher, 50 cm

2323 *Campanula,* Glockenblume: für den Standort eignen sich niedrige Arten, wie *C. glomerata* (15 cm), und hohe, wie *C. grandis* (70 cm)

2125 *Centaurea,* Flockenblume: verschiedene Arten dieser oft als Kornblume bezeichneten Gattung, 40–180 cm

2227 *Clematis,* Waldrebe: nichtschlingende Formen, wie *C. integrifolia* und *C. recta* mit schönen blauvioletten, bzw. weißen Blüten

2223 *Chrysanthemum,* Herbstmargerite: spätblühende, weiße Margerite *(C. arcticum)* mit hellgrünen Blättern, 30 cm

2222 *Crucianella,* Scheinwaldmeister: kräftig wachsende, waldmeisterähnliche mit purpurrosa Blüten für größere Flächen, 20 cm

2530 *Cyclamen,* Alpenveilchen: *C. europaeum* mit marmorierten Blättern und rosaroten, duftenden Blüten, VIII–X, 15 cm

2327 *Cynoglossum,* Hundszunge: anspruchsloser Dauerblüher mit leuchtendblauen Blüten, wehrt Wühlmäuse ab, VI–X, 40 cm

2570 *Cypripedium,* Frauenschuh: eine der schönsten heimischen Orchideen in mehreren Arten, brauchen besondere Erde

2432 *Dicentra,* Herzblume: *D. eximia* mit farnartigen Blättern und tiefpurpurnen Blütentrauben, V–VII, 20 cm

2317 *Dictamnus,* Diptam: langlebige Staude für kalkhaltige, trockene Standorte, strömt ätherische Öle aus, rötliche Blütentrauben, 80 cm

2327 *Digitalis,* Fingerhut: verschiedene Arten mit sehr dekorativen Blütenständen von blaßgelb bis rot, VI–VIII, bis 150 cm

2537 *Dodecatheon,* Götterblume: robuste, reizvolle Staude mit alpenveilchenähnlichen Blüten, V–VI, 40 cm

2540 *Epipactis,* Sumpfwurz: *E. gigantea,* eine schöne Orchidee, 60–80 cm, VII–VIII

2530 *Gentiana,* Enzian: *G. asclepiadea,* der heimische Schwalbenwurzenzian mit dunkelblauen Blüten in den oberen Blattachseln, VII–IX, 50 cm

222x *Geranium,* Storchschnabel: verschiedene Arten und Sorten dieser robust blühenden Gattung mit überwiegend violetten Blüten, 10 bis 60 cm

2232 *Glechoma,* Gundelrebe: violett blühender Bodenbedecker mit dunkelgrünen Blättern, III bis V, 20 cm

2557 *Helleborus,* Christrose: *H. corsicus* mit ledrigen Blättern und gelblichgrünen, glockigen Blüten, III–IV, 40 cm

2424 *Heuchera,* Purpurglöckchen: verschiedene Sorten mit Blütenglöckchen in verschiedenen Rottönen, VI–VIII, 30–70 cm

2221 *Hypericum,* Hartheu: auch Johanniskraut genannt, *H. calycinum* mit immergrünen Blättern und goldgelben Blüten, guter Bodendecker, VI–IX, 30 cm

212x *Inula,* Alant: verschiedene Arten dieses anspruchslosen Korbblütlers mit gelben Blüten, auch für Einzelstellung, bis 200 cm; der stattliche Echte Alant ist auch Heilpflanze.

223x *Lamium,* Taubnessel: verschiedene Arten und Sorten mit schönem Laub zur Begrünung größerer Flächen, V–VI, 20–60 cm

2125 *Lavatera,* Buschmalve: widerstandsfähige Staude mit hellrosa Blüten, auch für Einzelstellung zwischen Gehölzen, VII–IX, 150 cm

2135 *Ligularia,* Greiskraut: prächtige naturnahe Sorten, die durch Blatt und Blüte wirken, meist gelbblühend, VII–IX, 180 cm

2233 *Lysimachia,* Felberich: *L. punctata* mit sternförmig, goldgelben Blüten an langen Stengeln, VI–VIII, 80 cm

2329 *Malva,* Malve: unsere wilde Malve mit hellrosa Blüten und buschigem Wuchs, sehr dankbar, für Naturgärten sehr gut geeignet, VI–IX, 100 cm

2233 *Peltiphyllum,* Schildblatt: prächtige Staude mit großen Blättern, auch für Einzelstellung an Ufern, rosa Blüten in Trugdolden im Mai vor den Blättern, 80 cm

2233 *Petasites,* Pestwurz: *P. fragrans,* Winterheliotrop mit hellrosa, nach Vanille duftenden Blüten im Februar, 30 cm

2223 *Physalis,* Lampionpflanze: bekannte Pflanze mit orangeroten »Ballons«, die lange halten, 40 cm

2324 *Potentilla,* Fingerkraut: viele Arten und Sorten mit gelben oder rötlichen Blüten, 10 bis 50 cm

2334 *Primula,* Primel: arten- und sortenreiche Auswahl in vielerlei Farben und Größen

2243 *Sanguisorba,* Wiesenknopf: *S. obtusa,* eine elegante Staude für Naturgärten mit hübschen Blättern und dunkelrosa Blütenähren, VI–VII, 100 cm

2537 *Suxifraga,* Steinbrech: einige Sorten mit weißen Blütenrispen, 20–40 cm

2327 *Solidago,* Goldrute: unverwüstlicher Herbstblüher, der dichte Bestände bildet, wichtige Bienenpflanze, bis 150 cm

2324 *Stachys,* Ziest: einige Arten mit roten und gelben Blütenähren, anspruchslos, 20–40 cm

2347 *Thalictrum,* Wiesenraute: heimische Staude mit schönen Blättern und fedrig-zarten, rosa Blütenrispen, VI–VII, 100 cm

Gräser

2412 *Carex montana,* Bergsegge: die schmalen Blätter bilden dichte, überhängende Schöpfe, goldbraune Herbstfärbung, 20 cm

2339 *Festuca gigantea,* Riesenwaldschwingel: frischgrüne, breit zugespitzte Blätter und überhängende Blütenrispen, 100 cm

2243 *Glyceria,* Süßgras: schilfartige Blätter, auch für Einzelstand, 70 cm

2337 *Milium,* Flattergras: weiche, helle Blätter und goldgelbe, lockere Blütenähren, einzeln oder in Gruppen, 50 cm

2364 *Molinia caerulea,* Blaues Pfeifengras: dichte, stattliche Horste, einzeln oder in Gruppen, 80 cm

2243 *Phalaris,* Glanzgras: schilfartige Blätter, auch für Uferbepflanzung, 100 cm

Blumenzwiebeln und Knollen

2429 *Crocus tomasinianus,* Krokus: mit purpurvioletten Blüten, in Gruppen, II–III, 10 cm

2439 *Eranthis,* Winterling: mit schildförmigen, fiederteiligen Blättern und gelben Blüten, in Gruppen, II–III, 10 cm

2534 *Erythronium,* Hundszahn: heimische Lilie mit graugrünen, purpur gefleckten Blättern und rosaroten Blüten, in Gruppen, IV–V, 20 cm

2449 *Frittilaria meleagris,* Schachbrettblume: Blüten weiß bis purpur, schachbrettartig gemustert, in Gruppen, IV–V, 30 cm

242x *Muscari,* Traubenhyazinthe: verschiedene Arten und Sorten mit kleinen, blauen Blütenglöckchen in Trauben, IV–V, 15–40 cm

2424 *Ornithogalum,* Milchstern: heimische Lilie mit weißen Blütendolden, in Gruppen, IV–V, 10–20 cm

2424 *Scilla,* Blaustern: heimische Lilie mit leuchtendblauen Blüten an hohen Schäften in Trauben, III–IV, 20 cm

Hundszahn *(Erythronium).*

Die Blumenwiese

Sie waren früher ein landschaftsprägendes Element, die kräuterreichen, blumenreichen Wiesen. Heute findet man sie nur noch an ganz wenigen Orten, wo sie bestaunt werden, wo die Leute hingefahren kommen, um im Mai die Blütenpracht zu bewundern. Die allgemeine Intensivierung der Landwirtschaft hat diesen prächtigen Lebensraum – wie so manchen anderen – verdrängt, fast schon ausgerottet. Was nicht umgeackert wurde von den alten Wiesen, das wird so oft und so kräftig gedüngt, bis fast nur noch Gräser übrig bleiben, fette, dichtstehende Gräser, die allen anderen Pflanzen die Existenzgrundlagen entziehen. Viele der schönsten, farbenprächtigsten Wiesenblumenarten sind so empfindlich gegen jede Art von Düngung, daß sie schon verschwinden, wenn der Bauer nur einmal im Jahr mit dem Jauchefaß kommt.

Und in unseren Gärten hat die alte Wiesenblumenpracht erst recht keine Chance. Da geht man ihnen mit dem wöchentlichen Rasenmäher und Unkrautex in einer Weise zuleibe, daß man meinen könnte, nicht nur die Ehre, sondern Gesundheit und Leben der Gartenbesitzer hingen von der Monotonie ihres Rasens ab.

In den letzten Jahren hat sich da einiges geändert. Naturrasen und Blumenwiese sind durch den Einsatz engagierter Naturgartenfreunde wieder gesellschaftsfähig geworden. Inzwischen haben nicht nur viele Privatgärtner, sondern auch Stadtgärtnereien, Straßenmeistereien und andere öffentliche Grünpfleger erkannt, daß Blumenwiesen nicht nur schöner und ökologisch reicher, sondern auch billiger in der Unterhaltung sein können.

Allerdings, wie das so ist bei Neuerungen jeder Art und pendelnden Moden: auch hier wurde des Guten manchmal zuviel getan. Der Rasenmäher wurde zum Symbol gedankenloser Umweltzerstörung, antiökologischen Sauberkeitswahns, und man ließ es wachsen, wie es wollte, bis man nicht mehr aus der Haustür treten konnte vor lauter Wiesenwildnis. Man ärgerte sich, weil man im hohen verregneten Gras nasse Beine bekam, und man ärgerte sich über den Anblick des zerwühlten und niedergetretenen Grases, und man ärgerte sich wieder, wenn es ans Mähen ging. Hinzu kam die Enttäuschung darüber, daß die versprochene Blumenpracht auf sich warten ließ.

Bei der Blumenwiese ist es wie beim biologi-

Alte Wiese mit Salbei, Margerite, Esparsette, Klappertopf und Leimkraut.

Typische Rohbodengesellschaft (»neue Wiese«) mit Kamille, Mohn und Kornblume.

schen Landbau: Es genügt nicht, einfach etwas wegzulassen (den Rasenmäher, den Kunstdünger) und im übrigen auf die gütige Natur zu hoffen. Naturgärten erfordern ebenso wie der ökologische Landbau **mehr Wissen, differenzierteres Denken** und Planen. Auch die Blumenwiese will gelernt sein, wenn man Freude daran haben will statt Enttäuschung.

Wege zur Blumenwiese

Die artenreiche, farbenfrohe, summende und schwirrende Wiese ist ein kompliziertes Ökosystem, das erst nach vielen, vielen Jahren eine einigermaßen dauerhafte Artenzusammensetzung erreicht, einen klimaxähnlichen Zustand (wir sprachen darüber, s. S. 48), wie ein Wald, der auch erst über viele Vorstufen seinen standorttypischen Charakter erhält. Zu einer echten Klimax kommt eine Wiese nur dort, wo sie ohne Eingriffe des Menschen (Mähen und Beweiden) Wiese bleibt. Das ist bei uns nur auf extremen **Trockenstandorten,** speziell auf sehr flachgründigen Kalkböden (z. B. der Schwäbischen Alb oder des Fränkischen Jura) oder oberhalb der Baumgrenze, in der **alpinen Mattenregion,** der Fall.

Die Entwicklung einer Blumenwiese ist also etwas völlig anderes, als die Anlage eines Zierrasens. Nicht Geld, sondern Geduld ist, was wir in erster Linie brauchen. Und das in beiden Fällen: ob wir von einem bestehenden Rasen ausgehen, oder von rohem Baulandboden.

Bevor wir uns Gedanken darüber machen, in welcher Weise man die Entwicklung der Wiese

Die Blumenwiese

steuern und fördern kann, müssen wir noch einmal die verschiedenen Wiesentypen und ihre Bedingungen betrachten. Ich sagte es schon: Die artenreichsten, zartesten, schönsten Wiesen finden wir auf kalkreichen, flachgründigen, trockenen – also insgesamt »mageren« – Standorten. Auf der anderen Seite des Spektrums stehen die feuchten Wiesen, bei denen man »saure« Wiesen auf Böden mit stagnierender Nässe von »fetten« Wiesen unterscheiden kann, die reichlich Stickstoff bekommen und nicht direkt im Wasser stehen. Die sauren Wiesen kommen im Kapitel »Ein Teich im Garten« zur Sprache.

Bei den **Fettwiesen** stellen wir erhebliche Unterschiede in der Artenzusammensetzung fest. Das hängt teilweise mit der Art der Düngung zusammen (Güllewiesen sind oft weiß von Bärenklau und Wiesenkerbel), teilweise mit der Art des mineralischen Bodens (kalkreiche Böden sind auch hier artenreicher als Silikatböden), teilweise von der Häufigkeit, mit der sie gemäht werden (oft gemähte Wiesen sind in der Regel nicht so arten- und blumenreich, wie nur ein- oder zweimal gemähte).

Aus diesen Beobachtungen können wir nun schon ableiten, welche Maßnahmen wir zu ergreifen haben. Wie immer die Ausgangslage ist, wir müssen dafür sorgen, daß der Boden möglichst mager ist oder wird, das heißt, eher steinig-sandig als lehmig-humos und auf jeden Fall ohne Zugabe von Düngern. Bei bereits bestehender Wiese (Rasen) ist das ein langer Weg, auf dem man dafür sorgen muß, daß möglichst kein Wasser (mit Nährstoffen) zulaufen kann und das im Juni und September/Oktober gemähte Gras keinesfalls liegen bleibt, sondern abtransportiert wird. Dadurch werden der Wiese ständig Mineralstoffe entzogen.

In mancher Hinsicht leichter tut man sich, wenn man von den Rohbodenverhältnissen ausgeht, die meist bestehen, wenn ein Haus neu gebaut wurde. Wer den Mut und das Interesse hat, die natürliche Entwicklung von Anfang an zu gestalten und zu beobachten, der wird dafür durch immer neue Überraschungen entschädigt, die zumindest immer aufschluß-

reich sind, wenn sie auch vielleicht nicht immer herkömmlicher Ästhetik entsprechen. Der Holländer Le Roy hat in seinem schönen Buch »Natur ausschalten – Natur einschalten« (Stuttgart 1978) viele Beispiele dafür gebracht. Solche natürlichen Entwicklungen (Sukzessionen) können je nach Neigung behutsam gesteuert werden, indem man abschneidet, ausreißt, dazupflanzt oder -sät, auch mäht mit der Zeit, bis allmählich etwas entsteht, das weder wilde Natur noch Alleinherrschaft des Menschen ist. Es wird ein **Gemeinschaftswerk von Mensch und Natur,** bei dem jeder Partner auf den anderen hinhört. Das ist das Ziel des Naturgartens, das ist das Ziel, das die Menschheit global im Umgang mit der Natur lernen muß.

Wer weniger geduldig, weniger zurückhaltend veranlagt ist, kann die Umgebung seines Neubaus auch planieren lassen, eine dünne Humusschicht aufbringen und im Mai eine **Wildblumenmischung** einsäen. Solche Samenmischungen, die bis zu zehn verschiedene Grasarten und bis zu 50 verschiedene Wiesenkräuter enthalten, werden heute schon von einer ganzen Reihe von Samenhandlungen angeboten. Man darf sich allerdings nicht wundern, wenn von all den Arten nur wenige auf Dauer übrigbleiben werden: Die Bedürfnisse der verschiedenen Arten einerseits und die Standortverhältnisse andererseits sind zu verschieden, als daß man die für jeden Ort und Boden passende Artenmischung bereithalten könnte. Es empfiehlt sich überdies, dünn zu säen, damit Anflugsamen aus der Umgebung eine Chance haben. Nichts ist für die Entwicklung einer großen Artenvielfalt, also für die Ansiedlung neuer Arten hinderlicher, als eine bereits völlig bodendeckende Vegetation. Darum sollte man auch in vorhandenem Grünland gelegentlich größere und kleinere Flächen (bis zu 1 m²) **von Vegetation freimachen,** um hier entweder neue Arten anzusäen oder das dem Anflug zu überlassen. Mit der Zeit werden sie sich dann von selber ausbreiten. Dies alles sind Wege, die mit geringem Aufwand gangbar sind. Natürlich kann man auch mit großem Aufwand die Entwicklung von

Blumenwiesen fördern – um nicht zu sagen: erzwingen. Man kann eine bestehende Wiese (einen Rasen) umreißen oder abtragen lassen. Man kann den vorhandenen Boden abgraben und stattdessen Kalkgrus auffüllen lassen. Man kann zur Feuchtigkeit neigende Flächen dränieren lassen. Das hat aber alles nicht mehr viel mit der anzustrebenden gleichberechtigten Partnerschaft zwischen Mensch und Natur zu tun. Wir sollten uns von der technischen Macht nicht verführen lassen, nichts erzwingen, sondern Gegebenes behutsam steuern.

Pflege und Benutzung einer Blumenwiese

Es ist durchaus nicht so, wie manche glauben machen wollen: Eine Wiese ist nicht dasselbe wie ein selten gemähter Rasen. Sie braucht eine ganz andere Pflege, und man muß mit ihr umgehen können.

Die Pflege einer Wiese – das muß einmal offen gesagt werden – macht unter Umständen mehr Arbeit, als das regelmäßige Mähen eines Rasens. Zwar muß die Wiese nur ein- oder zweimal, höchstens dreimal im Jahr gemäht werden. Dafür hat man mit dem Mähgut (um es vorerst neutral zu bezeichnen) seine liebe Last. Schon das Mähen ist nicht so einfach. Mit einem gewöhnlichen Rasenmäher richtet man nichts mehr aus, wenn das Gras einmal einen halben Meter hoch ist. Da muß man zur **Sense** oder – wenn die Fläche größer ist als etwa 1000 m² – zum **Motormäher** greifen. Das Mähen mit der Sense ist eine schöne Tätigkeit und für hängiges Gelände das einzig wahre. Aber man muß es können, sonst ist es sehr anstrengend. Es stimmt aber nicht, daß man damit aufgewachsen sein muß, wie manche behaupten. Mit etwas Übung kann jeder nicht nur mähen, sondern auch dengeln lernen. Mit einem zweirädrigen Balkenmäher geht es natürlich einfacher. Dafür hat man den Krach und Gestank.

Und dann hat man also das lange Gras da liegen. Zum Mulchen eignet es sich allenfalls unter Obstbäumen und Beerensträuchern. Für

Natürliche Trockenrasengesellschaft, locker und blumenreich.

den Gemüsegarten ist das Gras zu sperrig und zu samenreich. Auch auf dem Komposthaufen sind größere Mengen nicht zu verkraften. Und liegenlassen sollte man es auf keinen Fall, da wir ja Mineralstoffe entfernen wollen. Außerdem gäbe das mit der Zeit einen schlimmen Filz. Auf dem Land kann man, sofern man selber keine Tiere hat, meist einen Bauern finden, der sich das Gras als Grünfutter abholt. Noch leichter ist es, Heu an den Mann zu bringen, noch dazu so ein kräuterreiches, gutes Heu. Das macht einige Arbeit, aber auch Freude.

Im Zusammenhang mit der Planung von Naturgärten (s. S. 75) war schon die Rede davon,

Die Blumenwiese

Rasenpfade erschließen die sonst unzugängliche Wiese im Garten.

Im Lauf der Jahre sollte auf einem nicht zu fetten Standort die Wiese immer lockerer, zarter, blumiger werden. Man kann nun den ersten Schnitt weglassen und nur noch einmal im Jahr, im Herbst, seine Wiese mähen. Das dabei gewonnene Heu ist zwar strohig und nicht mehr viel wert, dafür gibt man aber all jenen Arten eine Chance, die sich nicht vegetativ ausbreiten und länger bis zur Samenreife brauchen, als es ihnen bei zwei Schnitten im Jahr vergönnt ist. Auf sehr mageren Standorten genügt es sogar, alle paar Jahre einmal zu mähen.

Es ist eine stille, aber dauerhafte Freude, über die Jahre zu verfolgen, wie sich neue Kräuter und Gräser ansiedeln, wie sich manche Arten ausdehnen, andere zurückgehen. Auch Schwankungen wird man beobachten von Jahr zu Jahr. Wer einen Hang zu wissenschaftlicher Exaktheit hat, dem sei empfohlen, sich einen Rahmen von 1×1 m zu machen und durch wiederholte Proben die Artendichte (je 1 m^2) festzustellen (s. S. 152). Durch die Anlage eines Herbariums (s. S. 147) gewinnt man einen schönen Überblick über alle in der Wiese vorkommenden Arten. Es erleichtert einem auch die Erinnerung der Pflanzennamen.

Je artenreicher die Pflanzen in einer Wiese vorkommen, desto lebendiger wird auch das **Tierleben** der Wiese werden. Vor allem die Zahl der Insektenarten steigt bald ins unermeßliche: Auf einer einzigen Blütendolde des Bärenklaus können sich ein Dutzend Arten versammeln oder mehr: Bunte Käferarten, Schwebfliegen, Wespen und kleine Bienenarten findet man da ebenso wie Schachbrett, Bläuling und andere Tagschmetterlinge. In den tieferen Stockwerken der Wiese wohnen Grillen und Heuschrecken, die an heißen Nachmittagen ein schwirrendes Konzert machen. In so insektenreicher Umgebung siedeln sich gerne Blindschleiche und Zauneidechse an. Auch die Singvögel werden davon profitieren, wenn auch die typischen (und vielfach sehr selten gewordenen) Wiesenvögel, wie das Braunkehlchen, größere Naturwiesen brauchen, als wir sie ihnen im Garten bieten können.

daß man seine Bedürfnisse kennen und realistisch berücksichtigen muß, wenn man nicht ständig über ideologische Hindernisse stolpern will. So ein ideologisches Hindernis ist zweifellos zuviel hohes Gras ums Haus. Man braucht auch Rasenflächen, die man ständig betreten kann, auf denen man liegen und spielen und Wäsche aufhängen kann. Und selbst wenn man sich für eine abgegrenzte Wiesenfläche entschieden hat, tut man nach meiner Erfahrung gut daran, sie durch **»Rasenpfade«** zu erschließen, die man mit dem Rasenmäher kurz und begehbar hält. Man erreicht auf diese Weise jederzeit alle Teile des Gartens und hat noch dazu viel mehr von den Schönheiten seiner Wiese.

Ein Teich im Garten

Im Wasser begann das Leben – in den Meeren der Urerde vor Abermillionen Jahren. Und im Feuchten beginnt auch heute noch alles Leben. Kein Pflanzensamen, kein Ei, kein Embryo kann sich entwickeln ohne das Wässrige. Es nimmt daher nicht wunder, daß Gewässer zu den artenreichsten Lebensräumen gehören, und daß so viele Tierarten wenigstens einen Teil ihrer Entwicklung im Wasser durchmachen müssen.

Was der Mensch im Verlauf der wenigen technischen Jahrzehnte mit den Gewässern angestellt hat, gehört zu den schlimmsten ökologischen und, ich wage zu behaupten: kulturellen Sünden. Das reicht von der totalen Versäuerung skandinavischer und anderer Seen bis zur Vergiftung und Verteerung (Verölung) der Meeresküsten und der Hochsee. Im Binnenland wirken sich vor allem zwei Fronten dieses Vernichtungsfeldzuges gegen unsere Umwelt immer verheerender aus: die weiter zunehmende Verseuchung nahezu aller fließenden und stehenden Gewässer mit Industrie- und Haushaltsabwässern und die Zerstörungswer-

ke der Wasserbauer, als da sind: Begradigung, Uferverbauung, Betonierung und Verrohrung von Bächen und Flüssen sowie das Zuschütten von Tümpeln und Weihern und die Umgestaltung anderer zu Fischzucht- oder Badeanstalten.

Verloren geht bei dieser weiter fortschreitenden Entwicklung eine ganze Welt. Eine Welt der kleinen, verträumten Weiher, in denen sich Uferbäume und Schilf mit Himmel und Wolken spiegeln, über die Libellen dahinjagen und Schwalben und in der Dämmerung Fledermäuse. In deren Ufervegetation der Teichrohrsänger sein kunstvolles Nest baut und sein schläfriges Liedchen singt. Eine Welt, die erst recht unterm Wasserspiegel von den wunderlichsten Tier- und Pflanzenformen bevölkert ist. Eine Welt, in der mit gleitenden, stummen Bewegungen das große Schauspiel des Lebens stattfindet. – Da hinein werfen skrupellose Dummköpfe ihre alten Matratzen und verrosteten Eimer. Diese Wunderwelten schüttet man mit Bauschutt und Klärschlamm zu, denkt nichts dabei oder nur an den Profit von

Kalmus und Schwanenblume, Teichrose und Krebsschere auf dem Gartenteich des Autors.

Alte Moorstiche und Kiesgrubenweiher entwickeln sich mit den Jahren zu standortgemäßen Lebensgemeinschaften, von denen wir für den Gartenteich lernen können.

heute. Kultur findet in solcher Gesellschaft längst nur noch im Saale statt.

Die Bedeutung gerade der kleinen Tümpel, Teiche, Weiher und Altwässer für den Naturhaushalt müßte eigentlich auch für den Naturentfremdeten ohne weiteres erkennbar sein. Dem **Wasserhaushalt** einer Landschaft dienen sie als natürliche und sehr wirksame »Hochwasserrückhaltebecken« – wie die Wasserbautechniker so etwas nennen. Sie verzögern den Ablauf starker Niederschläge und gleichen damit Wasserschwankungen sowohl der Bäche und Flüsse als auch des Grundwassers aus. Welche Bedeutung sie für die **lebendige Welt** haben, sollte jedem sofort einleuchten, der einmal an einem regnerischen Märzabend hunderte von Kröten auf ihrem langen Marsch zu ihren Laichgewässern beobachtet hat, der die Ansammlungen von Fröschen und Molchen aus weiter Umgebung zu deuten vermag, der sich über die Funktion (und Schönheit) der Libellen Gedanken macht – kurzum: der die unzähligen Verflechtungen zwischen Gewäs-

sern und ihrer Umgebung erlebt und verstanden hat.

Wenn heute da und dort von Einzelnen, von Jugendgruppen, von Naturschutzorganisationen versucht wird, zu retten, was noch zu retten ist und möglichst wieder neue Naturweiher zu schaffen, so ist das zwar angesichts des Ausmaßes an Zerstörung nur ein Tropfen auf den heißen Stein, vielleicht ist es aber ein erstes Zeichen einer verantwortungsvolleren Einstellung zu unseren Lebensgrundlagen.

Bau und Anlage eines Naturteiches

Ich kann aus eigener Erfahrung sagen, und viele werden mir zustimmen: Es gibt nichts Belebenderes in einem Naturgarten, als einen Teich. Eine Wasserfläche, mag sie noch so klein sein, spiegelt uns nicht nur den Himmel zu Füßen und erfreut uns mit dem reichsten Tier- und Pflanzenleben, sie kann uns auch zum unersetzlichen Ort stiller Betrachtung und Reflexion werden. Nirgends läßt sichs besser denken-träumen, als an einem Feuer oder an dem Ufer eines Wassers – und man braucht dazu durchaus keine Angel.

Es lohnt sich also einiger Aufwand, um zu einem Teich zu kommen. Und ich gestehe ein, daß hier – im Widerspruch zu dem auf S. 107 Gesagten – der Zweck die Mittel heiligt. Denn zu technischen Mitteln müssen wir in den meisten Fällen greifen, wo nicht die natürlichen Voraussetzungen für ein Gewässer gegeben sind.

Eine von drei Bedingungen muß erfüllt sein, wenn man **ohne zusätzliche Dichtungsmaßnahmen** ein stehendes Gewässer schaffen will. Man braucht entweder

- ständigen, mögliche Sickerverluste ausgleichenden Zufluß,
- hohen Grundwasserstand oder
- dichten Untergrund.

Im ersten Fall läßt sich der Bach entweder stauen oder durch seitliche Erweiterung zu einer Art Altwasser ausweiten. Im zweiten und dritten Fall genügt es, eine Vertiefung ausbaggern oder ausschieben zu lassen. Tritt Grundwasser zutage – was man vorher an der Vegetation oder durch Probegrabungen feststellen kann – darf man mit nur geringen Schwankungen des Wasserstands rechnen. Ist man dagegen auf Niederschläge angewiesen, so reichen die zwar in unseren Breiten aus, um im Jahresdurchschnitt die Verdunstungsverluste auszugleichen – man muß dann aber mit ziemlichen jahreszeitlichen Schwankungen des Wasserspiegels rechnen. Man nennt solche nur von Niederschlägen gespeisten Tümpel Regenwasser- oder Himmelsteiche.

Anzufügen ist noch, daß Veränderungen von Oberflächengewässern und Grundwasserfreilegungen in jedem Falle **genehmigungspflichtig** sind. Regenwasserteiche dann, wenn sie eine bestimmte Größe überschreiten. Auskünfte und Genehmigungen erteilen in der Bundesrepublik die Landratsämter.

Schwieriger wird es, wo diese günstigen natürlichen Voraussetzungen nicht gegeben sind. Und damit muß man wohl in den meisten

Fällen rechnen. Hier besteht nur die Möglichkeit, **künstliche Regenwasserteiche** zu schaffen. Das technische Problem besteht dabei in der dauerhaften, gegenüber Verrottung, Frost, Wurzeln, nagenden Tieren und anderen mechanischen, chemischen und biologischen Verletzungen widerstandsfähigen **Abdichtung.**

Zunächst einige allgemeine Bemerkungen zu Größe, Form und Tiefe des Teiches. Grundsätzlich bestehen hinsichtlich der Größe keine Grenzen, weder nach unten noch nach oben. Selbst kleine Bottiche mit 1 m Durchmesser und 50 cm Tiefe können noch hübsch bepflanzt werden und ein belebendes Element im Garten sein. Eine artenreiche Lebensgemeinschaft kann sich aber natürlich erst ab einer bestimmten Größe entfalten. Dabei ist die Tiefe eher wichtiger als die Fläche. Denn bei weniger als etwa 80–90 cm Wassertiefe besteht die Gefahr des Durchfrierens im Winter bis auf den Boden, und das überstehen viele Pflanzen und Tiere nicht.

Mit der Tiefe ist aber auch die Ausdehnung eines Naturteiches im wesentlichen vorgegeben, da die Uferböschungen nicht steiler sein sollten, als 1:2 (1 m Höhenunterschied auf 2 m Länge). Bei 1 m Tiefe auf einer Fläche von nur 1 m im Durchmesser ergibt das mit den Böschungen schon einen Gesamtdurchmesser der Wasserfläche von $2+1+2 = 5$ m. Das sollte (mit ca. 20 m^2) für einen naturnahen Teich die Mindestgröße sein. Die Form ist dabei gleichgültig.

Was auf jeden Fall zu vermeiden ist, sind rundum steile, oder gar **senkrechte Ufer,** womöglich noch mit überstehenden Platten einer Randbefestigung, wie man es oft findet. So etwas mag für einen Springbrunnen, für ein paar Goldfische oder auch als reines Seerosenbecken taugen. Eine Heimat für Wassertiere wird das nie – eher ein Grab, denn was da einmal hineingerät, kommt nicht wieder heraus. Abschnittsweise kann die Teichböschung aber ohne weiteres steil sein, wenn es gelingt, ihr Abrutschen zu verhindern.

Den **Aushub** sollte man möglichst nicht als Wall um den Teich aufschütten, da die Wasser-

Ein Teich im Garten

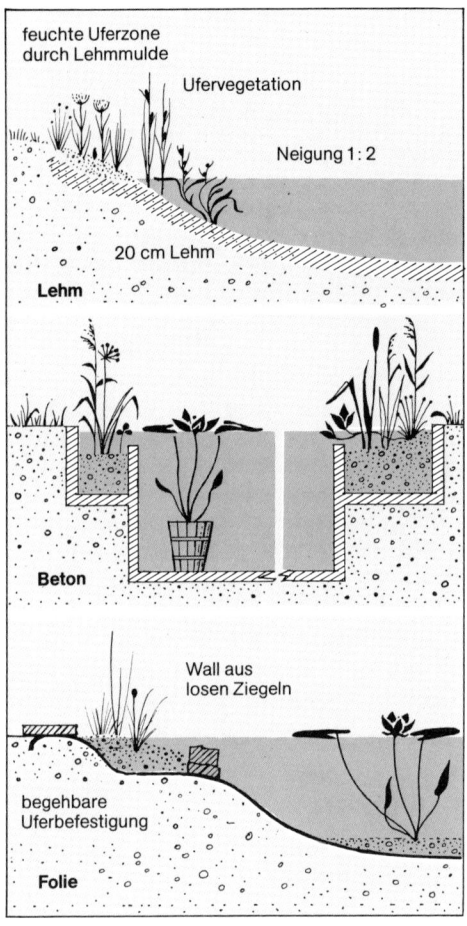

feuchte Uferzone
durch Lehmmulde

Ufervegetation

Neigung 1 : 2

20 cm Lehm

Lehm

Beton

Wall aus
losen Ziegeln

begehbare
Uferbefestigung

Folie

Lehm, Beton, Folie – drei Möglichkeiten zur
Abdichtung von Teichen mit unterschiedlicher
Gestaltung von Teichboden und Uferzonen.

muß, braucht man erhebliche Mengen Lehm: Für einen 50 m²-Teich (7×7 m oder ein Rund mit etwa 8 m Durchmesser) muß mindestens eine Lastwagenladung mit 10–12 m³ Lehm angefahren und verarbeitet werden. Das sand- und kiesfreie Material muß mit Wasser so lange durchgearbeitet werden, bis es gleichmäßig geschmeidig wie Töpferton ist. Erst dann schleudert man es mit der Schaufel kräftig auf die Teichsohle, schlägt fest und glättet. Die gesamte Fläche muß in einem Zug aufgebracht werden. Bei trockenem Wetter sind die fertigen Teilflächen mit Plastikplanen vor dem Austrocknen zu schützen.

Bei einem anderen Verfahren stellt man ziegelförmige Lehmstücke her und verlegt sie in zwei Schichten fugenversetzt. Anschließend muß kräftig gestampft und geglättet werden. Die Dichtung muß selbstverständlich bis zur Höhe des späteren Wasserspiegels geführt und möglichst noch in eine kleine Mulde für die Ufervegetation ausgezogen werden. Sofern Wasserpflanzen, wie Seerosen usw., gepflanzt werden sollen, empfiehlt es sich, dafür Vertiefungen im Teichboden vorzusehen, in die man Pflanzerde füllen kann. Im übrigen sei auf die etwas später folgenden Hinweise verwiesen. Ein großer Vorteil dieser Lehmteiche ist ihre Natürlichkeit, die sich vor allem im stetigen Übergang einer feuchten Uferzone zeigt.

Steht kein Lehm zur Verfügung oder erscheint der Arbeitsaufwand zu groß, so muß man zu anderen Dichtungsmaterialien greifen. Lange Zeit verwendete man im Landschaftsbau gewöhnliche, unbesandete **Dachpappe,** wie man sie im Baustoffhandel bekommt. Die Bahnen müssen mindestens 10 cm überlappen und mit heißem Bitumenkleber sauber verklebt werden. Die Nähte sind anschließend noch einmal dick zu überstreichen, um jede Undichtigkeit auszuschließen. Das ganze ist ein- bis zweimal kreuzweise zu wiederholen. Am Ufer wird die Teerpappe ein gutes Stück über den zukünftigen Wasserrand hinaus verlegt und mit Boden überschüttet. An einer etwas tieferen Stelle ist für den Überlauf eine Sickergrube mit grober Steinfüllung bis auf den durchlässigen Untergrund oder ein Ablauf vorzusehen.

fläche auf gleichem Niveau mit dem Gelände liegen sollte – nicht darüber und nicht viel darunter. Kann man den Aushub nicht im Gelände verteilen oder abfahren, schüttet man ihn besser zu einem kleinen Berg zusammen, der je nach Boden einen interessanten Pflanzenstandort abgibt.

Die natürlichste (und früher einzige) Art der Abdichtung ist das Aufbringen einer kräftigen **Lehmschicht.** Das ist billig, wenn geeigneter Ton oder toniger Lehm in der Nähe zu haben ist. Da die Schicht mindestens 20 cm stark sein

Unter der Bezeichnung »Mammuthaut« gibt es ebenfalls im Bauhandel eine mit Jutegewebe verstärkte Bitumenpappe. Sie läßt sich durch einfaches Erwärmen der Überlappungen verkleben (Gasbrenner) und braucht auch nur in doppelter Schicht aufgebracht zu werden. – Allgemein ist bei Abdichtungen mit Teerpappe zu berücksichtigen, daß es einige Zeit dauert, bis leichte Ölrückstände, die anfangs auf der Wasseroberfläche schwimmen werden, abgeschwemmt oder abgebaut sind. Später ist nicht mehr mit Verunreinigungen zu rechnen.

In neuerer Zeit werden ganz überwiegend **Plastikfolien** zum Abdichten von Regenwasserteichen verwendet. Mit den üblichen dünnen Folien ist da freilich nichts auszurichten. Für eine dauerhafte Abdichtung wurden spezielle, 8–10 mm starke, gegen UV-Strahlen beständige und auch Wurzeln widerstehende PVC- oder Polyäthylen-Folien entwickelt. Unter der Bezeichnung Trocal, Lucobit usw. sind sie im Baustoffhandel erhältlich. Obwohl diese Folien nur in einfacher Schicht eingebracht werden müssen, ist diese Art der Abdichtung teuerer als die vorher genannten. Hinzu kommt, daß das Verschweißen der Bahnen mit speziellen Klebern oder Flüssigfolie aufwendig und zuverlässig nur von Fachleuten zu leisten ist.

Kleinere Flächen bis zu 30 m^2 können aber auch mit 0,5–0,8 mm dicker Teichfolie in einem Stück ausgelegt werden, wenn ein sauberes Bett vorbereitet wurde (s. Abb.). Hier kostet 1 m^2 Folie nur 13–15 DM.

Schließlich sei noch auf die Möglichkeit der Abdichtung mit **Beton** hingewiesen. Bei flachen Teichböschungen, die den natürlichen Verhältnissen am ehesten entsprechen und auf denen der Boden nicht zu leicht abrutscht, kann Spritzbeton mit einer einfachen Eisenarmierung verwendet werden. Das und größere

Die Entstehung eines Folienteichs. Die Unterlage für die Folie muß frei sein von Wurzeln und Steinen und mit einer Sandschicht geglättet werden. Schon nach einem Jahr sieht man solchen Kunstteichen ihre Herkunft kaum noch an.

Holzstege erschließen die empfindlichen Uferzonen.

Betonbecken wird man aber ohnehin von Baufirmen ausführen lassen. Bei der Oberflächengestaltung der Teichsohle sollte man die verschiedenen Wassertiefen berücksichtigen, die unterschiedliche Wasserpflanzen brauchen. Ein gestufter Querschnitt eignet sich zum Bepflanzen besser, als eine kontinuierlich abfallende Böschung. Auch sind mit Beton ohne Schwierigkeiten Zwischenwände zu verwirklichen, auf die wir im Zusammenhang mit den Tieren des Teiches noch zu sprechen kommen werden.

Bei allen Dichtungsmaterialien sollte man auf **dunkle Farben** achten. Helle oder gar farbige Untergründe sind für Schwimmbecken in Ordnung, für Teiche wirken sie ausgesprochen unnatürlich. Außerdem wirkt eine Wasserfläche durch Spiegelung am stärksten mit dunklem Untergrund.

Recht hübsche Wassergärten lassen sich schaffen durch verschiedene, in den Boden **eingegrabene Gefäße** unterschiedlicher Größe: von der alten Badewanne bis zum aufgeschnittenen Weinfaß. Allerdings haben solche Anlagen allenfalls ästhetischen Wert, ökologisch bringen sie nicht viel. Da solche Gefäße steile und glatte Wände haben, muß man für Ausstiegsmöglichkeiten für Kröten, Frösche und anderes Getier sorgen. Unter Umständen genügen hineingehängte Pflanzgefäße. Auf jeden Fall sollte der Beckenrand unter Geländeniveau liegen, so daß überhängende Pflanzen schon eine gewisse Brücke bilden können. Der Wasserspiegel sollte möglichst immer hoch gehalten werden.

Das **Ufer** eines jeden Gewässers ist durch den hohen Feuchtigkeitsgehalt des Bodens eine äußerst empfindliche Zone – gleichzeitig aber eine für Pflanzen- und Tierwelt besonders wichtige. Man verschenkt die schönsten Möglichkeiten zur Ansiedlung typischer Sumpf- und Uferpflanzen, wenn man seinen Gartenteich ringsum mit Steinen belegt, wie man das immer wieder sehen kann. Andererseits wollen wir ja nicht nur aus der Entfernung und durch dichte Ufervegetation gelegentlich einen Blick auf unseren Teich werfen. Es empfiehlt sich daher, einen Kompromiß zu schließen und nur eine oder zwei Stellen für wiederholtes Betreten vorzusehen. Diese können mit Steinplatten befestigt werden. Natürlicher wirkt aber eine Grobkies- und Schotter-Befestigung, oder eine Art Steg aus Holz, der auch noch ein Stück weit über die Wasserfläche hinausführen kann. Damit solche Holzkonstruktionen am Wasser nicht zu schnell vermodern, sollte man entweder druckimprägniertes Rundholz für Lager und Stegpfosten verwenden, oder Lager aus Stein oder Beton, auf die man dann 30–40 mm starke, ungesäumte Bohlen legt.

Wasserpflanzen – Uferpflanzen

Je natürlicher der Untergrund unseres Gartenteiches ist, um so weniger brauchen wir uns viel Gedanken um die Bepflanzung zu machen. Das erledigt sich mit der Zeit ganz von selber, zumal, wenn wir gelegentlich die eine oder andere Wasserpflanze oder ihren Samen einfach ins Wasser werfen. Es entsteht so eine den Verhältnissen am besten angepaßte Vegetation, die sich im Lauf der Jahre ständig in ihrer Zusammensetzung verändert. Das sind dann freilich Entwicklungen, die man kaum noch beeinflussen kann. Denn das Wurzel- und Ausläufergeflecht von Schilf, Kalmus oder Rohrkolben läßt sich nur noch mit technischer Gewalt beseitigen oder auch nur eindämmen. Und auch die Unterwasserwildnis von Hornkraut, Wasserpest, Hahnenfuß oder Tausendblatt kann man zwar in Mengen herausholen, ausrotten oder am Weiterwuchern hindern läßt sich aber keines dieser Kräuter. Unter dem Ansturm von so viel Vitalität kann dann so manch' edleres Gewächs – Seerose, Wasserfeder, Drachenwurz – erdrückt werden. Wer das verhindern will, muß gründlich vorsorgen.

Zunächst sollten wir uns aber wieder zuerst bei der Natur selbst erkundigen. Welche Wasserpflanzen wachsen wo und wie? Am schönsten können wir die verschiedenen **Wasserpflanzengesellschaften** an einem nährstoffreichen (eutrophen) See mit breitem Verlandungsgürtel studieren. Am Boden wurzelnde Wasserpflanzen finden wir nur dort, wo die Pflanzen noch genügend Licht bekommen. Bei klarem Wasser kann das bis zu einer Tiefe von 5 m der

Fall sein. Heute freilich sind die meisten Gewässer so nährstoffreich und voller kleiner Algen, daß der Unterwasserbewuchs schon bei etwa 2 m Tiefe aufhört. Ein Weiher, der definitionsgemäß nicht tiefer als 2 m ist, müßte also in der Regel vollständig bewachsen sein.

In den verschiedenen Tiefen wachsen ganz verschiedene Wasserpflanzen. Sie sind in unserer Tabelle geordnet aufgeführt. Die Pflanzensoziologen unterscheiden nur drei Pflanzengesellschaften, die hier von Interesse sind: die **Wasserlinsendecken** oder Wasserschweber-Gesellschaften (Lemnetea), die **Schwimmblatt- und Laichkrautgesellschaften** (Potametea) und zum Ufer hin anschließend die Gesellschaft der **Röhrichte und Großseggenriede** (Phragmitetea).

Die Schwanenblume *(Butomus)* ist eine ausgesprochen zierende heimische Uferpflanze.

Ein Teich im Garten

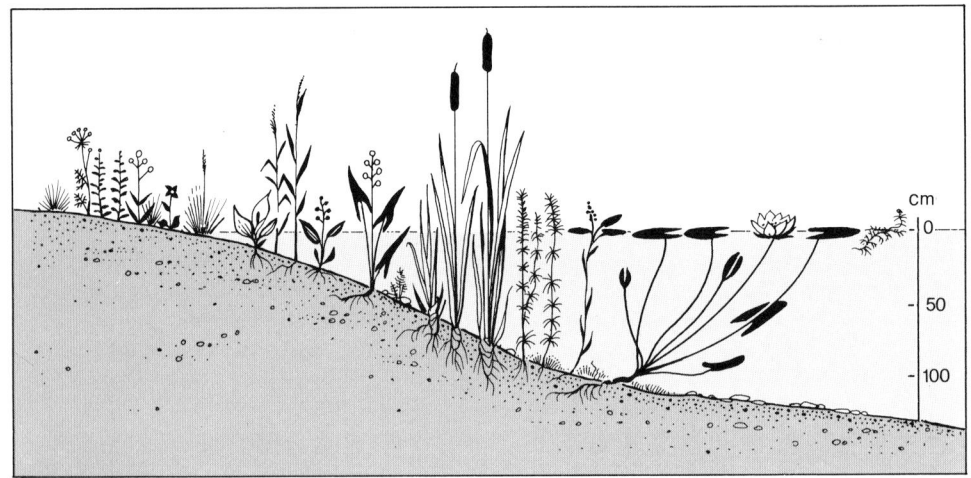

Die verschiedenen Wassertiefen werden von charakteristischen Pflanzengesellschaften besiedelt. Das ist bei der Bepflanzung von Gartenteichen zu beachten.

Zu den im Wasser **schwebenden,** nicht am Boden verwurzelten Arten gehören die als »Entengrütze« bekannten Arten der Teich- und Wasserlinse, der kleine, weißblühende Froschbiß (seine Blätter gleichen kleinen Seerosenblättern), der gelbblütige Wasserschlauch, der kleine Wassertiere fangen und verzehren kann, und schließlich die merkwürdige Krebsschere, deren brüchige Blätter so gezackt sind wie die der Aloë. Froschbiß und Krebsschere sind eine ausgesprochene Zierde auf jeder Wasserfläche, wenn auch die Krebsschere zum Wuchern neigt. – Zur Ergänzung sei angefügt, daß auch verschiedene Algenarten zu den im Wasser schwebenden Pflanzen gehören. Manche von ihnen sind so klein, daß sie nur das Wasser trüben, sonst aber mit bloßem Auge nicht sichtbar sind (s. S. 158). Unangenehmer wird es, wenn Haaralgen und andere regelrechte Teppiche und Watten auf der Wasseroberfläche bilden. Sie treten aber hauptsächlich nur im Frühjahr auf, wenn ihnen die anderen Wasserpflanzen noch keine Konkurrenz machen und die am Ufer stehenden Laubbäume noch nicht genügend Schatten werfen.

Charakteristisch für die **Schwimmblatt-Laichkrautgesellschaften** sind die oft große Flächen bedeckenden gelben Teichrosen oder Mummeln und die großblütigeren, weißen Seerosen. Zwischen ihnen wachsen oft die untergetaucht lebenden Tausendblatt-Arten und das Hornkraut, beide mit sehr zartem Laub, aber gewaltigem Ausdehnungsvermögen. Sehr häufig sind verschiedene Laichkraut-Arten, die ihre Blätter teils an der Oberfläche ausbreiten oder auch ganz untergetaucht leben. Auch der Wasserhahnenfuß gehört zu dieser Gesellschaft der flacheren Stillgewässer.

Im **Übergangsbereich** zwischen Wasser und Land, oft noch tief im Wasser stehend, finden wir verschiedene hochragende Pflanzenarten, allen voran das bekannte Schilf oder Rohr, das bis zu 4 m hoch seine fedrigen Blütenstände in den Himmel reckt. Zu den Charakterarten neben dem Rohr gehören Teichsimse, Sumpfried, das Rohr-Glanzgras, der große Rohrkolben, auch »Kanonenputzer« genannt, und die Schneide. Die wunderschön rosa blühende Schwanenblume gehört in diese Gesellschaft ebenso, wie der Kalmus, dessen Wurzeln so angenehm duften und so heilsam sind. Es gehört die gelbe Wasserschwertlilie dazu und der Froschlöffel, der Igelkolben, manchmal auch der Teichschachtelhalm und der ihm etwas ähnlichsehende Tannenwedel.

Wasserpflanzen

Namen	Wassertiefe (cm)	Höhe (cm)	Blütenfarbe	Eigenart
Schwimmpflanzen				
Froschbiß *(Hydrocharis)*	ab 15	bis 5	weiß	braucht Windschutz,
Krebsschere *(Stratiotes)*	ab 50	bis 10	weiß	wuchert, interessante Pflanze
Schwimmblattfarn *(Salvinia)*	ab 15	–	Sporen	–
Teichlinse *(Spirodela)*	ab 5	–	–	kann wuchern
Wasserlinse *(Lemna)*	ab 5	–	–	wuchert
Wassernuß *(Trapa)*	ab 20	bis 5	weiß	braucht sauberes Wasser
Wasserschlauch *(Utricularia)*	ab 10	bis 5	gelb	fängt kleine Tiere
Schwimmblattpflanzen				
Laichkraut *(Potamogeton)*	50–150	bis 10	grün	kann wuchern
Seekanne *(Nymphoides)*	50–150	bis 15	gelb	selten, kleine »Seerosenblätter«
Seerose *(Nymphaea)*	50–200	–	weiß	braucht viel Platz
Teichrose *(Nuphar)*	50–200	bis 10	gelb	–
Wasserhahnenfuß	10–50	bis 5	weiß	kann wuchern
Wasserknöterich *(Polygonum)*	25–50	bis 10	rosarot	kann wuchern
Wasserstern *(Callitriche)*	10–30	–	–	verschiedene Arten
Verlandungspflanzen				
Binsen *(Juncus)*	bis 20	30–100	bräunlich	horstbildend
Drachenwurz *(Calla)*	bis 10	15–30	weiß	schön, selten, interessant
Fieberklee *(Menyanthes)*	bis 10	15–30	weiß	schön, selten, interessant
Froschlöffel *(Alisma)*	bis 20	20–80	weiß	horstbildend
Igelkolben *(Sparganium)*	bis 10	40–80	weiß	interessant
Kalmus *(Acorus)*	bis 50	80–100	grün	eingebürgerte Heilpflanze
Pfeilkraut *(Sagittaria)*	bis 30	50–100	weiß	ansehnlich in Blatt und Blüte
Rohrkolben *(Typha)*	bis 50	30–250	braun	kann wuchern
Schilf *(Phragmites)*	bis 150	100–400	braun	wuchert
Schneide *(Cladium)*	bis 20	80–200	braun	kalkbedürftig
Schwanenblume *(Butomus)*	bis 50	50–150	rötlich-weiß	prächtig
Seggen *(Carex)*	bis 10	10–100	braun, rötlich	viele Arten, oft horstbildend
Simsen *(Scirpus)*	bis 150	100–300	braun	dunkelgrüne Stengel, gesellig
Sumpfried *(Eleocharis)*	bis 10	10–80	rötlich-gelb	–
Tannenwedel *(Hipparis)*	bis 100	20–40	unscheinbar	kalkliebend
Armleuchteralgen *(Chara)*	100–200	–	–	bilden Unterwasserwiesen
Hahnenfuß *(Ranunculus)*	20–50	bis 5	weiß	kann sich stark ausbreiten
Hornkraut *(Ceratophyllum)*	50–100	–	grün	–
Laichkraut *(Potamogeton)*	20–200	–	grün	–
Nixenkraut *(Najas)*	20–200	–	grün	starr, zerbrechlich, selten
Tausendblatt *(Myriophyllum)*	10–200	–	rötlich	wuchernd
Wasserfeder *(Hottonia)*	20–100	–	rosa	–
Wasserpest *(Elodea)*	100–200	–	weiß	wuchernd

Mädesüß und Blutweiderich gehören zur Hochstaudenflur zwischen Wasser und Land.

Stehen die genannten Arten meist noch bis zu 50 cm tief im Wasser, so zieht es die große, artenreiche Gruppe der **Sumpfpflanzen** vor, auf sehr feuchtem Boden, aber nicht ständig im Wasser zu stehen. Hierzu gehören viele prächtig blühende Blumen: die Sibirische Schwertlilie (blau), die stattliche Trollblume (gelb), die Mehlprimel (rosa), Sumpfvergißmeinnicht, Sumpfdotterblume, Sumpfgladiole, Schachblume, viele Orchideen- oder Knabenkrautarten, der große Eisenhutblättrige Hahnenfuß (weiß), die Bachnelkenwurz (rotbraun), das bis 150 cm hohe Mädesüß mit seinen prächtigen weißen Blütenständen, Sumpfstorchschnabel und Blutweiderich (beide purpurrot), der Gold- oder Gilbweiderich, Beinwell, Läusekraut und Sumpfbaldrian. In besonderem Maße geprägt wird diese Zone durch viele Sauer- und Riedgrasarten, darun-ter das schöne Wollgras sowie die verschiedenen Simsen, Binsen und Seggen mit ihren oft interessant geformten Samenständen.

Viele der genannten Pflanzen lassen sich leicht ansiedeln. Manche von ihnen brauchen allerdings besondere Boden- und Wasserverhältnisse, wobei Nährstoffgehalt und Säuregrad meist den Ausschlag geben. Viel schwieriger ist es, manche Arten daran zu hindern, so zu **wuchern,** daß andere Arten glatt erdrückt werden. Wer also weniger an einer naturwüchsigen Entwicklung als an bestimmten Pflanzenarten interessiert ist, der muß versuchen, das Wuchern unter Kontrolle zu halten. Und das ist gar nicht so einfach.

In Teichen, die mit Dachpappe, Folie oder Beton abgedichtet sind, müssen die Pflanzen ohnehin entweder in vorgeformte Abteilungen oder in Pflanzgefäße gesetzt werden, die je

Ein Teich im Garten

nach Beschaffenheit und Pflanzenart ein Weiterwuchern ziemlich verhindern. Bei Teichen mit natürlicherem Boden ist ein Ausufern vieler Arten selbst mit Pflanzkübeln kaum zu verhindern. Wer hier wirklich für Ordnung sorgen will, muß schon ein System von Mäuerchen in seinen Teich einbringen.

Bei der **Pflanzerde** für Wasserpflanzen ist darauf zu achten, daß sie nicht zu humusreich ist. Auch leichtlösliche Nährstoffe (z. B. Kunstdünger) sind auf jeden Fall zu vermeiden. Beides »eutrophiert« das Wasser, das heißt, es wird durch Humus und Algenbildung trüb. Kiesiger oder sandiger Lehm mit einer Zugabe von Horn-Knochen-Mehl ist wohl das beste Substrat. Das reicht für 2–3 Jahre, und danach müssen die meisten Arten ohnehin umgepflanzt und möglicherweise geteilt werden. Das macht man am besten im Frühjahr vor dem Austrieb.

Auf jeden Fall hüte man sich davor, zuviel Pflanzen und vor allem auch zu viel Pflanzenarten in seinen Teich zu bringen. Für eine Teich- oder Seerosenpflanze darf man eine Wasserfläche von 10 m² rechnen. Im Zweifelsfall ist weniger mehr. Schließlich will man auch noch offene Wasserfläche sehen.

In naturnahen Teichen werden vielfach in einer Vegetationsperiode enorme Mengen an pflanzlicher Biomasse produziert, zu denen im Herbst gegebenenfalls noch der Laubfall umstehender Bäume hinzukommt. Da bildet sich dann schnell eine Moderschicht, die an warmen Tagen dem Wasser allen Sauerstoff entziehen und damit vielen Tierarten die Existenzgrundlage entziehen kann. Da hilft dann nur regelmäßiges Ausräumen im Herbst (mit langen Rechen vom Ufer aus, oder mit hohen Fischerstiefeln). Eine andere Möglichkeit: alle paar Jahre einige Gänse oder Enten zu halten. Das sind dann allerdings Jahre, in denen man außer Entenbraten nicht viel von seinem Teich hat. Wertvollere Pflanzen sollte man dann aber mit Maschendraht schützen.

Auf die Gestaltung der weiteren Umgebung eines Teiches mit Gehölzen wurde im Kapitel »Hecken und Gehölze« bereits eingegangen. Es sei hier noch angefügt, daß die Beschattung

Die Abtrennung von Teichen ermöglicht Fischhaltung und Naturschutz.

Ein Teich im Garten

Im Herbst sollte man gelegentlich einen Teil der Pflanzenmassen entfernen.

des Wassers durch Sträucher oder Bäume vorteilhaft ist für den Sauerstoffgehalt ebenso wie für die Begrenzung der organischen Produktion. Außerdem bietet Gebüsch am Wasser bevorzugte Nistplätze für manche, auch seltenere Vogelarten.

Stauden für den Lebensraum »Feuchtgebiet«

Es sind hier Sumpf- und Wasserpflanzen zusammengefaßt. Die Sumpfpflanzen mit der Kennziffer 6. . . sind Arten der feuchten Ufer, der Naßwiesen und Moore.
Die Wasserpflanzen mit der Kennziffer 7. . . stehen unmittelbar am und im Wasser; die zweite Kennziffer gibt an, ob sie tiefes oder flaches Wasser besiedeln.
Manche Wasserpflanzen wuchern stark und lassen sich kaum wieder zurückdrängen. Man sollte sie daher in Gefäße pflanzen, oder größere Flächen mit Unterwassermauern abteilen. Viele der im folgenden genannten Sumpf- und Wasserpflanzen lassen sich auch in Trögen und anderen Kleinstwasserbecken mit großem Gewinn halten.
Die Bezeichnung »max. 5 cm« heißt, daß es sich um eine Sumpfpflanze handelt, die aber auch einen Wasserstand von maximal 5 cm

verträgt. Die Bezeichnung »min. 5 cm« besagt, daß es sich um eine Wasserpflanze handelt, die einen Wasserstand von mindestens 5 cm braucht.

Die Kennzahl an zweiter Stelle bedeutet:

61 = starkwüchsige, vielfach wuchernde Sumpfstauden
62 = verträgliche Sumpfpflanzen, die zeitweilig flachen Wasserstand ertragen
63 = anspruchsvollere Sumpfpflanzen
71 = Stauden für flaches Wasser (10–30 cm)
72 = Schwimmblattpflanzen für tieferes Wasser
73 = nicht wurzelnde Schwimmpflanzen
74 = Unterwasserpflanzen

Die Kennzahl an dritter Stelle bedeutet:

6×1 = sonniger Stand
6×2 = verträgt leichte Beschattung
6×3 = wärmeliebend, im Winter Abdeckung mit Laub nötig
6×4 = braucht kalkarmen, torfigen Boden und weiches Wasser

7×1 = liebt nährstoffreichen Boden, kalk-
unempfindlich

7×2 = braucht kalkarmen (torfigen)
Boden und weiches Wasser

Die Kennzahl an vierter Stelle bedeutet:

1 = flächenhafte Bodendecker, wenig
verträglich mit anderen

2 = verträgliche Flächenstaude auch für
artenreiche Pflanzung

3 = durch Ausläufer wuchernde Arten,
meist für Flächenpflanzung

4 = wenig wuchernde Arten, die man in
Gruppen pflanzen sollte

5 = stattliche, meist horstige Arten, als
Leitstauden verwendbar, teilweise
auch im Einzelstand

6 = stattliche, durch Ausläufer oder ausladenden Wuchs wenig verträgliche
Solitärstauden

7 = einzeln oder in kleinen Gruppen verteilt zu pflanzen

8 = kurzlebige Arten, bei Aussaat Vorkultur erforderlich oder alle 2–3 Jahre teilen und neu pflanzen

9 = oft kurzlebige Arten, die sich aber
meist selbst aussamen

0 = spezielle Ansprüche gegenüber Standort und Pflege (z. B. Winterschutz)

Blütenstauden und Gräser

6123 *Acorus calamus*, Kalmus: max. 40 cm,
schwertförmige Blätter, Blüten kolbenförmig
unauffällig, wuchernd, 80 cm

7119 *Alisma*, Froschlöffel: max. 20 cm, Blätter
langgestielt, kleine weiße Blüten in lockeren
Doldenrispen, VII–IX, 70 cm

7114 *Butomus*, Schwanenblume: max. 30 cm, Blätter schmal, dreikantig, ziemlich große, rosen-
rote Blüten in Dolden, VI–VIII, 100 cm

7124 *Calla*, Drachenwurz: max. 10 cm, herzförmig,
glänzendgrüne Blätter, grünliche Blütenkol-
ben mit weißer Blütenscheide, VI–VII, 20 cm

7114 *Callitriche*, Wasserstern: min. 10–30 cm, Unterwasserpflanze mit linealen Blättern an ver-
zweigten Stengeln, wichtig für Wasserreinhaltung und Sauerstoffanreicherung

6227 *Caltha*, Sumpfdotterblume: max. 5 cm, herz-
förmige, glänzendgrüne Blätter und glänzend-
goldgelbe Blüten, IV–V, 20 cm

7115 *Carex pseudocyperus*, Zyperngrassegge: max.
35 cm, hellgrüne, überhängende Blätter und
hängende Blütenähren, VI–VII, 80 cm

7414 *Ceratophyllum*, Hornblatt: min. 30 cm, wurzellose Unterwasserpflanze mit geweihartigen
zarten Blättchen in Quirlen, Blüten unscheinbar, VI–IX

6247 *Comarum*, Blutauge: max. 10 cm, Blätter fie-
derteilig, unterseits behaart, Blüten bräunlich-
purpurn, VI–VII, 40 cm

7110 *Cyperus*, Zyperngras: min. 20 cm, schmale,
lang zugespitzte Blätter, die wie ein Schirm am
Ende der Halme stehen, Blütenährchen hell-
gelb, 100–150 cm; Überwinterung bei 20° C im
hellem Raum

6223 *Eleocharis*, Sumpfsimse: max. 20 cm, mit bin-
senartigen Stengelblättern und braunen Blütenährchen an der Spitze, VI–VIII, 40 cm

7413 *Elodea*, Wasserpest: min. 20 cm, Blätter in
dreizähligen Quirlen, untergetaucht, Blüten
erreichen mit langen Stielen die Wasseroberfläche, stark wuchernd

6247 *Eriophorum*, Wollgras: max. 10 cm, Blätter
graugrün, Blüten in aufrechter Ähre, die
Früchte bilden auffällige weiße Wollschöpfe,
IV, 30 cm

6113 *Euphorbia palustris*, Sumpfwolfsmilch: max.
10 cm, Blätter schmal, Blüten grüngelb,
V–VI, 10 cm

7113 *Hippuris*, Tannenwedel: min. 20 cm, Blätter
nadelförmig in Quirlen, Blüten klein und
grünlich, VI–VIII, 40 cm

7120 *Hottonia*, Wasserfeder: min. 20 cm, gefiederte
Blätter, untergetaucht, der Blütenstand er-
hebt sich bis zu 30 cm über das Wasser, Blüten
weiß bis rötlich mit gelbem Schlund

7323 *Hydrocharis*, Froschbiß: min. 20 cm, Blätter
klein, rund mit herzförmigem Einschnitt, auf
dem Wasser schwimmend, Blüten weiß, innen
gelblich (wie winzige Seerosen), VII–VIII,
5 cm

6227 *Iris*, Schwertlilie: max. 5 cm, *I. pseudacorus*,
die gelbe Sumpfschwertlilie bildet mit ihren
langen Blättern kräftige Horste, V–VII, 80–
100 cm; *I. sibirica*, ebenfalls eine heimische
Schwertlilie mit blauen Blüten, ist viel zierli-
cher und steht in lockeren Gruppen, VI, 80 cm

7314 *Lemna*, Wasserlinse: min. 20 cm, *L. trisulca*
mit ihren kreuzweise zusammenhängenden
Blättchen lebt normalerweise untergetaucht
und kommt nur zur Blüte an die Oberfläche,
V–VI; *L. minor* ist die bekannte »Entengrütze«

Seerose *(Nymphaea).*

Teichrose *(Nuphar).*

6123 *Lysimachia thyrsiflora,* Strauß-Goldfelberich: max. 10 cm, gelbe Blüten in dichten Trauben, die in den Blattachseln stehen, VI–VIII, 30 cm

6125 *Lythrum,* Weiderich: max. 10 cm, aufrechte, buschige Staude mit schlanken, scharlachroten Blütenrispen, VII–IX, 150 cm

6113 *Mentha aquatica,* Wasserminze: max. 5 cm, rötlichviolette Blütenköpfchen in den Blattachseln, VI–VIII, 60 cm

7113 *Menyanthes,* Fieberklee: max. 30 cm, lederartige, dreiteilige Blätter (»kleeartig«), schöne gefranste, weißrötliche Blüten in Trauben, V–VI, 30 cm

6330 *Mimulus,* Gauklerblume: *M. ringens,* max. 10 cm, violette Blüten, VI–VII, 80 cm

6214 *Myosotis,* Vergißmeinnicht: bekannte, himmelblaue Blüten, V–IX, 30 cm

7414 *Myriophyllum,* Tausendblatt: min. 30 cm, Blätter dünn-fiederspaltig in Quirlen, untergetaucht, kleine quirlige Blütenähren mit rosa Blüten über der Wasserfläche, VI–VIII

7414 *Nitella,* Armleuchtergewächs: min. 20 cm, feinverästelte Unterwasserpflanze, wertvoll für Wasserreinhaltung

7217 *Nuphar,* Mummel (Teichrose): min. 40 cm max. 200 cm, auf dem Wasser schwimmende rundovale Blätter und kleine, gelbe Blüten, VI–VIII

7213 *Nymphoides,* Seekanne: min. 30 cm, Blätter seerosenartig, Blüten gelb, VII–VIII, 5 cm

7xxx *Potamogeton,* Laichkraut: min. 30 cm, *P. crispus* (7414) mit wellig gekrausten, rötlich überlaufenen Blättern, Unterwasserpflanze, VI–IX; *P. natans* (7214) mit oval-länglichen, ledrigen Blättern, die auf dem Wasser schwimmen, weißliche Blüten in kleiner Ähre, VI–VIII; Laichkraut kann stark wuchern

7xxx *Ranunculus,* Hahnenfuß: *R. aquatilis* (7214) mit nierenförmigen Schwimmblättern und feinzerteilten Unterwasserblättern, über dem Wasser stehende Blüten weiß, VI–VIII, min. 30 cm; *R. lingua* (7114) Blätter lanzettlich, graugrün, Blüten groß, goldgelb, VI–VIII, max. 20 cm, 100 cm

7114 *Sagittaria,* Pfeilkraut: min. 20 cm, pfeilförmige Blätter, Blütenweiß mit purpurrotem Grundfleck, VI–VII, 50 cm

7113 *Scirpus,* Simse: min. 10 cm, verschiedenen Arten mit peitschenförmigen Blatthalmen, Blüten in endständigen Ähren, VI–VIII, 100–150 cm

7113 *Sparganium,* Igelkolben: max. 30 cm, bandförmige Blätter, kugelige Blütenköpfe, die zu Stachelfrüchten werden, VI–VII, 50 cm

7324 *Stratiotes,* Wasseraloe (Krebsschere): min. 30 cm, max. 100 cm, zum größeren Teil untergetauchte Blattrosetten, Blätter stechelig gesägt, brüchig, bräunlichgrün, Blüte weiß, VII–VIII, 10 cm; kann sich durch Ableger stark vermehren

7219 *Trapa*, Wassernuß: min. 15 cm, Blätter rautenförmig, gesägt, zu einer schwimmenden Rosette vereinigt, schöne Herbstfärbung, Blüten unscheinbar, VI–VIII

7113 *Typha*, Rohrkolben: max. 30 cm verschiedene Arten mit schmalen, aufrechten Blättern und auffälligen, braun bis schwarzen Blüten- und Fruchtkolben, 40–250 cm; kann sich stark ausbreiten

7424 *Utricularia*, Wasserschlauch: min. 30 cm wurzellose, fleischfressende Unterwasserpflanze mit feinzerteilten Blättern, die goldgelben Rachenblüten erheben sich über das Wasser, VII–VIII

6123 *Veronica beccabunga*, Bachbunge: max. 10 cm Blätter elliptisch, etwas fleischig, blaue Blüten in lockeren Trauben, 40–60 cm, V–X

Tiere im und am Wasser

Wer Wasser nur als Seerosenfläche und ästhetischen Spiegel betrachtet, bleibt im wahrsten Sinne an der Oberfläche. Die ganze Wunderwelt dieses Lebensraumes erschließt sich einem erst, wenn man hineingeht. Natürlich ist das im Fall des Teiches nicht wörtlich zu nehmen. Im Gegensatz zu marinen Felsküsten und Korallenriffs verträgt die Lebensgemeinschaft Teich keine Besuche des Menschen. Wir müssen uns mit dem Blick von außen begnügen, den wir allerdings auf zweifache Weise wesentlich vertiefen können: durch das Mikroskop und durch das Tümpel-Aquarium (s. S. 161). Die ganze Formenvielfalt eines Teiches beginnt im Bereich des Mikroskopischen, beim **Plankton.** Zu den im Wasser schwebenden Kleinorganismen gehören Pflanzen ebenso wie Tiere. Man unterscheidet entsprechend zwischen Phytoplankton und Zooplankton – obwohl diese Unterscheidung bei manchen Gruppen gar nicht so einfach ist.

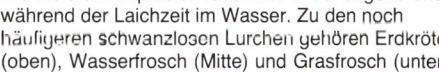

Die meisten Amphibien leben nur in der Jugend und während der Laichzeit im Wasser. Zu den noch häufigeren schwanzlosen Lurchen gehören Erdkröte (oben), Wasserfrosch (Mitte) und Grasfrosch (unten).

Ein Teich im Garten

Charakteristisch für nährstoffreiche Teiche sind Mengen von Grünalgen der Gattungen *Pediastrum, Scenedesmus, Dictyosphaerum* und andere. Außerdem kommen die sehr ursprünglichen Blaualgen vor sowie Geißelalgen, zu denen die häufigen, koloniebildenden *Volvox*-Arten gehören, und die schönen, grünen Augentierchen (*Eugelna*-Arten). Wie gesagt, ist in dieser Welt des Kleinen die Trennung in Pflanzen und Tiere (siehe die Kapitel über die Pflanze und das Tier) noch nicht so deutlich, und gerade bei den Geißelalgen finden wir alle möglichen Übergänge und Zwischenformen.

Von all diesen winzigen Pflanzenwesen sehen wir mit bloßem Auge gewöhnlich nichts. Schon gar nichts dann, wenn sie nicht im freien Wasser schweben, sondern (wie z. B. viele Kieselalgen) auf dem Grund leben. Nur unter bestimmten Bedingungen kommt es zu so gewaltiger Vermehrung des Phytoplanktons, daß wir eine Verfärbung des Wassers beobachten können. Man nennt das **Wasserblüten.** Gelbliche oder bräunliche Verfärbung deutet auf Geißelalgen hin (speziell auf Panzerflagellaten, wie *Ceratium* und *Gymnodinium*), grünliche auf Grünalgen (*Scenedesmus*- oder *Volvox*-Arten) und schmutziggrüne auf Blaualgen. Nur ein Mikroskop eröffnet uns diese Welt der unglaublichen Formen, Farben und Bewegungen (s. S. 159).

Das **Zooplankton** des Teiches enthält einige Vertreter der Einzeller oder Urtierchen, vor allem einige Wimpertierchen, die sich durch flimmernde Bewegungen ihrer Wimpern Nahrung zufächeln. Mit bloßem Auge sind Rädertierchen und vor allem die zu den Kleinkrebsen zählenden Hüpferlinge und Wasserflöhe als kleine, meist helle, zuckende Pünktchen im Teich und besser noch im Tümpel-Aquarium zu erkennen. Sie bilden manchmal ganze Wolken im Wasser. Die **Hüpferlinge** oder Ruderfußkrebse (Copepoden) besitzen ein Paar kräftig ausgebildete Fühler (Ruderantennen), mit denen sie ruckartig schlagend sich fortbewegen. Die weniger stromlinienförmig, mehr rundlich gebauten **Wasserflöhe** (Cladoceren) schwimmen ebenfalls mit einem ihrer beiden

Fühlerpaare, beziehungsweise kompensieren von Zeit zu Zeit mit hüpfenden Bewegungen ihr langsames Absinken. Ihr Körper ist seitlich von zwei Schalen eingehüllt, zwischen denen sich auch die Eier entwickeln. Ein großes Auge und ein in der Nackengegend schlagendes Herz sind wie alle übrigen Organe dieser durchsichtigen Tierchen gut zu beobachten. Diese Kleinkrebse leben hauptsächlich von einzelligen Algen und stellen selbst eine wichtige Nahrungsgrundlage für viele andere Tierarten dar.

Groß ist die Zahl der **Insektenarten** in und am Wasser. Von vielen Arten leben nur die Larvenstadien im Wasser, während die erwachsenen Tiere (Imagines, Einzahl Imago) oft fernab vom Ort ihrer Geburt und Kindheit leben. Da bekanntlich die Ähnlichkeit zwischen Larve und Imago oft minimal ist (z. B. Raupe – Schmetterling), fällt die Bestimmung oft schwer. Wer denkt schon, daß die wurm- bis lindwurmartigen, bräunlich-häßlichen Gestalten, die man am Teichgrund und zwischen den Wasserpflanzen findet, Jugendstadien von Eintagsfliegen und Steinfliegen, von Schlamm- und Köcherfliegen, von Mücken, Libellen und Käfern sind? Es gibt allerdings auch eine ganze Reihe von Gliederfüßlern, die ihr ganzes Leben im Wasser verbringen: Viele Milben- und einige Spinnenarten, sowie verschiedene **Käferarten,** darunter der bekannte, mächtige Gelbrand, der kleine Furchenschwimmer, der schwarzglänzende Taumelkäfer (der wie betrunken auf der Wasserfläche herumsaust), der große, schwarze Kolbenwasserkäfer und andere. Zu den **Wanzen** gehören Wasserskorpion, Stabwanze, Schwimmwanzen und der häufige Rückenschwimmer, der zu den stechlustigsten Wanzen gehört. Eine durch ihre Lebensweise besonders auffällige Wanzenart ist der Wasserläufer und der ihm nah verwandte, aber viel schlankere Teichläufer. Es ist ein Schauspiel besonderer Art, diesen leichtfüßigen Tieren an warmen Sommertagen bei ihren merkwürdigen Sprüngen und Tänzen zuzuschauen.

Zu reden wäre schließlich auch von den verschiedenen **Würmern,** die im Schlamm und

Moder des Teiches oft in großer Zahl leben, darunter der bei Aquarienfreunden als Fischfutter geschätzte, rote Schlammröhrenwurm oder Tubifex.

Recht zahlreich sind auch in vielen Teichen verschiedene **Egel**-Arten, die sich entweder mit ihrem vorderen und hinteren Saugnapf »spannend« auf dem Untergrund fortbewegen oder elegant wellenförmig schwimmen. Es sind meist Rüsselegel, die Wasserschnecken aussaugen oder sich an Fische anheften. Der zu den Kieferegeln zählende medizinische Blutegel ist eher eine Seltenheit.

Von den erwähnten **Wasserschnecken** werden wir insbesondere die Spitzschlammschnecke und die Teller- und Posthornschnecke antreffen, dazu vielleicht Schlammschnecken und Sumpfdeckelschnecken – je nach Gegend und Beschaffenheit des Teiches.

Viel bekannter als die meisten dieser kleineren und oft versteckt lebenden Tierarten des Teiches sind die unübersehbaren und noch viel mehr unüberhörbaren Vertreter der Wirbeltierklasse: **Frösche** und **Kröten**. Von den 25 Arten schwanzloser Lurche, die in Europa leben (weltweit gibt es etwa 4000 Froschlurcharten, die meisten davon in tropischen Regenwäldern), ist in einem gewöhnlichen Gartenteich nur mit einigen wenigen Arten zu rechnen, was die manchmal nicht so ganz einfache Bestimmung erleichtert.

In der Regel wird man es in seinem Teich entweder mit Erdkröten, »Grünfröschen« oder »Braunfröschen« zu tun haben, die auch einigermaßen leicht voneinander zu unterscheiden sind:

Die **Erdkröten** haben eine ausgesprochen warzige Haut von gewöhnlich bräunlich-gräulicher Farbe mit Spielarten von sandfarben bis rötlich und oliv. Die Weibchen sind viel größer als die Männchen. Ihren nicht lauten, aber tragenden Ruf hört man vor allem nachts: ein ziemlich hohes, rauhes »oäck« zwei- bis dreimal je Sekunde. Ihr Laich besteht aus schwarzen Eiern in zwei- bis dreireihigen Schnüren.

Zu den ausgesprochen ruffreudigen, auch tagsüber sehr aktiven, lauten »Quakern« im und am Wasser gehören drei grünlich gefärbte

Froscharten, die »**Grünfrösche**«. Da gibt es den sehr großen Seefrosch, den fast nur halb so großen Kleinen Teichfrosch und eine Zwischengröße: den Wasserfrosch, der sich als Kreuzungsprodukt aus See- und Teichfrosch herausgestellt hat. Im allgemeinen wird man sich bei so verwirrenden Verwandtschaftsverhältnissen auf die Bestimmung »Grünfrosch« beschränken.

Etwas leichter tut man sich bei den »**Braunfröschen**« deswegen, weil von den drei in Mitteleuropa zu erwartenden Arten – Grasfrosch, Moorfrosch und Springfrosch – nur der Grasfrosch einigermaßen häufig ist. Man erkennt ihn nicht nur an seiner bräunlicheren Grundfarbe und an dem für die Braunfrösche typischen dunklen Ohrenfleck, sondern auch an seinen ganz anderen Rufen: ein dumpfes Knarren oder Grunzen, das weder mit dem »oäck-oäck-oäck« der Kröten, noch mit dem lautschallenden Quaken der Grünfrösche zu verwechseln ist.

Je nach geographischer oder topographischer Lage kann man noch mit folgenden Arten der Froschlurche in Mitteleuropa rechnen: in Waldnähe mit der Gelbbauchunke, in steinigem Gelände mit der Geburtshelferkröte, in sandigen Gegenden mit der Knoblauchkröte, der Kreuzkröte und der Wechselkröte oder Grünen Kröte und schließlich in Auwaldnähe mit dem unverwechselbaren, aus Büschen und Bäumen eilig »singenden« Laubfrosch. Zur näheren Bestimmung dieser viel selteneren und in vielen Gegenden überhaupt nicht (mehr) vorkommenden Arten, sei auf entsprechende Bestimmungsbücher verwiesen.

Von den **Schwanzlurchen** kann man mit dem prächtig gefärbten Bergmolch und dem unscheinbaren Teichmolch rechnen. Der wie ein kleiner Drachen aussehende Kammolch ist ziemlich selten (geworden), und der dem Teichmolch ähnliche Fadenmolch ist eine mehr westeuropäische Art, die auch mehr langsam fließende Bäche und Gräben zur Paarung und Eiablage aufsucht.

Außer den Grünfröschen und Unken, die einen großen Teil ihres Lebens am und im Wasser verbringen, sind eigentlich alle anderen

Ein Teich im Garten

Schlankjungfern (Kleinlibellen).

hier genannten Amphibienarten als erwachsene Tiere überwiegend **Landbewohner.** Daß man sie in ihren terrestrischen Lebensräumen nicht häufiger trifft, hängt mit ihrer nächtlichen Lebensweise zusammen. Denn gegen Sonne und Austrocknung sind sie alle empfindlich. Um zu einem Laichgewässer zu kommen, legen sie oft große Strecken (einige Kilometer) zurück. Daraus geht schon hervor, daß es ganz unsinnig ist, erwachsene Amphibien in seinem Gartenteich ansiedeln zu wollen. Wenn ein Teich als Laichgewässer geeignet ist, dann wird er im Lauf der Jahre mit Sicherheit auch angenommen – denn leider ist ja die Auswahl nicht mehr groß.

Noch ein Wort zum Thema **Fische.** Obwohl viele heimische Fischarten unter der allgemeinen Gewässerverschmutzung so zu leiden haben, daß viele von ihnen bereits verschwunden sind oder sich nur noch halten können, weil Brutanstalten sich der besonders gefährdeten Brut annehmen, und Sport- und Berufsfischer ständig Jungfische aussetzen, erscheint mir das dahinterstehende wirtschaftliche oder sportliche Interesse in unserer Bevölkerung genügend stark vertreten zu sein, als daß im Zusammenhang mit dem Naturgartengedanken auch noch für den Fischschutz geworben werden müßte. Im Gegenteil: So viele natürliche und künstliche Gewässer dienen heute einer forcierten Fischzucht, daß ein Teil des Dilemmas

etwa der Amphibien daraus zu erklären ist. Da ein starker Fischbesatz unweigerlich das Ende fast aller oben erwähnten Arten bedeutet, kann ich nur eindringlich dafür plädieren, zugunsten des artenreichen Tierlebens im Wasser und vor allem zugunsten der so immens bedrohten Amphibien, **möglichst vollständig auf Fische zu verzichten.** Denn auch die überwiegend schlamm- und pflanzenfressenden »Friedfisch«-Arten entziehen den komplexen Nahrungsketten des Teiches die Grundlage. Und den Laich von Amphibien fressen alle Fischarten gern. Wer unbedingt auf Fische nicht verzichten will, dem sei empfohlen, ein gesondertes Fischbecken einzurichten oder seinen Teich mit einer um Pfosten geflochtenen Weidenwand oder mit entsprechenden Mauern so abzutrennen, daß auch Jungfische nicht in den »Naturschutzteil« hinüberkönnen (s. Abb. S. 119).

Mancher mag an dieser Stelle die Erwähnung von **Wasservögeln** vermissen. Typische Wasservogelarten brauchen in der Regel wesentlich ausgedehntere Feuchtgebiete, als wir sie ihnen im Garten bieten können. Unter bestimmten Bedingungen kann wohl einmal ein Stockentenpaar sich vorübergehend oder auch zur Brut niederlassen. Auch das Teichhuhn könnte mal auf einem abgelegenen Gartenteich sein Nest bauen. Wo junge Fische locken und eine entsprechende Umgebung ist, kann gelegentlich der Eisvogel zu Besuch kommen. Die Bachstelze brütet gerne an Gebäuden und jagt am Weiher nach Insekten. Der auch nachts ungemein phantasievoll singende Sumpfrohrsänger liebt dichtes Staudengestrüpp als Nistplatz, besonders wenn es in der Nähe von Wasser ist. Mehr darf man nicht erwarten.

Wenn also auch die unmittelbare Auswirkung auf die Ansiedlung von ausgesprochenen Wasser- und Ufervögeln durch den Bau eines Gartenteiches im allgemeinen gering sein dürfte, so gehen andererseits vielfältige positive Wirkungen auf das allgemeine Vogelleben des Gartens von der reichen Tier- und Pflanzenwelt eines Gewässers aus. Darum noch einmal: Es lohnt sich einiger Aufwand.

Steine, Felsen, Mauern

Der klassische Steingarten ist in Verruf geraten – und das nicht ohne Grund. Was man da landauf, landab an den Steilböschungen zu hoch übers Gelände geratender Einfamilienhäuser an grellbunten Polsterpflanzen, an exotischen Krüppelkoniferen und Bodendecker-Monokulturen mit und ohne zufälligen Steinen dazwischen zu sehen bekommt, das kann einem wahrlich die Lust verderben. Umgekehrt geht es einem beim Anblick eines fachmännisch angelegten Alpinums, etwa in einem botanischen Garten. Da bekäme man Lust, verzagt aber sogleich wieder, wenn man die Mühen und Kosten einer solchen Anlage bedenkt.

Dieses Kapitel soll dazu dienen, Mut zu machen zur vielfältigsten Verwendung von Natursteinen im Garten. Fels und Stein sind in unserem Klima, wo es kaum vegetationsfreie Böden (Wüsten) gibt, zusammen mit dem Wasser das anorganische Gegenstück zu Pflanze und Tier. Und es sind wie immer die Grenzen, die Berührungsflächen – zwischen Wasser und Land, zwischen Stein und Boden, zwischen Wasser und Stein usw. – wo die erstaunlichsten pflanzlichen und tierischen Formen auftreten. Früher betrachtete man diese Grenzorte in besonderem Maße als Lebensstätten von Naturwesen, von Elfen, Gnomen, Nymphen und Zwergen. Vielleicht sind die in Steingärten besonders beliebten Gartenzwerge eine harmlose Erinnerung daran.

Bevor wir uns Gedanken darüber machen, wie das steinige Element im Naturgarten am besten zu verwenden ist, sollten wir zuerst wieder die uns umgebenden Landschaften daraufhin betrachten. In unserer unmittelbaren Wohnumgebung kommen Natursteine heute leider

Solche Steingärten lassen in ihrer Natürlichkeit die Hand des Menschen kaum erkennen.

nur noch wenig vor, nachdem die Naturstein-mauer vom Beton und das Granitpflaster vom Asphalt abgelöst worden ist. Auch die wunderschönen alten Weinbergmauern und die in Jahrhunderten entstandenen Rainwälle aus Feldsteinen, die Generationen von Bauern aus dem Acker getragen haben, sind mit all ihren seltenen Pflanzen und Tieren nur noch in den »rückständigsten« Gebieten Europas zu finden.

Der Ökologe Ellenberg ordnet die »Gesteins-fluren« den wüstenähnlichen Ökosystemen zu und unterscheidet Gesteins-Schuttfluren am Fuße von Felswänden, von denen Steine herabwittern, und Felsfluren, das sind steile Felsen, die von Gefäßpflanzen nur in feinerdehaltigen Spalten oder als Epilithen (auf Steinen lebende Pflanzen, wie die Flechten) besiedelt werden können.

Kaum abzugrenzen gegen diese klassischen Gesteinsfluren der Gebirge sind z. B. Kiesbetten von Gebirgsflüssen und vom Menschen geschaffene Aufschlüsse oder Aufschüttungen, als da sind Steinbrüche und Kiesgruben, Straßen- und Bahndamm-Böschungen, Abraumhalden und dergleichen. Manche dieser **Sekundärbiotope** haben sich im Lauf der Zeit zu interessanten Lebensgemeinschaften entwickelt, von denen wir allerlei auch für den Naturgarten lernen können, zumal dort, wo natürliche Fels- und Schuttfluren nicht in erreichbarer Nähe sind.

Ausklammern aus unseren Betrachtungen sollten wir jedoch die Kiesbetten der Gebirgsflüsse, da sich weder deren Bedingungen noch deren weitere ökologische Entwicklung (zum Auwald) im Garten nachahmen läßt. Wir sollten daher auch in der Regel auf die Verwendung von Grobkies und Wacken verzichten, es sei denn, jemand habe sich absolut eine Steinsteppe in den Kopf gesetzt, wie man sie etwa im Gebiet der Rhonemündung (La Crau) finden kann.

Betrachten wir unsere natürlichen Gesteinsfluren näher, so werden wir bald nicht nur zwischen Fels und Schutt unterscheiden. Besonders ins Auge stechend sind die Unterschiede der **Gesteinsarten.** Ein Bewohner des Rheinlands findet in seiner Umgebung Schiefer- oder Tuffgesteine. Im Harz und Bayerischen Wald trifft man auf Granit. Auf der Schwäbischen Alb, im Fränkischen Jura und in großen Teilen der bayerischen Alpen tritt Kalkgestein zutage. All diese und viele andere Gesteinsarten bedingen zum Teil sehr auffällige Unterschiede in der Vegetation und in den großen Landschaftsformen. Sehr vereinfacht kann man unterscheiden zwischen kalkreichem Gestein und kalkarmen, meist silikatreichen Gesteinen. Und in der Regel sind die Bergformen um so weicher und runder, je härter das Gestein ist, und umgekehrt: Granitgebirge wirken sanft gewellt, Kalkgebirge schroff und zerfurcht.

Für unseren Garten sind vor allem die **Beziehungen zwischen Gesteinsart und Flora** von Bedeutung. Wenn wir halbwegs natürliche Bedingungen schaffen wollen, dürfen wir nicht irgendwelche Gesteinsarten zusammenwürfeln und müssen uns auch mit der Auswahl der Pflanzen daran halten, was die Natur vorgibt. Es gibt – wie wir schon sahen (s. S. 45 ff.) – ausgesprochen kalkbedürftige Arten und ebenso

Natursteinmauern sind schön und voller Leben.

Alte Steinbrüche können Vorbild für standortgemäße Bepflanzung sein.

ausgesprochen kalkfliehende Arten. Und daneben gibt es eine recht große Zahl von Pflanzenarten, denen der Gehalt an Humussäure, die Bodenfeuchtigkeit, Schatten oder Licht und dergleichen wichtiger ist als der Kalkgehalt.

Viele dieser »bodenvagen« Arten unserer natürlichen Gesteinsfluren eignen sich sehr gut für normale Gartenerde, wenn wir ihre sonstigen Bedürfnisse berücksichtigen. Und wenn wir nach denen Umschau halten, so stellen wir fest, daß es doch sehr viele natürliche Standorte allein im Bereich der Gesteinsfluren gibt. Viele Arten sind, wie man nicht anders erwarten würde, ausgesprochen **lichtbedürftig** und unempfindlich gegen starke Temperaturschwankungen. Aber es gibt auch typische schatten- oder halbschattenliebende Pflanzen im Gebirge, die auf Nordhängen, im Schatten größerer Felsbrocken oder auch im Schatten von Bäumen und Büschen leben. Und es gibt

vor allem enorme Unterschiede hinsichtlich der Wasserbedürftigkeit: manche lieben extreme **Trockenstandorte,** wie man sie etwa in Felsspalten findet, andere lieben ständig von Wasser durchströmten Gesteinsschutt (»frische« Böden) oder sehr feuchte, humusreiche Böden (**Moore**). Wieder andere konkurrieren mit Gräsern und vielen anderen Arten auf **Matten,** Weiden und Naturwiesen.

Wege zum naturnahen Steingarten

Sinnvollerweise wird man mit der Gesteinsart beginnen, die in unmittelbarer Umgebung zu finden ist. Am besten wäre es natürlich, man könnte gleich eine ganze Lastwagenladung von Gesteinsbrocken verschiedener Größe – von nicht mehr tragbaren bis hinunter zum Gesteinsgrus – bekommen, oder auch zwei oder drei Wagenladungen, je nach Größe der vorgesehenen Fläche. Andererseits gerät man bei dieser Methode leicht unter den Zwang, das ganze Material auf einmal verarbeiten und bepflanzen zu müssen, was weder dem eigenen Wohlbefinden, noch unbedingt der Anlage dient. Auch im Gebirge läßt sich die Natur viele Jahrzehnte, oft Jahrhunderte Zeit mit der »Bepflanzung« und der Auswahl der Arten. Es ist deswegen vielleicht gar nicht der schlechtere Weg, wenn man über eine lange Zeit – das können mehrere Jahre sein – immer wieder einmal von seinen Ausflügen ein paar Steinbrocken im Auto mit heimbringt, seinen Schatz zunächst einmal zu einem kleinen Haufen anwachsen läßt und dann so nach und nach die dafür vorgesehene Fläche damit gestaltet. Einziger Nachteil dieser Art des Vorgehens: die Größe der Steine ist nach oben eng begrenzt.

Wer am Fundort seiner Steine die Augen offen hatte, der wird festgestellt haben, daß die Steine nicht beliebig im Boden stecken oder auf-

Aus Natursteinen errichtete Steinbeete (oben) und Stützmauern (unten).

einander ruhen. Immer wieder wird der begreifliche Fehler gemacht, so viel wie möglich von den mühsam erworbenen Steinen sichtbar zu lassen und sie in einer ganz unnatürlichen Weise – wie Speck in den Braten – zu stecken. Steine müssen grundsätzlich auf ihrer breitesten Seite liegen und so in das umgebende Erdreich eingebettet sein, wie Steine nach hundert oder tausend Jahren durch Regen und Wind eingebettet sind. Denn, wie gesagt, so lange braucht die Natur, bis sie die Art von Vegetation geschaffen hat, auf die wir es abgesehen haben.

Am besten ist es, wenn die Steine nicht nur mit ihrer Unterseite, sondern auch seitlich (bis zu ihrer Oberkante) mit Boden in Berührung kommen. Nur so bekommen wir bei nichtklüftigem Gestein die besonders reizvolle und für viele Gesteinspflanzen charakteristische Möglichkeit der Polsterbildung **auf** dem Stein. Aus diesem Grund und weil natürliche Geröll- und Blockhalden ohnehin meist hängig sind, entstehen die schönsten Steingärten an **Böschungen.** Wenn sie nach Süden geneigt sind, empfangen sie außerdem das für den Standort höchste Maß an Sonneneinstrahlung – und das brauchen viele typische Hochgebirgspflanzen. Auch der Wasserabzug ist auf diese Weise am besten geregelt, denn die meisten Gesteinspflanzen vertragen alles mögliche, nur keine stehende Feuchtigkeit.

Wo das natürliche Gelände keine Böschungen aufweist, muß durch ein grobes Schotterbett im Untergrund für ausreichende Dränage gesorgt werden. Wenigstens ein geringes Gefälle bekommt man, wenn man seinen Steingarten (was sich auch aus anderen Gründen empfiehlt) nicht irgendwo mitten ins Gelände setzt, sondern an eine Mauer »anlehnt«. Das kann eine Hausmauer sein, oder aber auch eine kleine, sinnvoll in die Gesamtanlage des Gartens passende Natursteinmauer, oder ein kleiner Wall aus Steinen, oder eine Reihe in den Boden gerammter, kräftiger Rundhölzer, oder Eisenbahnschwellen senkrecht oder waagrecht. Da gibt es viele Möglichkeiten zur Schaffung einer kleinen Böschung, auch eine Art Hügelbeet.

Aber verlieren wir uns nicht in Einzelheiten. Wichtig ist, die Steine im Garten so zu verwenden, daß daraus ein möglichst **naturnaher Lebensraum** werden kann. Das heißt, die Steine sollen nicht nur wie vereinzelte Verzierungen herumliegen, gewissermaßen als Rechtfertigung für ein Blumenbeet mit Gesteinspflanzen. Der Stein muß als eigenständiges Element zur Geltung kommen. Und es sollten dabei auch die für die Tierwelt besonders bedeutsamen Ritzen, Spalten und Höhlungen entstehen, die einen ebenso wichtigen wie selten gewordenen Lebensraum darstellen. Unter Umständen ist ein bloßer Haufen Feldsteine ökologisch wertvoller und interessanter als die zierlichste Steingartenanlage.

Beides vereinen läßt sich sehr schön mit **Trockenmauern.** Das sind Natursteinmauern aus behauenen oder unbehauenen Steinen, die ohne Mörtel aufgeschichtet werden. Als Stützmauern am Hang sind sie genauso nützlich und schön, wie als freistehende Mauern – etwa in Sitzhöhe zur Abgrenzung der Terrasse. Es ist eine kleine Kunst, solche Mauern zu bauen, aber eine erlernbare. Zu achten ist vor allem darauf, daß solche Mauern stabil stehen. Bei einer Höhe von 1 m sollte eine freistehende Mauer an der Basis 0,80–1 m breit sein und sich nach oben auf etwa die halbe Breite verjüngen. Gleichzeitig sollten die Steine leicht nach innen geneigt verlegt werden. Das gilt besonders für Stützmauern am Hang, die grundsätzlich nicht höher als maximal 1,50 m sein sollten, mit einer Neigung zum Hang von 10–20%. Schon während des Aufbauens der Trockenmauer ist dort Erde einzufüllen, wo später Gesteinspflanzen aus den Spalten wachsen sollen. Für Tiere sind aber auch erdfreie Höhlungen und Ritzen freizulassen.

Hauswurz (Sempervivum).

Pflanzen

Bei der Auswahl der Pflanzen kann man gar nicht vorsichtig genug sein. Da gibt es zwei Extreme. Im einen Fall überläßt man die Besiedlung seiner Gesteinsflächen vollständig der Natur, unterstützt diesen Besiedlungsprozeß allenfalls durch Samen und einzelne Pflanzen vom Herkunftsort des Gesteins. Das andere Extrem ist die massenhafte Anpflanzung der wenigen üblichen Steingartenpflanzen, die sich durch enorme Farbenpracht und gewaltigen Wuchs auszeichnen. Da findet man vor allem immer wieder den knallbunten Dreiklang von Steinkraut (Alyssum, gelb), Blaukissen (Aubrieta) und Flammenblume (Phlox subulata, rot). Dazu vielleicht noch die nicht minder grellen Blütenkissen von Seifenkraut (Saponaria ocymoides, rot), Glockenblume (Campanula portenschlagiana, blau) und Gänsekresse (Arabis, weiß). Es handelt sich dabei meist um Exoten oder Kulturformen. Ihr Hauptnachteil aber ist, daß nach stürmischer Frühlingspracht der Rest des Jahres nicht mehr viel Sehenswertes bringt.

Wer seine Steinanlagen nur aus dem nächstbesten Garten-Center bestückt, der verschenkt alle Möglichkeiten dieses interessanten Standorts. Gewiß sind Polsterstauden und Zwergsträucher typisch für viele Geisteinsstandorte.

131

Keulenenzian *(Gentiana kochiana).*

Alpenveilchen *(Cyclamen coum).*

Auch kräftige Farben findet man besonders in der Hochgebirgsflora. Aber da herrschen nirgends Jahrmarktsfarben, und die Farbtupfer sind wie seltene Edelsteine in einer rauhen, unwirtlichen Welt. Dazu kommen die unglaublich vielfältigen Formen: die zarten Gräser, die merkwürdigsten Blattformen und Rosetten. Auch Flechten, Moose und Farne gehören zu den natürlichen Gesteinsfluren. Man muß es einfach immer wieder anschauen und daraus lernen.

Es kommt überhaupt nicht darauf an, eine ökologisch lupenreine Kopie eines Hochgebirgsstandorts anzustreben, oder gar eine Sammlung von Raritäten. Im Gegenteil: gerade die gewöhnlichsten Pflanzen steiniger Standorte eignen sich am allerbesten zur Bepflanzung, da sie anspruchslos, robust und doch fast immer im höchsten Maße auch dekorativ sind. Ganz gewöhnliche Gräser und Sauergräser, Fetthennen, Hauswurz- und Steinbrech-Arten zieren den Steingarten zuverlässiger (und ganzjährig!), als ausgefallene Prachtexemplare.

Trotzdem braucht man auf Farbe nicht zu verzichten. denn viele der häufigen heimischen Arten blühen wunderschön. Und außerdem ist überhaupt nichts dagegen einzuwenden, die eine oder andere Art aus Gebirgen anderer Erdteile mitzuverwenden, wenn sie passen. Sie werden von Fachgärtnereien in großer Zahl angeboten. In diesen **Staudengärtnereien** gibt es auch ungewöhnlichere einheimische Arten, solche auch, die wir keinesfalls aus der freien Natur holen sollten, weil sie selten, in ihrem Bestand gefährdet und oft auch geschützt sind. Jeder Pflanzenliebhaber muß sich selbst die Verpflichtung auferlegen, sich darüber zu informieren, welche Pflanzen unter Naturschutz stehen, welche Arten als gefährdet in den »Roten Listen« stehen und in welchen Gebieten (z. B. Naturschutzgebieten) grundsätzliches Sammelverbot besteht. In den neueren Bestimmungsbüchern sind die gefährdeten und geschützten Arten gekennzeichnet. Wenn irgend möglich, sollte man ohnehin nur die Samen wildwachsender Pflanzen für seinen Garten nehmen.

Stauden für den Lebensraum Steingarten

Der Begriff Steingarten ist weit zu fassen, Es sind darunter alle Anlagen unter Verwendung von Natur- und Kunststeinen sowie Beton zu verstehen: naturgemäße Fels- und Geröllpartien, Trockenmauern, Terrassen, Steintreppen, Plattenwege und Mauern im Zusammenhang mit Gebäuden. Die Kennzahlen weisen auf besondere Ansprüche und Verwendungsmöglichkeiten hin.

Die Kennzahl an zweiter Stelle bedeutet:

1 = wüchsige Polsterstauden besonders für Steinfugen und Mauerkronen

2 = unempfindliche, zumeist üppig wachsende, farbenkräftige polster- und mattenbildende Stauden einschließlich Zwiebelgewächse (vielfach Kulturformen)

3 = Mattenstauden, vor allem aus alpinen Rasengesellschaften

4 = Pflanzen der Felssteppen, besonders für Schottenflächen auf Steinterrassen und andere vorwiegend warme, sonnige Plätze in Hausnähe. Es sind mehr oder minder wuchskräftige, teils stattliche Stauden, die dem Lebensraum »Freifläche« nahestehen.

5 = anspruchsvollere, zumeist alpine Arten für möglichst naturnahe Anlagen, insbesondere für das Alpinum

Die Kennzahl an dritter Stelle bedeutet:

1 = normaler, sandig-lehmiger, kalkhaltiger Boden bei überwiegend sonniger Lage

2 = sonnige, bodenfrische bis trockene Kalkschotterflächen und Felsfugen

3 = halbschattige Plätze im Steingarten, an Trockenmauern und Hängen

4 = absonnige Felsspalten und schattige Plätze mit Kalkschotterböden

5 = kalkarme, frische bis feuchte Böden in sonniger bis halbschattiger Lage

6 = kalkfreie, überwiegend trockene Schotterflächen in sonniger Lage

7 = kalkfreie, feuchte Schotterflächen in überwiegend absonniger Lage

8 = nässeempfindliche Arten für warme, sonnige Plätze mit kalkschotterdurchsetztem Boden oder entsprechende Felsspalten

Blütenstauden

5411 *Acaena,* Stachelnüßchen – immergrüne Bodenbedecker mit schöner Belaubung, unscheinbaren Blüten, aber zierenden Fruchtständen im August, verschiedene Arten mit silbergrüner, graublauer, braungrüner und braunroter Belaubung, 10 cm

5580 *Acantholimon,* Igelpolster – stachelige Blattpolster und rosarote Blütenähren, 10 cm

5327 *Achillea,* Schafgarbe – die niedrigen Arten *A. conjuncta* und *A. serbica* mit silbergrauen Blättern und weißen, doldigen Blütenständen, 15 cm

5324 *Alchemilla,* Frauenmantel – *A. erythropoda* und *A. hoppeana* mit ornamentalen Blättern und grünlichgelben Blüten, 10–15 cm

541x *Allium,* Blumenlauch – elegante Zwiebelgewächse mit kugeligen Blütendolden in verschiedenen roten und blauen Farben, die meisten Arten sind gesellig zu pflanzen, 20–100 cm

Polstersteinbrech *(Saxifraga 'Haagi').*

Steine, Felsen, Mauern

5217 *Alyssum,* Steinkraut – anspruchsloser Frühjahrsblüher mit solbrigem Laub und strahlend gelben Blüten, 15–30 cm

5588 *Anacyclus,* Ringblume – mit fiederteiligen Blättern und weißen, unterseits roten, kamilleartigen Blüten, V–VI, 5 cm

5413 *Anaphalis,* Perlkörbchen – robuste Staude mit silbrig behaarten Blättern und weißen Blütendolden (strohblumenähnlich), VII–VIII, 40 cm

5132 *Androsace,* Mannsschild – mit seidig behaarten Blattrosetten und primelartigen, rosa Blütendolden, V–VI, 10 cm

5424 *Anthemis biebersteiniana,* Bergkamille – reichblühend mit feinzerteilten Blättern und gelben Blüten, V–VI, 25 cm

5537 *Aquilegia akitensis,* Akelei – eine niedrige Art mit tiefblauen Blüten und weißen Honigblättern, V–VI, 15 cm

5214 *Arabis,* Gänsekresse – dankbar blühende Staude in mehreren Sorten mit rosa und weißen Blüten, IV–V, 10–20 cm

5580 *Arenaria,* Sandkraut – alpine Staude mit graugrünen Blättern und weißen Blüten, VI–VII, 5 cm

5527 *Armeria,* Grasnelke – *A. caespitosa* mit immergrünen, grasartigen, kugeligen Blattpolstern und rosa Blütenköpfchen, IV–V, 5 cm

5413 *Artemisia,* Edelraute – eine elegante, silbergraue Wildstaude mit unscheinbaren Blüten, VI–VII, 70 cm

5587 *Asperula,* Waldmeister – vor allem *A. nitida* mit dunkelgrünen Blattpolstern und rosa Blüten, VI–VII, 5 cm

5414 *Asphodeline,* Junkerlilie – schöne Staude mit dünnen, blaugrünen Blättern in grundständiger Rosette und gelben Blüten in Trauben an starken Schäften, V–VI, 80 cm

5410 *Asphodelus,* Affodill – ungewöhnliche, sehr langlebige Staude für geschützte Standorte mit schopfartigen Blättern und dichter weißer Blütentraube an langem Schaft, V–VI, 100 cm

5xxx *Aster,* Frühlingsastern – niedrige Arten wie *A. alpinus* (5320), *A. andersonii* (5512), *A. tongolensis* (5314) in verschiedenen Sorten mit unterschiedlichen Farben, V–VI, 10–50 cm

5410 *Astragalus,* Tragant – mit gefiederten, aschgrauen Blättern und cremeweißen Schmetterlingsblüten, V–VI, 15 cm

5217 *Aubrieta,* Blaukissen – eine der beliebtesten Polsterstauden, im Frühjahr dicht bedeckt mit dunkelviolettblauen, in anderen Sorten roten oder rosa Blüten, IV–V, 5–10 cm

5322 *Azorella,* Rosettenpolster – immergrüner Bodendecker, der mit seinen kleinen, dreistacheligen Blattrosetten dunkelgrüne Polster bildet, Blüten grünlichweiß, V–VI, 5 cm

5xxx *Campanula,* Glockenblume – viele Arten mit vielen Verwendungsmöglichkeiten, z. B.: *C. carpatica* (5117) buschig mit großen Glocken, VI–VIII, 30 cm; *C. garganica* (5117) mit langgestielten Blättern und sternförmig blauen Blüten, V–VI, 15 cm; *C. poscharskyana* (5213) starkwachsend mit hellila Blüten, V–VIII, 15 cm; *C. pusilla* (5123) mit kleinen Blättchen und zierlichen, hellblauen Glöckchen, VI–VIII, 10 cm

5132 *Chiastophyllum,* Goldtröpfchen – mit fleischig-rundlichen Blättern und kleinen gelben Blüten in überhängenden Rispen, VI–VII, 15 cm

5139 *Corydalis lutea,* Lerchensporn – ein robuster Dauerblüher mit hübschem, zartem Laub und gelben Blüten, V–X, 20 cm

5520 *Cyclamen coum,* Frühlings-Alpenveilchen – mit nierenförmigen Blättern und karminrot leuchtenden Blüten, II–III, 10 cm

54xx *Delphinium,* Rittersporn – gehört mit seinen auffälligen Blütenrispen zu den schönsten Wildstauden, neben den beiden heimischen Arten, dem 20–40 cm hohen, blauvioletten Ackerrittersporn (*D. consolida*) und dem bis zu 150 cm hohen, stahlblauen Hohen Rittersporn (*D. elatum*) kommen folgende Arten infrage: *D. grandiflorum* (5419), leuchtendblau, VI–VIII, 30 cm; *D. nudicaule* (5480), scharlachorangerot, VI, 30 cm; *D. tatsienense* (5410) enzianblau, VI–VII, 40 cm; *D. zalil* (5460), lichtgelb, VI–VII, 120 cm

5214 *Dianthus,* Nelke – eine artenreiche Gruppe, die mit ihren leuchtenden und duftenden Vertretern aus dem Steingarten nicht wegzudenken ist, u. a.: *D. caesius,* Pfingstnelke, die dichte, blaugrüne Polster bildet und von V–VII reich und scharlachrot blüht, 10 cm; *D. plumarius,* Federnelke (5414), verschiedene Sorten in Rottönen, V–VI, 20–30 cm

5517 *Draba,* Hungerblümchen – rasige Polster bildend, mit goldgelben Blüten, IV–V, 5–10 cm

5417 *Dracocephalum,* Drachenkopf – mit salbeiähnlichen, stahlblauen Blüten in Scheinquirlen, VI–VIII, 30 cm

5322 *Dryas,* Silberwurz – bildet mit ihren derben, dunkelgrünen Blättern feste immergrüne Teppiche, Blüten anemonenartig später mit hübschen, fedrigen Samenständen, V–VI, 15 cm

5520 *Edraianthus,* Büschelglocke – mit nadelartig, graugrünen Blättern und glockenblumenähnlichen, blauvioletten Blüten, VI–VII, 5 cm

5427 *Epilobium,* Weidenröschen – langblühende Staude mit großen, hellrosa Blüten und fedrigem Fruchtschmuck, VII–IX, 20–100 cm

5415 *Eremurus,* Steppenkerze – dekorative Lilienart mit grundständigen Blattrosetten und hohen Blütenschäften mit Blüten in Gelb, Orangerosa und Weiß in mehreren Arten und Sorten, VI–VII, 80–200 cm

5549 *Erinus,* Leberbalsam – mit grundständigen Blättern und zierlichen Rachenblüten in Rot und Weiß, V–VIII, 10 cm

5xxx *Gentiana,* Enzian – unentbehrliche Alpenpflanzen in vielen Arten, z. B.: *G. acaulis,* Stengelloser Enzian (5327) mit becherförmigen, leuchtend tiefblauen, kurzgestielten Blüten, V–VIII, 10 cm; *g. cruciata,* Kreuzenzian (5317) mit blauen Blüten in Büscheln, anspruchslos, VI–VIII, 30 cm; *G. farreri,* Herbstenzian (5550) mit nadelförmigen Blättern und himmelblauen, außen weißgelb gestreiften Blüten, VIII–IX, 10 cm; *G. lagodechiana,* Sommerenzian (5317), dankbare Art mit einem Büschel leuchtendblauer Blüten am Ende des Stengels, VII–IX, 15 cm

5117 *Geranium,* Storchschnabel – robuste, fleißige Blüher mit eingeschnittenen Blättern und Schalenblüten, *G. cinereum* mit lilarosa, dunkelrot geaderten Blüten, VI–IX, 15 cm; *G. dalmaticum,* seidigrosa, VII–VIII, 10 cm

5324 *Globularia,* Kugelblümchen – immergrüne, zierliche Blattrosetten und blaue Blütenköpfchen, V–VII, 5–20 cm

5xxx *Gypsophila,* Schleierkraut – niedrige und höhere Arten dieser reichblühenden, unverwüstlichen Steingartenstaude: *G. cerastioides* (5527) V–VI, 15 cm; *G. paniculata* (5217) VII–VIII, 20 cm; *G. repens* (5327) V–VII, 10 cm; Sorten von *G. paniculata* hochwüchsig (5217) VII–VIII, 100–120 cm

5117 *Helianthemum,* Sonnenröschen – winzige Halbsträucher mit kleinen, wildrosenähnlichen, goldgelben Blüten in großer Zahl, VI–VIII, 10 cm; dazu zahlreiche Gartenhybriden

5127 *Heliosperma,* Strahlensame – spätblühende Polsterstaude, die dichte, glänzendgrüne Rasen bildet, Blüten reinweiß, VI–VII, 15 cm

5539 *Hutchinsia,* Gemskresse – Hochgebirgsstaude mit fiederteiligen, unterseits rötlichen Blättern und weißen Blüten, V–VI, 8 cm

5217 *Hypericum,* Johanniskraut – *H. olympicum* bildet kleine Polster, Blütengroß, leuchtendgelb, VI–VIII, 15 cm; *H. polyphyllum* mit schuppenförmigen Blättern und gelben Blüten in Trugdolden, V–VI, 15 cm

5570 *Iris cristata,* Schwertlilie – mit breiten, weichen, dunkelgrünen Blättern, äußere Blütenblätter lila mit orangem Fleck, innere weiß mit orange, IV–V, 15 cm

5327 *Leontopodium,* Edelweiß – charakteristische Alpenpflanze mit weißwolligen Blättern und sternartigen Blüten, benötigen mageren, kalkhaltigen Boden, VI–IX, 15 cm

5417 *Limonium,* Strandflieder – mit grundständigen Blattrosetten und schleierkrautähnlichen lila oder weißen Blütenständen, VII–IX, 30–60 cm

5133 *Linaria,* Leinkraut – heimische Kleinstaude mit Löwenmaulähnlichen, gelb und orangerot gefärbten Blüten, VI–IX, 15 cm

5550 *Lychnis alpina,* Alpenpechnelke – Blätter in dichter Rosette, Blüten hellpurpur, VI–VIII, 10 cm

5412 *Matricaria,* Teppichkamille – robuster Bodenbedecker mit zahlreichen margeritenähnlichen Blüten, VI–VIII, 10 cm

5112 *Minuartia,* Miere – bildet dichtrasige Matten, wächst willig und blüht reich (weiß), VII–VIII, 10 cm

5520 *Moltkia,* Moltkie – sonnenhungrige Halbsträucher, seidig behaart, Blüten violettblau in Wickeln, V–VIII, 20 cm

5417 *Morina,* Kardendistel – ornamentale, distelartige Staude mit langen, dornig gezähnten Blättern und weißen Blüten in übereinanderstehenden Quirlen, VII–VIII, 80 cm

5214 *Nepeta,* Katzenminze – dauerhafter Sommerblüher mit graugrünen Blättern und lila Blüten, VI–IX, 30–50 cm

5417 *Oenothera,* Nachtkerze – *O. missouriensis,* eine niederliegende Art mit langen Trieben und großen, hellgelben Blüten, VII–IX, 15 cm

5420 *Onosma,* Lotwurz – trockenheitliebende Wildstaude mit schmalen, grauhaarigen Blättern und tropfenförmigen, zitronengelben Blüten, V–VII, 20 cm

5xxx *Papaver,* Mohn – *P. alpinum,* Alpenmohn (5528) mit fein gefiederten Blättern und gelben, weißen und orangen Blüten, V–IX, 10 cm; *P. nudicaule,* Islandmohn (5218) in gelben und roten Sorten, V–IX, 20–30 cm; *P. pseudocanscens* (5218) mit leuchtendgelben Blütenschalen, V–IX, 50 cm

Gelber Steinbrech *(Saxifraga)*.

5422 *Paronychia,* Mauermiere – rasenbildende Staude mit silbrigen Blütenköpfen, V–VI, 3 cm

5xxx *Phlox,* Flammenblume – niedrige Arten wie: *P. amoena* (5460) mit karminroten Blüten, V–VI, 20 cm; *P. douglasii* (5214) wintergrüne Polster mit rosalila Blüten, V–VI, 5 cm; *P. laphamii* (5414) dunkellila, 40 cm; *P. subulata* (5214) teppichbildende Art mit nadelartigen Blättern in verschiedenfarbigen Sorten, 10 cm

5327 *Phyteuma,* Teufelskralle – hübsche, heimische Staude für Trockenstandorte mit blauen Blütenköpfen, V–VI, 20 cm

5110 *Potentilla,* Fingerkraut – *P. nevadensis* mit graugrün behaarten Blättern und hellgelben Blüten, V–VI, 5 cm

5527 *Primula,* Primel – *P. marginata* mit gelb bepuderten Blattrosetten und lila Blüten mit weißem Schlundring, III–IV, 15 cm

5467 *Ranunculus,* Hahnenfuß – *R. gramineus* mit grasartigen Blättern und einfachen, goldgelben Blüten, V–VI, 30 cm

5322 *Sagina,* Sternmoos – ein Nelkengewächs, das flache, dichte Polster bildet, die auch für Plattenwegfugen geeignet sind, Blüten klein und weiß, VI–VII, 5 cm

5417 *Santolina,* Heiligenkraut – immergrüne Halbsträucher mit fein gefiederten, aromatischen Blättern, die kompakte, rundliche kleine Büsche bilden, gelbe Blütenköpfchen, VII–VIII, 25 cm

5217 *Saponaria,* Seifenkraut – *S. ocymoides* bildet mit niederliegenden Zweigen kräftige Polster, die mit karminroten Blüten überschüttet sind, V–VII, 20 cm

5527 *Satureja,* Bergminze – *S. alpina,* eine anspruchslose Kleinstaude, die lockere Polster bildet und hübsche, blaue Lippenblüten besitzt, V–VIII, 10 cm

5xxx *Saxifraga,* Steinbrech – dieser artenreichen Gattung verdanken wir mit die schönsten Steingartenpflanzen, sie wirken nicht nur durch ihre zierlichen Blüten, sondern auch durch formvollendete Blattrosetten: Arten und Sorten der Gruppe *S. dactyloides,* Moossteinbrech (5234) mit immergrünen, moosartigen Polstern, reichblühend in verschiedenen Farben, V–VI, 10–20 cm; Sorten der Gruppe *S. kabschia,* Polstersteinbrech (5540), deren kleine Blattrosetten zu festen Polstern zusammenwachsen, gelbblühend, III–IV, 5–10 cm

5427 *Scutellaria,* Helmkraut – *S. baicalensis,* eine anspruchslose Staude mit dunkelblauen Blütentrauben, VI–IX, 60 cm

541x *Sedum,* Fetthenne – eine typische Steinpflanzengattung mit fleischigen Blättern, die sich zu Rasen und Polstern zusammenschließen, hübsche Blüten in vielerlei Farben, 5–30 cm

5114 *Sempervivum,* Dachwurz – mit dickblättrigen Rosetten, die in Form, Größe und Farbe sehr verschieden sind, Blüten meist in Rottönen, zarte Trugdolden bildend, zahllose Arten und Sorten, die alle ungewöhnlichste Trockenheit vertragen, VI–VII, 10–20 cm

5410 *Senecio,* Kreuzkraut – *S. cineraria* mit weißfilzigen Blättern und Stielen, gelbe Blütenköpfchen in dichten Doldentrauben, brauchen warme, sonnige Plätze, VII–VIII

5214 *Silene,* Leimkraut – mehrere Arten dieser hübschen Gattung, teils lockere Rasen bildend mit rosa oder weißen Blüten, 10–20 cm

5540 *Soldanella,* Alpenglöckchen – mit nickenden, lilagefransten Blütenglöckchen für kühle, feuchte Plätze, III–IV, 8 cm

5480 *Stachys,* Ziest – *S. citrina,* ein wenig anspruchsvoller Lippenblütler mit silbergrauen Blättern und zitronengelben Blüten, VI–VIII, 20 cm; *S. nivea* mit runzeligen Blättern und weißen Blüten in lockeren Quirlen, VI–VII, 20 cm

5317 *Veronica,* Ehrenpreis – *V. prostrata* mit leuchtendblauen Blüten, V–VI, 10 cm

5334 *Wulfenia,* Wulfenie – mit glänzend grünen Blättern und blauen Rachenblüten in Ähren, VII–VIII, 30 cm

Farne

5547 *Asplenium,* Steinfeder – sattgrüne, einfach gefiederte Wedel, immergrün, auch für Einzelstellung, 10 cm

5520 *Ceterach,* Schriftfarn – einfach gefiederte Wedel, unterseits silbrig, immergrün, 10 cm

5547 *Polystichum lonchitis,* Lanzenfarn – lanzettlich geformte Wedel mit ungeteilten, dornig gezähnten Fiedern, 50 cm

Gräser

5427 *Bouteloua,* Moskitogras – sehr schmale Blätter, braune, waagrecht abstehende Ähren, insgesamt einem Insektenschwarm ähnlich, VII–IX, 30 cm

5427 *Carex,* Segge – *C. buchananii,* die Fuchsrote Segge mit dünnen Blättern und Halmen, die überhängend rotbraune, lockere Büsche bilden, VII, 40 cm; *C. comans,* die Federbuschsegge mit fahlbraunen Blatthalmen, überhängend, 20 cm

5xxx *Festuca,* Schwingel – *F. glacialis,* Gletscherschwingel (5520) mit blau- bis gelbgrünen Blättern, die flache Polster bilden, 10 cm; *F. punctoria,* Stachelschwingel (5487) mit starr aufrechten, stahlblauen Blättern in lockeren Horsten, 15 cm

5417 *Melica,* Perlgras – *M. ciliata* mit graugrünen Blättern und zylindrischen, weißlichgelben Ähren, 60 cm; *M. transsivanica* mit graugrünen Blättern und walzenförmigen, hellbraunen Ähren, 70 cm

5417 *Pennisetum orientale,* Östliches Federborstengras – mit schmalen, graugrünen Blättern, die lockere Horste bilden, Blütenähren hellviolett überhaucht, VII–X, 40 cm

5414 *Poa caesia,* Hechtblaues Rispengras – Alpenpflanze, die starre, feste Polster bildet, 20 cm

541x *Sesleria,* Kopfgras – *S. argentea* mit lang überhängenden, stachelspitzigen Blättern und bläulich glänzenden Blütenrispen, VI–VII, 50 cm; *S. caerulea* mit blaubereiften Blättern und bläulichen Ähren, V–VII, 25 cm

Blumenzwiebeln und Knollen

5534 *Colchicum bulbocodium,* Knollige Zeitlose – Blüten ähnlich der Herbstzeitlose, aber zerschlitzt und stengellos, purpurviolett, III–IV, 10 cm

5414 *Crocus,* Krokus – *C. ancyrensis,* sehr frühe Art mit kleinen, goldorangen Blüten, reich- und langblühend; *C. angustifolius,* goldgelbe Blüten mit brauner Außenseite; *C. chrysanthus,*

Blüten außen purpur mit weißem Rand, innen silbrig; *C. etruscus,* hellblauviolett mit orangefarbener Narbe; *C. imperati* außen gelblich mit braunen Streifen, innen rötlichlila; *C. sieberi,* himmelblau; alle II–III, 10 cm

548x *Iris,* Schwertlilie – vielerlei Arten und Sorten in verschiedenen Farben und Formen, III–IV, auch II–III, 10–40 cm

5410 *Ixiolirion,* Blaulilie – Gebirgspflanze mit trompetenförmigen, violettblauen, rosaschimmernden Blüten zu viert in endständiger Dolde, VI, 40 cm

5xxx *Narcissus,* Wildnarzissen – *N. bulbocodium* (5584) mit grasähnlichen Blättern und goldgelben Blüten, IV–V, 15 cm; *N. canaliculatus* (5510) mit hängenden, gelben Blüten, IV, 20 cm; *N. jonquilla* (5410) Duftnarzisse mit schwefelgelben Blüten, oft zu 2–3 am Stiel, IV, 30 cm; *N. minor* (5414) Blüten rahmweiß mit gelber Trompete, III–IV, 20 cm

5580 *Sternbergia,* Goldkrokus – riemenförmige Blätter und goldgelbe Blüten, IX–X, 20 cm

5414 *Tulipa,* Wildtulpen – *T. aucheriana,* kleine, weitgespreizte, dunkelrosa Blüten, sehr früh, 8 cm; *T. batalinii,* Blüten blaßgelb mit tiefgelber Mitte, 15 cm; *T. chrysantha,* zitronengelbe Blüten mit rosa Schatten außen, 15 cm; *T. clusiana,* Blüten innen weiß, außen karminrosa, 30 cm; *T. eichleri* mit zinnoberscharlachroten Blüten mit schwarzen, gelb umsäumten Grundfleck, 30 cm; *T. kaufmanniana,* rahmweiße, gelblich schattierte Blüten, außen rosa überlaufen, 20 cm; Blütezeit III–IV.

Krokus *(Crocus).*

Steine, Felsen, Mauern

Tiere

Der Steingarten ist mehr als die anderen in diesem Buch besprochenen Biotope eine überwiegend botanische Einrichtung – zudem eine, die am meisten künstlich-geschaffen wirkt, weil entsprechende Lebensräume unter natürlichen Bedingungen in ganz anderer Umgebung vorkommen. Immerhin gibt es auch im Tiefland zumindest ähnliche Biotope. Wir sprachen davon auf S. 128. Es hängt von der Geschicklichkeit des einzelnen ab, ob sein Steingarten geziert und fremd wirkt, oder ob er – zumindest mit der Zeit – zu einem ganz selbstverständlichen Bestandteil seiner Umgebung wird. Er wird dies um so mehr sein, je mehr wir der standortgemäßen Vegetation gestatten, sich auszubreiten.

Dann wird dieser Biotop auch zu einem sehr lebendigen Lebensraum für eine große Zahl von **Tieren** werden. Allen voran sind es wieder die Insekten, die den steinigen trockenen Boden und die vielen Fugen in einer Mauer als Verstecke und Brutplätze und die dort vorkommenden Pflanzen als Nahrung annehmen werden. Da sind Grabwespen und solitäre Bienenarten, die im trocken-sandigen Boden Löcher für ihre Brut graben. Da sind viele Käferarten, die den trocken-warmen Lebensraum lieben, sowie Spinnen, Weberknechte, Milben und Asseln. Fliegenarten wärmen sich auf den durchsonnten Steinen, und auch so manche Schmetterlingsart wird angelockt.

Wie immer, ist auch hier eine reiche Kleintierwelt die Grundlage für größere Insektenfresser. Besonders beliebt sind die Klüfte und Höhlen zwischen den Steinen bei Amphibien und Reptilien. Hier finden sie Schutz vor Austrocknung und eine relativ ausgeglichene Temperatur. Die wärmeliebenden Reptilien, wie Zauneidechse, Blindschleiche und Ringelnatter, kommen hier ebenso auf ihre Rechnung, wie die Sonnenschutz suchenden Kröten. Und die wenig grabkräftigen Molche suchen besonders gern Steinhaufen und alte Mauern als Versteck für die Winterruhe auf, manchmal in erheblichen Zahlen.

Auch manche Vogelarten haben eine besondere Bindung zu Steinen und Mauern. Der Hausrotschwanz z. B., der mit Vorliebe Insekten jagt, die sich auf Steinen und an Wänden wärmen. Blaumeisen und Kohlmeisen bauen ihre Nester besonders gern in Mauernhöhlungen.

So bietet der zunächst so lebensfeindlich wirkende Stein mit seinen vielen Variationsmöglichkeiten vielen und gerade besonders ungewöhnlichen Tier- und Pflanzenarten Lebensmöglichkeiten.

Die Zauneidechse gehört zu den wenigen Reptilien, die sich der Beliebtheit des Menschen erfreuen. Trotzdem wird auch sie immer seltener.

Praktische Anleitungen: Wetter

Exakte und fortlaufende Wetterbeobachtungen sind nicht nur nützlich für die Planung von Gartenarbeiten. Sie geben uns ein befriedigendes Gefühl von Kontinuität und Ordnung in einem Geschehen, das immer noch zum eigenwilligsten in der Natur gehört. Es ist außerdem aufschlußreich, die Witterung der verschiedenen Jahre miteinander zu vergleichen und ihre Auswirkungen auf Pflanzen und Tiere.

Ein Notizbuch und wenige Geräte genügen, um das Wichtigste zu erfassen. Thermometer und Barometer gehören zur Grundausstattung. Besonders praktisch ist ein Minimum-Maximum-Thermometer, mit dem man, unabhängig von der Tageszeit des Ablesens, den jeweils höchsten und niedrigsten Tageswert der Temperatur feststellen kann.

Das Thermometer sollte mindestens 10 m vom nächsten Gebäude entfernt und 2 m über dem Boden so angebracht sein, daß es frei von Luft umflossen, aber nie der direkten Sonne ausgesetzt ist. Das alles erreicht man am besten mit einer kleinen »Thermometer-Hütte«, über deren Bau der Deutsche Wetterdienst, Postfach 180, 2000 Hamburg 4 Auskunft gibt (s. auch Abb.). In dieser kleinen Hütte können auch weitere Geräte aufgestellt werden, wie etwa ein selbstschreibender Thermo-Hygro-Barograph. Mit einem Gefäß zur Messung der Niederschlagsmenge haben wir dann schon fast eine komplette Wetterstation. Auch über den Bau von Regenmessern gibt der Deutsche Wetterdienst Auskunft.

Hilfreich für die Eintragungen zum Wettergeschehen ist ein vom Deutschen Wetterdienst herausgegebenes »Wetterübersichtsblatt«, in dem alle wichtigen Daten eingetragen werden können: Sonnenschein, Wind und Bewölkung, Bodenzustand, Niederschlag, Temperatur und Besonderheiten beim Pflanzenwachstum. Es ließe sich sinnvoll durch Tierbeobachtungen ergänzen, z. B. durch Erstbeobachtungen von Zugvögeln, Schmetterlingen usw. Es ist recht aufschlußreich, über die Jahre das Erscheinen der ersten Blüten, den Termin des ersten Kuckucksrufs, Beobachtung der ersten Kröten, den Beginn der Getreideernte, den Wegzug der Schwalben und anderes miteinander vergleichen zu können.

Eine sachgerechte Thermometer-Hütte zur Aufnahme von Wetterbeobachtungs-Geräten.

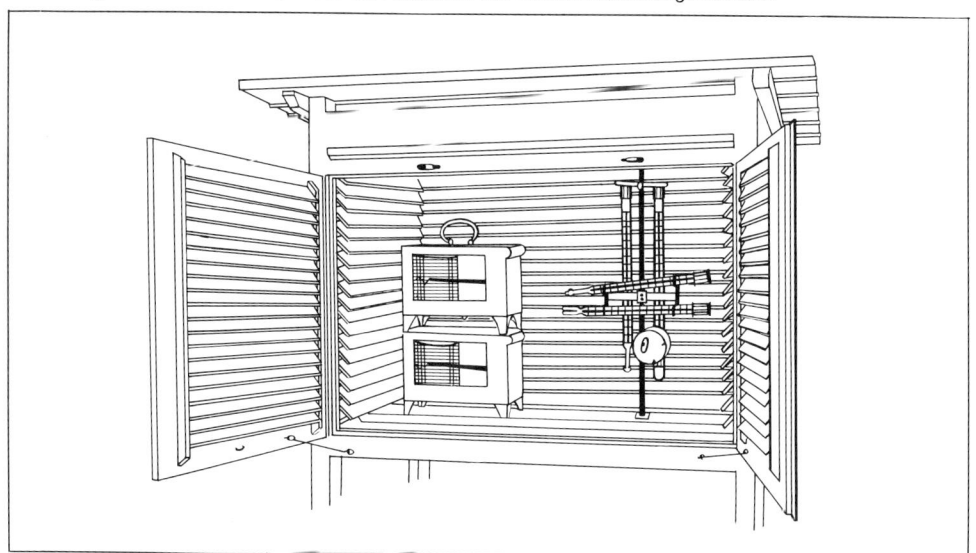

Praktische Anleitungen: Boden

Korngrößenverteilung und Abschlämmbares

Zur Klassifikation der Bodenarten bedient man sich der Schlämmanalyse, die sich gut für Böden mit einem Tongehalt von weniger als 50% eignet. Sie beruht auf den unterschiedlichen Fallgeschwindigkeiten der verschieden großen Teilchen im Wasser.

Ein Glaszylinder wird mit einer Erdprobe und Wasser kräftig durchgeschüttelt. Läßt man die Mischung danach ruhig stehen, so erkennt man zwei bis drei deutlich voneinander unter-schiedene Korngrößenschichten. Nach mehreren Stunden lagert sich auf diesen Schichten auch noch der abschlämmbare Anteil (der Ton) ab. Die Höhe der einzelnen Schichten gibt Aufschluß über ihren Anteil im Boden.

Fingerprobe zum Feststellen der Bodenart

Ob ein Boden schwer (lehmig-feucht) oder leicht (sandig-trocken) ist, das stellt man auf den ersten Spatenstich fest. Dazwischen gibt es aber eine ganze Reihe von Übergängen. Und da etwas genauer festzustellen, wie weit sich ein Boden vom idealen Mittel unterscheidet, kann ganz wichtig sein, wenn man ein Grundstück zu kaufen und zu bewirtschaften gedenkt. Dazu sollte man die oberste Humusschicht abtragen und den darunterliegenden Mineralboden nach folgender Tabelle untersuchen.

Übersicht der Korngrößen (nach Fabry)

Korngrößen in mm	Bezeichnung	
über 20	Steine	
20 – 2	Kies	
2 – 0,02	Sand	
0,02 – 0,002	Schluff (Staub)	»Abschlämm-
unter 0,002	Ton (Kolloid)	bares«

Bestimmung der Bodenart durch Fingerprobe

Bodenart	Körnigkeit	Bindigkeit, Formbarkeit	Gehalt an Abschlämmbarem
Sand	Einzelkörner gut sicht- und fühlbar, rauh, körnig	nicht bindig, haftet nicht am Finger, nicht formbar	0– 9%
anlehmiger Sand	Einzelkörner gut sicht- und fühlbar, daneben viel Feinsubstanz	etwas bindig, läßt sich aber nicht ausrollen	10–13%
lehmiger Sand, sandige Lehme	Einzelkörner noch gut sicht- und fühlbar	Feinsubstanz haftet am Finger, knirscht beim Zerreiben, bleistiftdick ausrollbar, wird dabei aber rissig	14–29%
Lehm	sehr viel Feinsubstanz, nur einzelne Körner sicht- und fühlbar	bindig, wenn man mit dem Daumen darüberstreicht, entsteht eine aufgerauhte Fläche	30–44%
schwerer Lehm	Körner kaum sicht- und fühlbar, etwas samtartig	bindig, mit dem Daumen wird eine glatte Gleitfläche erzielt	45–60%
Tonboden	glatte Oberfläche, Körner auch zwischen den Zähnen nicht mehr spürbar	haftet, klebt und schmiert, beim Darüberstreichen zeichnen sich die Linien des Daumens ab	über 60%

140

Kalkgehalt und Kalkbedarf

Die bodenverbessernden Wirkung des Kalkens wird deutlich sichtbar, wenn man einer kolloidalen Tonlösung (s. S. 19) etwas Kalkwasser (oder Salmiakgeist) zusetzt. Die Tonteilchen flocken zu größeren Strukturen aus und setzen sich rasch ab, so daß das Wasser nach kurzer Zeit seine Trübung verliert. Im Boden tragen diese Vorgänge zur Krümelbildung bei.

Der Kalkgehalt eines Bodens läßt sich auf verschiedene Weise feststellen

■ durch Messung der Bodenreaktion (des Säuregrades oder pH-Wertes, s. S. 142) oder

■ durch Kalkgehaltsbestimmung auf folgende Weise:

In 3 Teile Wasser gebe man 1 Teil konzentrierte Salzsäure (niemals umgekehrt!) und beträufle mit dieser verdünnten Salzsäure eine frische Bodenprobe. Die Stärke des Aufbrausens gibt einen ungefähren Anhalt für den Kalkgehalt.

Eine andere Möglichkeit, den Kalkgehalt festzustellen, besteht in der Messung der Bodenreaktion (s. S. 142). Aus pH-Wert und Bodenart (s. S. 140) läßt sich die benötigte Kalkmenge ermitteln (Tabelle unten).

Bestimmung des Kalkgehalts

Beobachtung	Kalkgehalt	Beurteilung
keine	bis 0,5 %	kalkarm
schwaches Aufbrausen	0,5–2 %	schwach kalkhaltig
mäßig starkes, nicht anhaltendes Aufbrausen	2,5 %	kalkhaltig
starkes, anhaltendes Aufbrausen	5–10 %	stark kalkhaltig

Säuregrad (pH-Wert) des Bodens und Kalkbedarf

Bodenart	empfohlener pH-Wert Acker	Grünland	gemessener pH-Wert	empfohlene Menge kohlensaurer Kalk (kg/100 m^2)
Sand (unter 5 % Ton)	5,3–5,7	4,8–5,2	4	3
			5	2 alle 3 Jahre
			6	–
lehmiger Sand (5–10 % Ton)	5,8–6,2	5,3–5,7	4	5
			5	4
			6	2 alle 3 Jahre
			7	–
sandiger Lehm (10–15 % Ton)	6,3–6,7	5,8–6,2	4	7
			5	5
			6	3 alle 3 Jahre
			7	–
Sand-Lehm, Löß, Lehm (über 15 % Ton)	6,9–7,5	6,0–6,5	5	8–10
			6	5
			7	3 alle 3 Jahre
			8	–
toniger Lehm, Ton	6,9–7,5	6,0–6,5	5	10
			6	6
			7	3 alle 3 Jahre
			8	–

Praktische Anleitungen: Boden

Bestimmung der Bodenreaktion

Der Säuregrad einer Lösung wird durch die Menge der freien Wasserstoff-Ionen bestimmt. In 1 l reinem Wasser, das bei 25° C weder sauer noch alkalisch, sondern neutral reagiert, sind 10^{-7} g freie Wasserstoff-Ionen enthalten. Man bezeichnet diesen Wert als pH 7 (*pondus hydrogenium* = Gewicht des Wasserstoffs). Je kleiner der pH-Wert, desto höher der Säuregrad: pH 1 = 10^{-1} g = 1/10 g Wasserstoff-Ionen/l.

Zur Bestimmung der Bodenreaktion verwendet man für praktische Zwecke Indikatorpapiere oder -lösungen. Zur Grobbestimmung eignet sich z. B. das Universal-Indikatorpapier pH 1–10 von Merck. Es ist in Apotheken erhältlich. Für genauere Werte verwendet man:

für pH 1–3   Kongo blau
für pH 3–5   Kongo rot
für pH 5–7   Lackmus rot
für pH um 7   Lackmus violett
für pH 7–8   Lackmus blau
für pH um 8   Phenolphtaleïn farblos
für pH 9–10   Phenolphtaleïn rot

Man schüttelt die Bodenprobe mit neutral reagierendem Wasser kurz durch, taucht einen Streifen Indikatorpapier ein und vergleicht die Farbe mit der Farbskala.

Das Hellige-pH-Meter verwendet Indikator-Lösung.

Lösung der Bodensalze durch Ameisensäure

Um den Gehalt an Mineralsalzen im Boden exakt bestimmen zu können, müssen sie zunächst gelöst werden. Dazu dient eine Natriumformiat-Lösung vom pH 3,5. Wir stellen sie folgendermaßen her: 34 g Natriumformiat werden in etwas destilliertem Wasser gelöst. 19 ml wasserfreie Ameisensäure werden mit destilliertem Wasser auf 50 ml aufgefüllt (= 10-normale Ameisensäure). Die beiden Lösungen gibt man zusammen und füllt mit Wasser auf 1000 ml auf. Diese Stammlösung bewahren wir in einer Glasflasche mit Schliffstopfen gut auf.

Von dem zu untersuchenden Boden nehmen wir eine Probe von 10 g, in der keine Steine von über 2 mm Größe sind. Wir geben die Probe mit 0,3 g nitratfreier (wichtig!) Aktivkohle in ein Becherglas und übergießen mit 100 ml unserer 10fach verdünnten Stammlösung. (Wir mischen also vorher 10 ml Stammlösung mit 90 ml destilliertem Wasser.) Man läßt 15 Minuten stehen, schwenkt gelegentlich um und filtriert durch einen Kaffeefilter. Das Filtrat muß farblos sein, andernfalls muß man nochmals Aktivkohle zusetzen und erneut filtrieren. Aus dem Filtrat werden die Mineralsalze nach den folgenden Rezepten bestimmt.

Eichlösungen

Zum Vergleich der verschiedenen Farbabstufungen stellt man sich folgende Eichlösungen her:

Eichlösungen für Stickstoff
Eichvorratslösung: 47,2 g Ammoniumsulfat ($(NH_4)_2SO_4$) und 36,1 g Kaliumnitrat (KNO_3) werden in unserer Natriumformiat-Stammlösung gelöst und mit destilliertem Wasser auf 1 l aufgefüllt. Davon entnehmen wir 100 ml und füllen wieder auf 1 l auf. Hiervon werden wiederum 100 ml entnommen und nochmals zum Liter aufgefüllt. (Diese Lösung enthält nun 100 mg NH_4-Stickstoff und 50 mg NO_3-Stickstoff). – Eichgebrauchslösung: von dieser Eichvorratslösung werden in fünf 100-ml-Meßkolben 4, 8, 12, 16 und 20 ml überführt und mit Formiatlösung zur Marke aufgefüllt. Die Lösungen enthalten dann 4, 8, 12, 16 und 20 mg NH_4-Stickstoff sowie 2, 4, 6, 8 und 10 mg NO_3-Stickstoff pro Liter.

Eichlösung für Phosphor und Kalium
Eichvorratslösung: 19,2 g Kaliumbiphosphat (KH_2PO_4) und 5,3 g Kaliumchlorid (KCl) werden in Formiatlösung gelöst und zum Liter aufgefüllt. Diese Lösung verdünnt man wie oben hundertfach. – Eichgebrauchslösung: In

100-ml-Meßkolben werden von der Eichvorratslösung 10, 20, 30, 40 und 50 ml gegeben und mit Formiatlösung zur Marke aufgefüllt. Die Lösungen enthalten 10, 20, 30, 40 und 50 mg Phosphat P_2O_5 und Kaliumoxid K_2O pro Liter. Dies entspricht beim Extraktionsverhältnis 1:10 der gleichen Anzahl mg P_2O_5 und K_2O pro 100 g Erde.

Bestimmung des Ammonium-Stickstoffs (NH_4)

Man stellt sich zunächst die folgenden beiden Reagenzien her:
a) 80 g Natriumtartrat und 26 g Natronlauge werden in destilliertem Wasser gelöst und zum Liter aufgefüllt.
b) 12,5 g Gummi arabicum werden in destilliertem Wasser gelöst (erst mit wenig Wasser anteigen), 6 ml Neßlers Reagens zugefügt und auf 250 ml aufgefüllt. Die sich bildende Trübung hat sich nach einigen Tagen abgesetzt und die überstehende Lösung kann zum Gebrauch entnommen werden. – Mischung: zu 8 Volumenteilen destilliertem Wasser werden 4 Volumenteile der Lösung a und 1 Volumenteil der Lösung b zugefügt und gemischt.
Durchführung: In weite Reagenzgläser (18 mm Durchmesser) werden je 2 ml der Eichlösungen bzw. der Bodenauszüge pipettiert, 6 ml Mischung aus der Bürette zulaufen lassen, mischen und zuletzt 4 Tropfen Neßlers Reagens zugeben und nochmals gut mischen. Die Intensität der entstehenden gelbbraunen Farbe wird nach etwa 2 Minuten mit der der Eichlösungen verglichen. Werte, die zwischen 2 Eichpunkten liegen, sind zu schätzen. – Bei kalkreichen Erden fällt nach Zugabe der Lösung a zu den Bodenauszügen zuweilen etwas flockiges Calciumhydroxyd aus. Die Farbintensität wird dadurch kaum beeinflußt.
Ammonium-Stickstof entsteht beim Abbau organischer Substanz, kommt mit Mist und Jauche in den Boden, oder wird als Kunstdünger zugegeben. Er wird von Bodenbakterien teilweise in Nitrat-Stickstoff umgewandelt.

Bestimmung des Nitrat-Stickstoffs (NO_3)

An Reagenzien brauchen wir eine 4%ige Brucin-Lösung. Dazu lösen wir 1 g Brucin in 25 ml Chloroform. Außerdem benötigen wir reine, konzentrierte Schwefelsäure.
In enge Reagenzgläser (Durchmesser 12 mm) werden zu 0,5 ml der Eichlösungen bzw. des Bodenauszugs 3 Tropfen Brucin-Lösung sowie 1 ml konzentrierte Schwefelsäure gegeben. Danach sofort durch leichtes, vorsichtiges Schütteln mischen. Etwa 5 Minuten nach dem Mischen wird die Intensität der gelben Farbe mit den Eichlösungen verglichen.
Auf die gleiche Weise kann der Nitratgehalt von Wasser bestimmt werden. Da hier die Werte möglicherweise über dem höchsten Wert unserer Eichlösungen (10 mg/l) liegt, müssen wir uns entsprechend stärkere Eichlösungen ansetzten (s. S. 142).
Der Nitratgehalt von überdüngten Pflanzen läßt sich mit Diphenylamin nachweisen. Dazu löst man 0,5 g dieses Stoffes in 50 ml konzentrierter Schwefelsäure möglichst gut auf und bringt mit dem Glasstab etwas davon auf die Schnittstelle der Pflanze. Intensive Blaufärbung zeigt hohen Nitratgehalt an. Im Fachhandel gibt es außerdem Teststäbchen, mit denen Nitrat (z. B. im Trinkwasser) leicht nachzuweisen ist.

Bestimmung des Phosphats (P_2O_5)

An Reagenzien werden benötigt: Ammonium-Vanadat-Molybdat-Lösung und konzentrierte Salpetersäure.
a) 2,5 g Ammoniumvanadat (NH_4VO_3) werden in etwa 500 ml siedendem, destilliertem Wasser gelöst. Nach dem Erkalten werden 20 ml Salpetersäure (HNO_3) zugefügt und mit destilliertem Wasser zum Liter aufgefüllt.
b) 50 g Ammoniummolybdat (($NH_4)_6Mo_7O_{24}$) werden in ca. 800 ml destilliertem Wasser bei 50° C gelöst und nach dem Abkühlen zum Liter aufgefüllt. – Die Lösungen a und b sowie die konzentrierte Salpetersäure werden

Praktische Anleitungen: Boden

zu gleichen Volumenteilen miteinander gemischt.

In weite Reagenzgläser (Durchmesser 18 mm) werden 5 ml des Bodenauszuges bzw. der Eichlösungen und 2 ml Ammonium-Vanadat-Molybdat-Lösung gegeben, gemischt und frühestens nach 10 Minuten die Färbung des Bodenauszugs mit der Eichreihe verglichen.

Bestimmung des Kaliums

Benötigt wird Kobaltreagenz: 5 g Kobaltnitrat $(Co(NO_3)_2)$ und 30 g $NaNO_2$ werden in ca. 80 ml destilliertem Wasser gelöst und nach langsamer Zugabe von 2,5 ml Eisessig mit Wasser auf 100 ml aufgefüllt. Nach 24 Stunden (einige Stunden durchlüften) ist das Reagenz gebrauchsfertig. Man kann es dunkel und kühl mehrere Monate aufbewahren.

In enge Reagenzgläser (12 mm Durchmesser) werden zu 1 ml des Bodenauszuges bzw. der Eichlösungen 2 Tropfen Kobaltreagenz und 20 Tropfen Isopropylalkohol gegeben (Das Kobaltreagenz darf die Glaswand der Reagenzgläser nicht vorzeitig berühren, sonst ist der Ansatz zu wiederholen). Nach der letzten Reagenzzugabe werden alle Gläser gemeinsam im Reagenzglasständer einige Sekunden geschüttelt. Die Stärke der in der Lösung entstehenden Trübung wird mit der Eichreihe verglichen. Die entstehende braune Farbe ist kein Maß für den Kaliumgehalt.

Bodenuntersuchungsstellen

Baden-Württemberg
Staatliche Landwirtschaftliche Untersuchungs- und Forschungsanstalt Augustenberg, Neßlerstr. 23, Postfach 41 09 43, 7500 Karlsruhe 41.

Landesanstalt für landwirtschaftliche Chemie, Postfach 106, 7000 Stuttgart 70.

Bayern
Bayerische Hauptversuchsanstalt für Landwirtschaft der Technischen Universität München, 8050 Freising-Weihenstephan.

Bayerische Landesanstalt für Bodenkultur und Pflanzenbau München – Landwirtschaftliches Untersuchungsamt –, Luxburgstr. 4, 8700 Würzburg.

Hessen
Landwirtschaftliches Untersuchungsamt und Versuchsanstalt, Rheinstr. 91, 6100 Darmstadt.

Hessische Lehr- und Forschungsanstalt für Wein-, Obst- und Gartenbau, Beinstr. 15, 6222 Geisenheim.

Landwirtschaftliches Untersuchungsamt und Versuchsanstalt, Am Versuchsfeld 11, 3500 Kassel-Harleshausen.

Niedersachsen
Landwirtschaftliche Untersuchungs- und Forschungsanstalt, Hochstr. 18, 3300 Braunschweig.

Landwirtschaftliche Untersuchungs- und Forschungsanstalt, Finkenborner Weg 1A, 3250 Hameln.

Landwirtschaftliches Untersuchungsamt und Versuchsanstalt, Mars-la-Tour-Str. 4, 2900 Oldenburg.

Nordrhein-Westfalen
Landwirtschaftliche Untersuchungs- und Forschungsanstalt, Weberstr. 61, 5300 Bonn.

Landwirtschaftliche Untersuchungs- und Forschungsanstalt, von-Esmarch-Str. 12, 4400 Münster.

Rheinland-Pfalz
Landwirtschaftliche Untersuchungs- und Forschungsanstalt, Obere Langgasse 40, 6720 Speyer.

Landes-Lehr- und Versuchsanstalt für Weinbau, Gartenbau und Landwirtschaft, Institut für Bodenkunde, Egbertstr. 18–19, 5500 Trier.

Schleswig-Holstein
Landwirtschaftliche Untersuchungs- und Forschungsanstalt, Gutenbergstr. 75–77, 2300 Kiel.

Lebenswichtige Mineralstoffe

Einige Mineralstoffe brauchen die Pflanzen unbedingt, um normal wachsen zu können. Wenn nur einer davon fehlt, gedeihen die Pflanzen entweder gar nicht mehr oder nur kümmerlich. Mit einem Serienversuch können wir die entsprechenden Mangelerscheinungen erzeugen und beobachten.

In 8, oder besser noch 16 Blumentöpfe geben wir reinen, gewaschenen Sand (s. S. 161). In jeden Topf säen wir entweder je 3 Bohnen oder Erbsen, oder je 6–10 (je nach Größe der Töpfe), Hafer- oder Weizenkörner. Eine Woche lang gießen wir alle Töpfe nur mit destilliertem Wasser (an Tankstellen erhältlich). Danach gießen wir mit 8 verschiedenen Nährlösungen:

Topf 1 mit Vollnährlösung: In 4 l destilliertem Wasser lösen wir 1 g Calciumsulfat, 1 g Calciumphosphat, 1 g Magnesiumsulfat, 3 g Kaliumnitrat, eine kleine Prise Kochsalz und eine winzige Prise Eisen(II)-chlorid.

Topf 2 mit Magnesiummangel-Lösung: Statt des Magnesiumsulfates nimmt man 0,5 g Kaliumsulfat.

Topf 3 mit Calciummangel-Lösung: Statt des Calciumsulfats nimmt man 1 g Kaliumsulfat, statt des Calciumphosphats 3 g Natriumphosphat.

Topf 4 mit Eisenmangel-Lösung: Man läßt die Prise Eisenchlorid weg.

Topf 5 mit Kaliummangel-Lösung: Statt des Kaliumnitrates nimmt man 2 g Natriumnitrat.

Topf 6 mit Phosphormangel-Lösung: Man gibt 0,5 g Kaliumnitrat anstelle des Calciumphosphats.

Topf 7 mit Stickstoffmangel-Lösung: Statt Kaliumnitrat nimmt man 2 g Kaliumchlorid.

Topf 8 mit Schwefelmangel-Lösung: Statt Calciumsulfat nimmt man 0,5 g Calciumchlorid und statt Magnesiumsulfat 1 g Magnesiumchlorid.

Diese Versuche lassen sich mit verschiedenen Pflanzenarten durchführen. Man kann sie auch in den jeweiligen Lösungen in Hydrokultur ziehen. Dazu klemmt man die Pflanzen mit Watte in einem Schlitz des Deckels von Marmeladengläsern fest. Mit einer Gummiballpumpe muß die Lösung jeden Tag einmal belüftet werden (nicht blasen, da die Atemluft zu wenig Sauerstoff enthält). Außerdem müssen die Gläser mit Alufolie abgedunkelt werden, da sonst Algen im Glas wachsen.

Pflanzen bestimmen

Jeder, der sich ein wenig intensiver mit der Flora seines Gartens, seiner Umgebung, seines Urlaubsortes befaßt, wird früher oder später das Bedürfnis verspüren, Ordnung in die Fülle der Erscheinungen zu bringen. Es gibt viele Möglichkeiten dafür. Die wissenschaftliche Klassifikation ist nicht die einzige, aber sie ist weltweit verbreitet und sie beruht auf einem sinnvollen Ordnungsprinzip, nämlich dem der natürlichen Verwandtschaftsbeziehungen, die aus der Ähnlichkeit wesentlicher Merkmale erschlossen wird. Man tut also gut daran, von vornherein nicht nur die allgemein üblichen deutschen Namen zu lernen (die Vielzahl lokaler Bezeichnungen ist ein reizvolles, aber auch verwirrendes Beschäftigungsgebiet), sondern auch die wissenschaftlichen Namen, die sich aus einem ersten Gattungs- und einem zweiten Artnamen zusammensetzen. Wenn man mit der Zeit lernt, jede Pflanze auch in ihrem größeren verwandtschaftlichen Zusammenhang zu sehen, so erleichtert das die Bestimmung unbekannter Arten erheblich.

Es gibt grundsätzlich zwei Möglichkeiten, eine unbekannte Pflanze zu bestimmen – und es sei empfohlen, beide Wege ständig nebeneinander zu benutzen, da man auf einem oft steckenbleibt. Das einfachere Verfahren ist das Bestimmen mit Hilfe farbiger Abbildungen, etwa nach Schauer/Caspari (Beispiel S. 146) oder Aichele. Solche Bestimmungsbücher sind entweder nach Standorten und systematischer Zugehörigkeit gegliedert oder nach Blütenfarbe,

Standort und Blütenform. Man kann auf diese Weise relativ schnell und einfach wenigstens die Gattung bestimmen.

Während die illustrierten Bestimmungsbücher immer nur einen Teil der in Mitteleuropa vorkommenden Blütenpflanzen umfassen (die oben genannten etwa die Hälfte), findet man nahezu alle Arten in dem für Deutschland und seine angrenzenden Gebiete einschlägigen Bestimmungsschlüssel von Schmeil/Fitschen, Flora. Hier werden die Arten nach einem Auswahlsystem bestimmt. Zuerst wird die Zugehörigkeit zu den großen Hauptgruppen bestimmt (s. S. 38), dann die zur jeweiligen Familie und schließlich zu Gattung und Art. Anfangs bedarf es einiger Ausdauer, bis man sich in die Bezeichnung der einzelnen Pflanzenteile und die ganze Methode eingearbeitet hat. Mit zunehmender Erfahrung geht es schneller und leichter – und kann dedektivischen Spaß machen.

Als Ergänzung zu der nur spärlich illustrierten Flora von Schmeil/Fitschen empfiehlt es sich, die Exkursionsflora von Rothmaler zum Vergleich beizuziehen. Hier sind alle Pflanzen sehr detailgenau gezeichnet, aber nur stichwortartig beschrieben. Meist genügt ein Blick, um zu erkennen, ob die Bestimmung nach der Flora zum richtigen Ziel geführt hat.

Pflanzen sammeln und pressen

Ein vollständiges Archiv aller in unserem Garten vorkommender Wildpflanzen hat den Vorteil, daß wir auf einen Blick uns und unseren Freunden eine Übersicht über die Arten und ihr Aussehen verschaffen können und Neuansiedlungen als solche gleich ausmachen können. Vor allem die langjährige Entwicklung unserer Blumenwiese (s. S. 104) können wir auf diese Weise sehr genau verfolgen. Ein solches Archiv kann nur eine Artenliste, eventuell in Karteiform sein, ein Fotoarchiv oder ein Herbar.

Ein Herbar ist eine Sammlung gepreßter Pflanzen. Man sammelt die Pflanzen zur Zeit der Blüte mit allen, auch den dicht am Boden

wachsenden Blättern. Als Presse verwenden wir zwei 20 mm starke Spanplatten etwa vom Format 40×50 cm. Es empfiehlt sich, die Platten mit vielen kleinen Löchern zu durchbohren. Die frischen Pflanzen werden zwischen Löschblätter und einige Lagen Zeitung sauber ausgebreitet. Will man in mehreren Lagen pressen, so sollte man alle zwei Lagen eine dünne Hartfaserplatte dazwischenlegen, ebenfalls durchbohrt. Der nötige Druck wird mit Gewichten, Schraubzwingen oder Riemen erzeugt. Zu starker Druck ist zu vermeiden.

Nach 2–3 Wochen sind zartere Pflanzen trokken. Fleischigere Kräuter muß man alle paar Tage überprüfen und gegebenenfalls mit neuem Löschpapier versehen, falls das alte feucht ist. Die gepreßten und gut getrockneten Pflanzen heftet man am besten mit einigen Klebstreifen (nicht Tesafilm) auf Fotokartons, die man in einer entsprechenden Schachtel oder

Herbarien haben nur dann einen Sinn, wenn man mit größter Sorgfalt vorgeht.

Praktische Anleitungen: Pflanzen

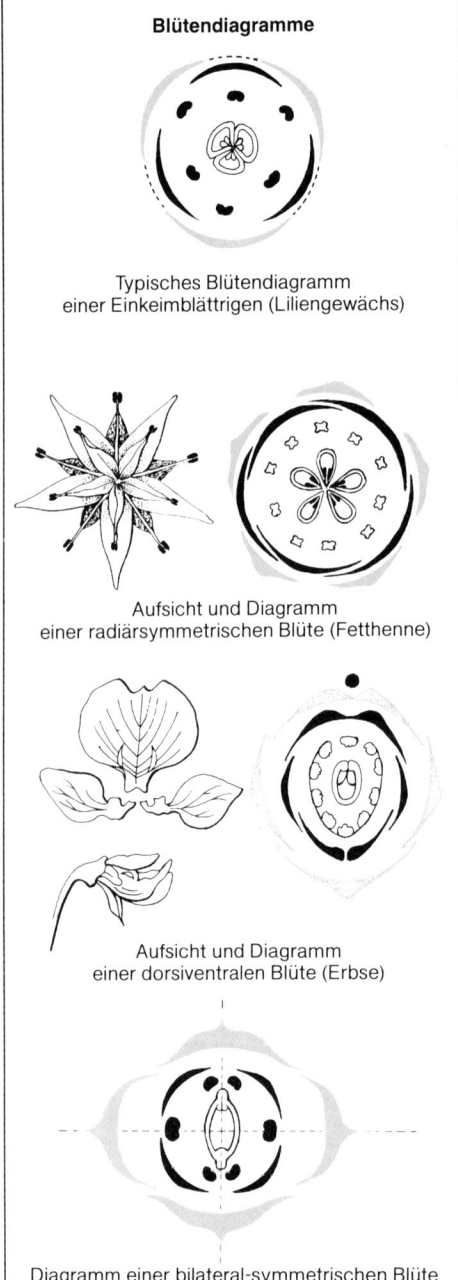

Blütendiagramme

Typisches Blütendiagramm
einer Einkeimblättrigen (Liliengewächs)

Aufsicht und Diagramm
einer radiärsymmetrischen Blüte (Fetthenne)

Aufsicht und Diagramm
einer dorsiventralen Blüte (Erbse)

Diagramm einer bilateral-symmetrischen Blüte
(Ackersenf)

einem Ordner aufbewahrt. Jedes Blatt sollte mit deutschem und wissenschaftlichem Namen, Fundort und Datum beschriftet sein. Zusätzliche Anmerkungen, etwa über ihre Häufigkeit, sind hilfreich.

Pflanzen fotografieren

Pflanzen halten still und sind darum viel leichter zu fotografieren als Tiere.
Aber einige wichtige Punkte sind auch hier zu beachten:

- Man versuche, immer so nah wie möglich an das Objekt heranzugehen. Dazu braucht man möglicherweise Vorsatzlinsen, Zwischenringe oder einen Balgenauszug.
- Der Hintergrund sollte unscharf oder nicht zu lebhaft strukturiert sein.
- Nur rote und orange Blüten kommen bei vollem Sonnenlicht farbecht auf den Film; alle anderen Blütenfarben kommen dagegen im Schatten besser zur Geltung.
- Da bei Nahaufnahmen die Schärfentiefe gering ist, braucht man unter Umständen lange Belichtungszeiten; daher: Stativ und Drahtauslöser.
- Da die automatische Belichtungsmessung bei Nahaufnahmen oft nicht exakt ist, empfiehlt es sich im Zweifelsfall zwei oder drei Aufnahmen mit verschiedenen Blendenöffnungen bzw. Belichtungszeiten zu machen.
- Bei Blitzaufnahmen vermeide man die direkte Frontalbelichtung; am besten ist halbseitlicher Doppelblitz in verschiedener Entfernung.

Blütendiagramme zeichnen

Der Bau der Blüten ist nicht nur ein wichtiges Bestimmungsmerkmal, sondern auch ein ästhetischer Genuß. Der scheinbar spielerischen Formenvielfalt liegen strenge Gesetzmäßigkeiten zugrunde, die sich uns aber vielfach erst eröffnen, wenn wir gewissermaßen Grundrisse der Blüten in leicht schematisierter Form zeichnen. Zu diesem Zweck zeichnen wir in konzentrische Kreise die jeweiligen Blütenorgane so ein, daß die an der Blütenachse zuunterst sitzenden Blätter (meist die Kelchblätter) auf dem äußeren Kreis eingetragen werden, und die nach oben folgenden Organe in die weiter innen folgenden Kreise: Kron- oder Blumenblätter, Staubblätter (beide oft in mehreren Kreisen) und schließlich die zum Fruchtknoten verwachsenen Fruchtblätter. Bei radförmigen (radiären) Blüten macht das meist keine Schwierigkeiten.

Bei sogenannten dorsiventralen Blüten (s. S. 33), die eine deutliche Bauch- und Rückenseite erkennen lassen, zeichnet man die Rückenseite gewöhnlich nach oben. Im übrigen sollte man für gleiche Blütenorgane immer gleiche Farben verwenden, z. B. Grün für den Kelch, Rot für die Kronblätter, Gelb für Staubgefäße und Braun für Fruchtblätter.

Steht die Blüte in der Achsel eines Tragblattes, so werden auch die Abstammungsachse (oben) und das Tragblatt (unten) eingezeichnet. Sporne können als Aussackung des jeweiligen Blütenblattes gezeichnet werden.

Blattstellungsdiagramme zeichnen

An aufrechten Sprossen (Stengeln) mit allseitig entwickelten Blättern finden wir eigenartige Gesetzmäßigkeiten in der Verteilung der Blätter. Dies wird am deutlichsten, wenn wir leicht schematisierte Diagramme der Blattstellung anfertigen. Jeder Knoten, an dem die Blätter entspringen, wird als Kreis um den Mittelpunkt der Sproßachse mit einem Zirkel geschlagen – und zwar so, daß der unterste Knoten der größte, der oberste der kleinste Kreis ist. In diese Kreise zeichnen wir dann die leicht schematisierten Blattquerschnitte ein. Mehrere Blätter an einem Knoten (sogenannte Wirtel, die meist aus 2, 4 oder mehr Blättern bestehen) werden also auf einem Kreis eingezeichnet. Die Winkel zwischen den Mittelrippen (Medianen) aufeinanderfolgender Blätter sind in der Regel annähernd gleich. Man drückt diesen, für die einzelnen Arten charakteristischen Divergenzwinkel meist in Bruch-

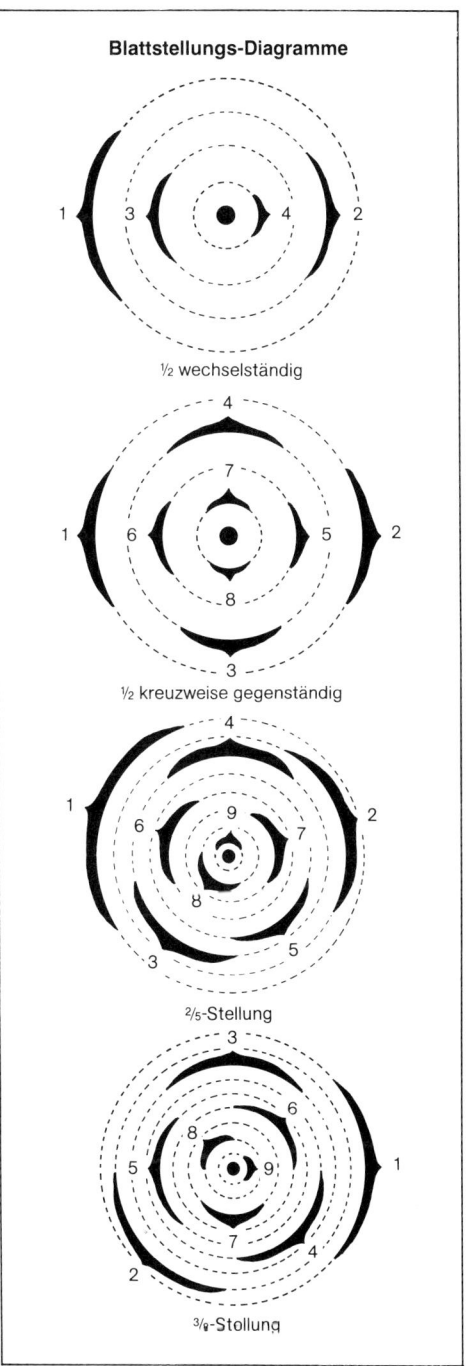

Blattstellungs-Diagramme

½ wechselständig

½ kreuzweise gegenständig

²/₅-Stellung

³/₈-Stellung

Praktische Anleitungen: Pflanzen

teilen des Stengelumfangs aus. Die Divergenz bei gegenständiger Blattstellung ist ½, ebenso wenn nur ein Blatt je Knoten entspringt und das nächsthöhere dem vorigen genau gegenübersteht (zweizeilige Blattstellung). Bei Blattwirteln ist also die Divergenz immer der Stengelumfang geteilt durch die Zahl der Blätter je Knoten. Bei wechselständigen Blättern berechnet sich die Divergenz aus dem Stengelumfang geteilt durch die Zahl der von unten nach oben aufeinander folgenden Blätter oder Knoten, bis ein Blatt wieder genau senkrecht über dem ersten steht.

Wenn das 6. Blatt wieder auf Platz 1 steht, dann beträgt die Divergenz ⅖, weil auf 2 Stengelumläufe 5 Blätter (bzw. Winkel zwischen 2 Blättern) nötig sind, um zum Ausgangspunkt zurückzukommen.

Blätter

Der Formenreichtum an Blättern ist immens. Und diese Formen gehören zum Schönsten in der Natur. Wenn wir uns damit beschäftigen, schulen wir nicht nur unsere Formenkenntnis, sondern befriedigen auch unser ästhetisches Bedürfnis.

Blattformen lassen sich auf verschiedene Weise und unter verschiedenen Gesichtspunkten sammeln und konservieren. Man kann die Blätter pressen (s. S. 147), ihre Umrisse festhalten, oder Abdrücke von ihnen herstellen. Wenn wir nur ihre Umrisse erhalten wollen, legen wir ein Blatt auf ein Zeichenpapier und streichen mit einem dicken Pinsel von innen nach außen Farbe darüber. Die Farbe kann auch gespritzt werden, mit Zahnbürste und

Das Sammeln herbstlicher Blätter ist schön und lehrreich zugleich. Obere Reihe: Hartriegel, Weißdorn, Espe, Flieder, Hasel, Eiche. Mitte: Weißdorn, Kornelkirsche, Apfelrose, Hainbuche, Feldahorn. Unten: Roteiche, Wasserschneeball, Hainbuche, Apfelrose.

Die Stengelblätter der wilden Rosen-Malve werden nach oben immer feingliedriger.

Samen und Früchte

Die meisten Pflanzensamen sind trockene Dauerformen, die sich praktisch beliebig lange halten, wenn sie von den fleischigen Teilen der Frucht befreit sind. Man bezeichnet diese Trennung von Samen und Fruchtfleisch als Stratifikation. Meist werden die Früchte in Wasser oder feuchtem Sand einem längeren Fäulnisprozeß ausgesetzt und am Ende nötigenfalls noch gewaschen oder mit scharfem Sand gerieben. Sehr viele Samen brauchen aber diese Behandlung nicht, da sie ohnehin trocken sind (und die Verbesserung der Keimfähigkeit, die beim Stratifizieren ein wichtiger Grund ist, soll uns in diesem Zusammenhang nicht interessieren).

Der Reichtum an Samenformen ist überwältigend. Mit einer Lupe eröffnet sich uns eine Gestaltenfülle, die man nicht für möglich gehalten hätte. Das Sammeln von Samen ist ebenso lehrreich wie von hohem ästhetischem Wert.

Da Samen von sehr unterschiedlicher Größe sind, empfiehlt es sich, in verschiedenen Gefäßen zu sammeln: Für größere Samen

Sieb oder mit einer Sprühflasche. Schöne Abdrucke erhält man – vor allem von harten, kräftigen Blättern – wenn man das Blatt unter das Zeichenpapier legt und mit Wachsblöcken darüberstreicht.

Besonders reizvoll ist es, Blattmetamorphosen zu dokumentieren, wie wir sie auf S. 33 beschrieben haben. Zu Kreisen angeordnet ergeben die Blattfolgen einer Pflanze von unten nach oben aufschlußreiche »Bewegungen«, die noch dazu von großem graphischem Reiz sind. Besonders schöne Übergänge zwischen Laub-, Hoch- und Kelchblättern finden sich etwa bei der Stinkenden Nieswurz *(Helleborus foetidus)*.

Samen sammeln kann eine richtige Leidenschaft werden. Der Reichtum an Formen, Strukturen und Farben ist phantastisch.

Praktische Anleitungen: Pflanzen

eignen sich kleine Schnappdeckel-Gläser, für kleine Samen kann man die durchsichtigen Plastiktaschen für Dias verwenden, bei denen man auf einen Blick 15–20 Samenarten vergleichen kann.

Wurzelwachstum

Das interessante Leben der Wurzeln entzieht sich normalerweise unseren Blicken. Wir können es aber ohne großen Aufwand sichtbar machen. Dazu fertigen wir uns eine etwa 3 cm hohe, flache Schachtel aus Holz, deren eine Breitseite fehlt. Länge und Breite sind beliebig, sollten aber nicht weniger als 20 cm betragen. Die eine Flachseite der Schachtel wird mit kleinen Leisten so eingerichtet, daß man eine Glasscheibe von der fehlenden Breitseite aus einschieben kann. Das ganze muß hochkant stehen können (s. auch S. 157).
Wir füllen nun das stehende Gefäß bis oben mit Gartenerde und legen oben in die Erde im Abstand von 4–5 cm Bohnen. Dann verdunkeln wir die Vorderseite aus Glas mit schwarzer Pappe oder schwarzem Tuch. Schon nach wenigen Tagen können wir durch die Abnahme der Verdunkelung die keimenden Wurzeln sehen. Mit einem Filzstift kann man jeden Tag zur gleichen Zeit den Stand der Wurzelspitze markieren und auf diese Weise die Geschwindigkeit des Wurzelwachstums feststellen.
Dieses kleine Experiment läßt sich mit verschiedenen Erden und verschiedenen Pflanzenarten in vielfacher Weise ausbauen.

Pflanzengesellschaften

Gerade für die Entwicklung einer Blumenwiese (s. S. 104) kann es sehr interessant sein, nicht nur die Veränderungen des Artenbestandes zu verfolgen, sondern auch die Häufigkeit der einzelnen Arten. Dazu nageln wir uns ein einfaches Quadrat aus 1 m langen Latten zusammen. Das werfen wir möglichst zufällig an verschiedenen Stellen in unsere Wiese und zählen die Individuen jeder Art.

Aus mindestens 5 Proben (je mehr desto genauer) bilden wir Mittelwerte für jede Art und tragen sie dann in der Reihenfolge ihrer Häufigkeit in eine Liste ein. Es empfiehlt sich, diese Bestandsaufnahmen mehrmals während der Vegetationsperiode zu wiederholen. Wenn man dies nach einigen Jahren wiederholt, wird man erstaunt sein, wie sich die Dominanzverhältnisse geändert haben.
Noch ein praktischer Tip: Bei kriechenden Arten, wie Klee oder Ehrenpreis, ist die Einzelpflanze oft schwer abzugrenzen. Man kann für einige Individuen die Zahl der Blüten bestimmen und danach aus der Gesamtzahl der Blüten auf die Zahl der Pflanzenindividuen schließen.

Sammeln und Trocknen von Heilpflanzen

In einem artenreichen Naturgarten finden sich von selber eine ganze Reihe von Pflanzenarten ein, die als Heilmittel im Garten und für die menschliche Gesundheit von Bedeutung sind. Weitere Arten können gezielt angepflanzt werden.
Es können hier nur einige grundsätzliche Hinweise für das Sammeln und Aufbewahren gegeben werden. Von den in unserer Tabelle aufgeführten Arten werden in erster Linie nur die Blüten bzw. Blätter verwendet. Nur bei der Herstellung von Pflanzenjauchen verwendet man die gesamte oberirdische Pflanze einschließlich Stengel. Beim Kalmus werden nur die Wurzeln gesammelt.
Ganz allgemein sollten Heil- und Gewürzpflanzen in den frühen Morgenstunden gesammelt werden, sobald der Tau abgetrocknet ist. Bei den meisten Arten werden die Blätter kurz vor oder während der Blüte gesammelt. Dabei sollte man weder ganz junge noch die ältesten Blätter verwenden. An Blüten werden nur junge, aber voll erblühte Exemplare gesammelt, ebenfalls am frühen Vormittag.
Sofern die Pflanzen nicht frisch verwendet werden, muß man sie sorgfältig trocknen. Dazu werden die abgezupften oder abgeschnitte-

nen Blätter oder Blüten am besten auf Zeitungspapier auf dem Dachboden ausgebreitet. Noch günstiger sind Lattenroste (Hurden), auf denen man auf einem Zeitungsblatt das Trokkengut ausstreut. Auf jeden Fall soll direkte Sonnenbestrahlung vermieden und bewegte Luft angestrebt werden. Das ausreichend getrocknete Material wird in Papiertüten, gut schließenden Pappschachteln oder Holzkistchen aufbewahrt. Man sollte in der Regel nur einen Jahresbedarf sammeln und aufbewahren.

Die wichtigsten Heilkräuter aus dem und für den Naturgarten

Ackerschachtelhalm (*Equisetum arvense*) Er ist reich an Kieselsäure und schwefelsauren Salzen und im biologischen Gartenbau ein wichtiges Präparat zur Abwehr von Pilzerkrankungen an Kulturpflanzen. Das Kraut soll nicht vor August gesammelt werden. 500 g trockene Pflanzensubstanz werden in etwa 5 l Wasser eine halbe Stunde lang auf schwacher Flamme gekocht. Den Absud verdünnt man in einem Bottich mit Regenwasser auf das Fünffache. Die Brühe sollte vor allem im März/April, im Juli und im Spätherbst auf den Boden und auf pilzgefährdete Pflanzen (z. B. Rosen und Stachelbeeren) gespritzt werden. – Das Kraut hat auch Heilwirkung beim Menschen.

Brennessel *(Urtica dioica)* Sie dient im Frühjahr als schmackhaftes Wildgemüse, als gesunder Tee, zur Herstellung einer unverzichtbaren Gartenjauche und als Nahrungspflanze für die Jugendstadien vieler Schmetterlingsarten. Für die Jauche gibt man etwa 10 kg Grünmasse auf 100 l Regenwasser. Die Pflanzen sollten möglichst noch vor der Blüte geschnitten werden. Man deckt luftig ab und rührt täglich mehrmals um. Nach 1–2 Wochen ist die Gärung abgeschlossen. Die Jauche wird 1:10 verdünnt als Düngung und vorbeugendes Heilmittel mit der Gießkanne ausgebracht. Der Gestank der Jauche kann durch etwas Baldrianessenz gemildert werden.

Comfrey (*Symphytum uplandicum*) Dies ist eine natürliche Kreuzung zwischen der russischen Art, *S. asperum,* und unserem heimischen Gemeinen Beinwell, *S. officinale.* Von ähnlich universeller Bedeutung wie die Brennessel: Wildgemüse, Heiltee, Futterpflanze, Gartenjauche. Die Art vermag vor allem Kalireserven des Bodens zu erschließen, und die wie bei der Brennessel hergestellte Jauche dient als zusätzliche Kalidüngung. Beide Kräuter können auch zusammen vergoren werden. Die Blätter können fortlaufend geerntet und auch getrocknet werden. Sie sind auch ein gutes Tierfutter.

Huflattich (*Tussilago farfara*) Die früh erscheinenden gelben Blüten und die später auftretenden filzig behaarten Blätter geben schleimlockernden Tee bei festsitzendem Husten.

Johanniskraut (*Hypericum perforatum*) Eine sonnen- und wärmeliebende Wildstaude, deren Blätter und gelbe Blüten gesammelt und getrocknet oder in Öl ausgezogen werden. Der Tee hat beruhigende und magenheilende Wirkung; das Öl wird bei Schwellungen, Verrenkungen, Rheumatismus und dergleichen äußerlich angewendet.

Kalmus (*Acorus calamus*) Die wuchernden Wurzeln dieser Wasser- und Sumpfpflanze sind angenehm aromatisch und ein vorzügliches Magenheilmittel. Die Wurzeln werden im frühen Frühjahr oder Herbst gesammelt, gereinigt, aufgeschnitten und getrocknet. Die getrockneten Wurzeln werden mit kaltem Wasser angesetzt und dann zu einem Tee aufgekocht.

Kamille (*Matricaria chamomilla*) Sie wird in der biologisch-dynamischen Wirtschaftsweise mit Schafgarbe, Brennessel, Eichenrinde und Löwenzahnblüten als Kompostpräparat verwendet. Der Tee aus den frischen oder getrockneten Blütenköpfchen hat entzündungshemmende und krampflösende Eigenschaften.

Löwenzahn (*Taraxacum officinale*) Die Blüten werden als Kompostpräparat verwendet (siehe Kamille), die jungen Blätter geben zusammen mit anderen (z. B. Sauerampfer, Spi-

Praktische Anleitungen: Pflanzen

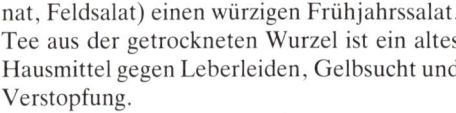

Brennessel *(Urtica)*.

Huflattich *(Tussilago)*.

nat, Feldsalat) einen würzigen Frühjahrssalat. Tee aus der getrockneten Wurzel ist ein altes Hausmittel gegen Leberleiden, Gelbsucht und Verstopfung.

Quecke (*Agropyron repens*) Die bleichen, unterirdischen Ausläufer dieses bei Landwirten und Gärtnern gleichermaßen unbeliebten »Unkrauts« gelten als ausgezeichnetes Blutreinigungsmittel. Man sammelt die Triebe im März/April oder September/Oktober und klopft die äußere, bittere Hülle ab.

Ringelblume (*Calendula officinalis*) Diese aus dem Mittelmeergebiet stammende, beliebte Gartenblume gilt von altersher als heilkräftig bei Magen-Darm-Erkrankungen und Nervenleiden, äußerlich gegen Geschwüre und Wunden. Gesammelt werden die Blätter und orangeroten Blüten.

Schafgarbe (*Achillea millefolium*) Kompostpräparat siehe Kamille. Im übrigen alte Heilpflanze gegen Magen- und Bauchschmerzen sowie von guter krampflösender und kreislauf-

verbessernder Wirkung. Gesammelt werden die Blätter und Blüten.

Spitzwegerich (*Plantago lanceolata*) Ein ausgezeichnetes Hausmittel gegen hartnäckige Erkältungen, Husten, Katarrhe und Verschleimungen. Man sammelt die Blätter, trocknet sie oder kocht sie mit Zucker zu Sirup ein. Die frisch zerquetschten Blätter lindern Insektenstiche und heilen Wunden.

Wermut (*Artemisia absinthium*). Blätter und Blüten werden Ende August gesammelt, vom Stengel abgestreift und getrocknet. Der enorm bittere Tee wirkt in geringen Mengen sehr heilsam für jede Art von Magenstörung.

Alle hier genannten und viele andere Gewürz- und Heilkräuter wirken durch ihre bloße Existenz im Garten im allgemeinsten Sinne heilend (s. S. 85). Sie vertreiben Schädlinge, wirken gesundheitskräftigend für andere Pflanzen und den Menschen und sollten daher überall angebaut werden, im Gemüsegarten, im

Johanniskraut *(Hypericum)*.

Echte Kamille *(Chamomilla)*.

Steingarten, im Blumenbeet – überall, wo ein bißchen Platz ist. Geringste Mengen von diesen Kräutern sollten wir immer wieder den Pflanzenjauchen, dem Kompost und unseren Speisen zusetzen. Der Garten kann die beste und billigste Apotheke sein.

Liste der wichtigsten Gewürzkräuter

Anis	Löffelkraut
Basilikum	Majoran
Beifuß	Petersilie
Bohnenkraut	Pfefferminze
Boretsch	Pimpinelle
Dill	Portulak
Estragon	Rosmarin
Fenchel	Salbei
Kerbel	Schnittlauch
Koriander	Thymian
Kresse	Weinraute
Kümmel	Wermut
Lavendel	Ysop
Liebstöckel	Zitronenmelisse

Schafgarbe *(Achillea)*.

155

Praktische Anleitungen: Pflanzen

Färbepflanzen

Seit alters her haben die Menschen Naturtextilien, vor allem Wolle, mit Pflanzenfarben gefärbt. Mit den verschiedensten heimischen Pflanzen und Pflanzenteilen lassen sich ganz unterschiedliche Farbtöne erzeugen. Entscheidend für das Resultat ist die Art der Vorbeize. Nur wenige Pflanzenfarben verbinden sich nämlich mit der tierischen Faser so innig, daß eine haltbare, wasch- und lichtechte Farbe entsteht. Durch das Beizen wird diese innige Verbindung ermöglicht.

Das üblichste Beizmittel ist Alaun. Auch Weinstein wird gerne, auch in Verbindung mit Alaun, verwendet. Bei diesen Beizen bleiben die Farben nahezu unverändert. Anders bei Metallsalz-Beizen, wie Kupfersulfat oder Kaliumbichromat: sie beeinflussen die anschließende Färbung zum Teil stark. Der Farbton kann auch hinterher noch mit Metallsalzen, wie Zinnchlorid oder Eisensulfat, verändert werden; man bezeichnet dies als Entwicklungsverfahren. Schließlich können neue Farbtöne durch Mischungen und Überfärben erzielt werden.

Kräftige Blautöne sind mit heimischen Pflanzen nicht zu erreichen. Man braucht dafür Blauholzspäne. Andere, besonders kräftige und leuchtende Farben, werden ebenfalls nur mit exotischen Pflanzen erzielt: Amerikanische Schwarznuß, Ebenholzrinde, Henna (Alkannawurzel), Indigoblätter, Isländisch Moos, Krappwurzeln, Gelbholz, Mahagoniholz, Palisanderholz, Rotholz, Sandelholz usw.

Wer sich mit diesem schönen Betätigungsfeld näher befassen will, sollte sich einschlägige Spezialliteratur beschaffen, z. B. Erna Bächi-Nussbaumer, So färbt man mit Pflanzen, Bern und Stuttgart 1976.

Einige heimische Färbepflanzen

Apfelbaumrinde: kräftiges Goldgelb, Bronzegelb
Bärenklau: mittleres Gelb
Berberitze: bräunliches Gelb, zartes Gelb
Birkenblätter: Gelb, Olivgrün, Dunkelgrau
Birkenrinde: lichtes Rotbraun
Brombeerblätter: Gelb, lichtes Moosgrün
Erlenblätter: Grüngelb, kräftiges Braun
Erlenrinde: Schwarzbraun
Espenlaub: Grüngelb
Goldrute: Goldgelb, Olivbraun, Bronzebraun, Dunkelgrün
Johanniskraut: Grüngelb, Goldgrün
Haselnußblätter: Gelbbraun
Himbeerblätter: Gelb, lichtes Moosgrün
Kastanienblätter: Dottergelb, Braun, Grün, Mausgrau
Kirschbaumrinde: Goldbraun, Dunkelbraun, Rötlichbraun
Labkrautwurzeln: verschiedene Rottönungen
Rainfarn: Grüngelb, Dunkelgrün
Sauerampfer: Gelb, Gelbbraun
Schachtelhalm: zartes Gelb, dunkles Grauviolett
Schafgarbe: Gelb
Schöllkraut: helles Gelbbraun, Orangegelb, Grüngrau
Sonnenblumen: leuchtendes Gelborange
Spinat: leuchtendes Messinggelb
Studentenblume *(Tagetes)*: Bronzebraun, Orangegelb, Grün
Traubenkirsche: kräftiges Braun
Walnußblätter: Grüngelb, Grünoliv, dunkles Rehbraun
Walnußrinde: bräunliches Gelb, dunkles Kupferrot
Walnußschalen: Rotbraun
Zwetschgenbaumrinde: Rehbraun, Braungrau, Orange, Schwarz
Zwiebel: kräftiges Gelb, Bronzebraun

Regenwürmer und andere Bodentiere

Die artenreiche Fauna des Bodens und der aufliegenden Laubstreu ist ein hochinteressantes Studienobjekt. Es gibt da so viele Untersuchungsmöglichkeiten, daß wir hier nur einige einfache Beispiele herausgreifen können. Für weitergehende Studien sei das anregende Bodenbiologische Praktikum von G. Brucker und D. Kalusche, Heidelberg 1976, empfohlen, sowie die Bodenbiologie von G. Trolldenier, Stuttgart 1971.

Auf die große Bedeutung der Regenwürmer für die Verrottung der Streu und für die Durchlüftung, Lockerung und Durchmischung des Bodens haben wir im Kapitel »Eine Handvoll Erde« mehrfach hingewiesen. In einem sehr anschaulichen, einfachen Experiment kann man die Tätigkeit der Regenwürmer veranschaulichen.

Man macht sich dazu einen ähnlichen Kasten, wie den auf S. 152 zur Darstellung des Wurzelwachstums beschriebenen. Am besten nimmt man gehobelte Dachlatten (3×5 cm), schneidet 3 Stück auf 30–40 cm Länge zu und verschraubt 2 entsprechend große Plexiglasscheiben so, daß ein einseitig offenes Gefäß entsteht.

In diesen Behälter schütten wir nun verschiedene Bodenmaterialien, so daß mehrere 4–5 cm starke Schichten aus Sand, Gartenerde, Torf, Lehm usw. entstehen. Das ganze wird befeuchtet und obenauf kommt eine Lage Grasschnitt oder Laub. Den so vorbereiteten Wurmkasten besetzen wir mit etwa einem Dutzend Würmern und verdunkeln mit einer Decke. Nach mehreren Tagen können wir feststellen, was die Würmer geleistet haben. Besonders zu achten ist auf die Kothäufchen an der Oberfläche. Daß sie eine hervorragende Düngererde sind, läßt sich leicht an Topfversuchen mit Hafer oder Weizen nachweisen, indem man einige Getreidekörner in normaler Erde, andere in mit Regenwurmlosung angereicherter Erde keimen und wachsen läßt.

Die meist recht kleinen anderen Bodentiere kann man am besten mit dem sogenannten Berlese-Trichter sammeln. Man gibt die Bodenprobe in ein Küchensieb, das man in einen großen Trichter (gegebenenfalls aus Papier) hängt, der in ein Glas mit Alkohol mündet. Darüber hängt man eine nicht zu starke Glühbirne. Die lichtscheuen Tiere verziehen sich bald nach unten und lassen sich nahezu vollständig erfassen.

Mit einer Lupe oder einem Binokular lassen sich die erstaunlichen Formen der zahlreichen Kleinorganismen untersuchen. Neben vielen schwer zu bestimmenden Insektenlarven wird man vor allem verschiedene Arten von Fadenwürmern (Nematoden), Raub- und Hornmilben sowie von Springschwänzen (Collembolen) finden. Daneben Rädertierchen, Bärtierchen, Spinnen, Hundertfüßer, Borstenschwänze und andere.

Im Regenwurmkasten läßt sich die bodenmischende Tätigkeit schön beobachten.

Praktische Anleitungen: Tiere

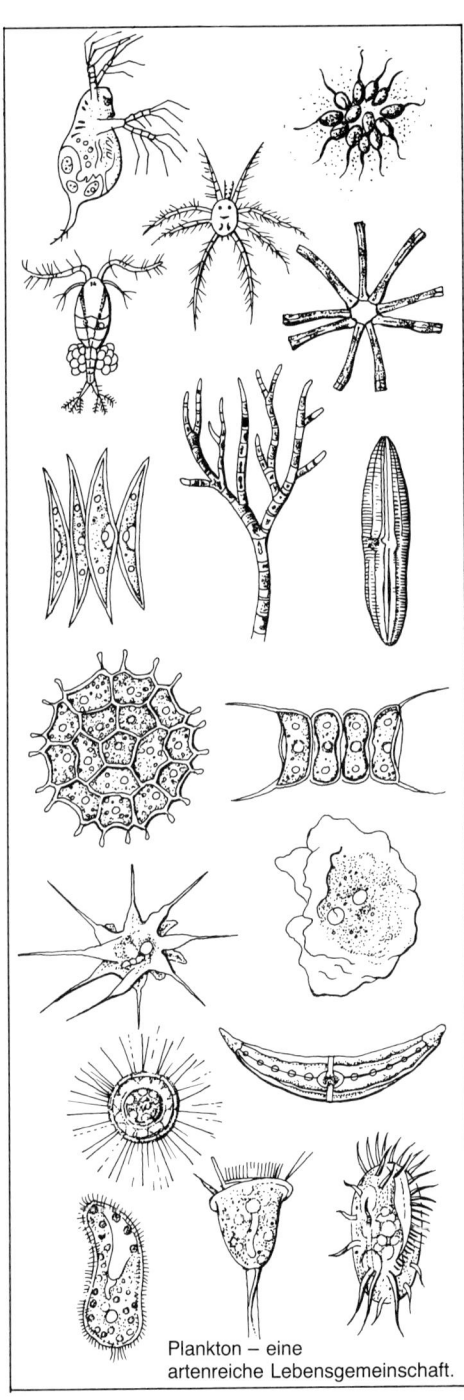

Plankton – eine
artenreiche Lebensgemeinschaft.

Plankton sammeln und mikroskopieren

Wenn wir die kleinen, schwebenden Pflanzen und Tiere unseres Gartenteichs, der Regentonne oder der Kräuterjauche untersuchen und damit eine ganz neue Welt kennenlernen wollen, so genügt es meistens nicht, sich ein Fläschlein mit dem zu untersuchenden Wasser mitzunehmen und einen Tropfen unters Mikroskop zu legen. Das dürfte nur bei der Pflanzenjauche zum Erfolg führen, in der Einzeller in großer Dichte leben. Im Teich ist das Wasser (hoffentlich) sauberer, das heißt, nährstoffärmer. Die Planktonorganismen sind daher seltener und müssen herausfiltriert werden.

Dazu kauft man sich am besten in einem Fachgeschäft ein Planktonnetz aus feinster Gaze (am besten Nr. 18). Am unteren Ende des Gazetrichters befindet sich ein Fangbecher (meist aus Messing), der mit Bajonettverschluß angesteckt und abgenommen werden kann. Darin sammelt sich alles, was durch die Maschen nicht ablaufen kann. (Es gibt auch Sammelgefäße mit Ablaßstutzen, bei denen man den Inhalt über einen Gummischlauch mit Quetschhahn ablassen kann.)

Das Netz soll an einer Leine (die nötigenfalls an einem Stock zu befestigen ist) möglichst langsam durchs Wasser gezogen werden, da sich sonst ein Stau bildet und die Ausbeute minimal ist. Das nicht zu konzentrierte Plankton fülle man für den Transport in ein sauberes Präparateglas (Inhalt: 20–50 ml) mit Schnappdeckel oder Plastikstopfen. Es empfiehlt sich, die verschiedenen Schichten des Gewässers (Oberfläche, mittlere Tiefe, Grund) gesondert abzufischen und in gesonderte Gläser zu füllen. Die Proben sind vor Erwärmung zu schützen und sollten nicht zu lange unter Luftabschluß aufbewahrt werden. Für längere Aufbewahrung verdünne man die Konzentration und schütze sie in einer Thermosflasche vor Erwärmung. In verkrauteten Gewässern wirft man das Netz etwa 20mal ins Wasser, hebt es wieder heraus und läßt das Wasser ablaufen. Aus sehr flachen Gewässern muß man das

Wasser mit einem Gefäß herausschöpfen und durch das Netz schütten. Beim Entnehmen von Proben aus tieferen Schichten verwende man einen festsitzenden Stock und verschließe das Netz vor dem Heraufziehen durch Drehen des Stockes.

Reich an Mikroorganismen ist auch der Schlamm am Grund von Gewässern. Proben davon entnimmt man am besten mit einem etwa 50 cm langen Glas- oder Plexiglasrohr mit einem Außendurchmesser von 6–7 mm, auf das man an einem Ende einen Gummi- oder Klistierballon aus der Drogerie aufsteckt – eine riesige Pipette also. Um festsitzende Lebewesen unters Mikroskop zu bekommen, hängt man zwei Objektträger (siehe »Mikroskop«) mit einer Wäscheklammer für etwa eine Woche in das Gewässer und untersuche dann deren Oberflächen wie andere Proben.

Einige Tips fürs Mikroskopieren

Merkwürdigerweise hat sich das Mikroskopieren als Hobby nie annähernd in der Weise durchgesetzt, wie etwa Naturfotografie oder die Naturbeobachtung mit dem Fernglas. Dabei läßt sich mit dem Mikroskop eine neue Welt entdecken, die so reich an Schönem ist, daß man nur annehmen kann, sie wird deswegen so vernachlässigt, weil die meisten Menschen nicht ahnen, was ihnen entgeht.

Wir können hier nur einige Anstöße geben. Wer sich gründlicher informieren will, sollte sich eine Einführung in die Mikroskopie kaufen. Bevor man sich ein Mikroskop kauft (was nicht teurer als eine Fotoausrüstung ist), dem sei empfohlen, vorher die preiswerte Broschüre von Möllring, »Mikroskopieren von Anfang an« zu studieren (zu beziehen durch Carl Zeiss, 7000 Stuttgart 1, Schloßstr. 92).

Die **Mindestausstattung** für ein Mikroskop, mit dem man wirklich etwas anfangen kann, umfaßt:

Grob- und Feintrieb, einen in der Höhe verstellbaren Kondensor mit Blende, einen dreifachen Objektivrevolver, drei achromatische Objektive 2fach, 10fach und 40fach, ein Okular 8fach oder 10fach, einen Spiegel. Es sollte die zusätzliche Ausrüstung mit leistungsfähigerer Optik gestatten (Normoptik). Zweiäugige Mikroskope (Binokulare) sind nicht besser, aber bequemer als einäugige, aber auch teurer. Für Mikroaufnahmen gibt es einen Mikrofototubus mit einem zusätzlichen Rohr zum Ansetzen der Kamera. Als Beleuchtungsquelle für die Mikrofotografie empfiehlt sich eine Niedervoltmikroskopierleuchte mit Kollektorlinse und Leuchtfeldblende.

An **Zubehör** braucht man wenig: etwa 100 Objektträger und ebenso viele Deckgläser, zwei Nadeln mit Holzgriffen, eine feine Schere, eine feine Pinzette, einige Pipetten mit verschieden weiten Öffnungen. (Weiteres siehe »Plankton sammeln«.)

Die zu untersuchenden Objekte werden in einem Tropfen durchsichtiger Flüssigkeit (meist Wasser, bei Plankton immer das des Herkunftsortes) auf den Objektträger gebracht und zur besseren Betrachtung mit einem dünnen Deckglas abgedeckt. Durch Absaugen oder Zugeben von Flüssigkeit kann man den Platz zwischen Objektträger und Deckglas vergrößern oder verkleinern. Für manche Objekte reicht das nicht aus, so daß wir mit den Ecken des Deckglases etwas Bienenwachs (z. B. von einer Kerze) abkratzen und damit »Füßchen« schaffen.

Über die verschiedenen Einbettungsmedien, Färbemethoden usw. gibt Spezialliteratur Auskunft.

Organismen zeigen die Wassergüte an

Es gibt eine ganze Reihe von Lebewesen, die nur unter ganz bestimmten Bedingungen vorkommen und darum als Zeigerorganismen oder Bioindikatoren für den Zustand eines Lebensraumes geeignet sind. Bei unterschiedlich verschmutztem Wasser spielen allerdings mehrere Faktoren für das jeweilige Artenspektrum eine bestimmende Rolle, vor allem die Konzentration an Nährstoffen, an Sauerstoff und an Giften.

Praktische Anleitungen: Tiere

Für die verschiedenen Grade organischer Verschmutzung gibt es typische Lebensgemeinschaften. Mit einiger Erfahrung kann man aus dem Vorkommen bestimmter Leitorganismen, bzw. aus dem jeweiligen Artenspektrum ohne weitere chemische und physikalische Untersuchungen auf den Verschmutzungsgrad schließen. Man unterscheidet vier Wassergüteklassen oder Saprobiestufen:

Die **Wassergüteklasse IV** ist am stärksten verschmutzt. Das Wasser ist sauerstofffrei oder sehr sauerstoffarm, stinkend und setzt Faulschlamm ab. Es kommen darin massenhaft Bakterien, aber nur wenige andere Arten vor. Die meisten Arten kommen in riesigen Individuenzahlen vor. Typisch sind Bakterien wie *Spaerotilus natans,* weiße und rote Schwefelbakterien, einige Blaualgenarten und Geißeltierchen sowie viele, oft bizarre Wimpertierchen als Bakterienfresser. Von den mehrzelligen Tieren ist der Schlammröhrenwurm *(Tubifex)* charakteristisch.

Im Wasser der **Wassergüteklasse III** überwiegen immerhin die pflanzlichen Oxydationsprozesse, wenn auch die noch immer zahlreich vorkommenden Bakterien viel Sauerstoff verbrauchen. Es herrschen Kieselalgen, Grünalgen, Geißel- und Wimpertierchen vor. Höhere Tiere und Pflanzen sind selten.

In den Lebensgemeinschaften der **Wassergüteklasse II** dominieren nicht mehr die Bakterien. Das Wasser ist sauerstoffreich und klar, sofern es nicht durch zeitweilige Massenvermehrung von Algen (Wasserblüten) getrübt ist. Das Plankton ist in der Regel sehr artenreich, wobei Kieselalgen, Grünalgen, Dinoflagellaten, Rädertierchen und Kleinkrebse vorherrschen. Die Ufer natürlicher Gewässer sind oft stark verkrautet. Viele Weiher, Seen und Flüsse entsprechen dieser Güteklasse. Die Tier- und Pflanzenwelt ist hier besonders artenreich.

Gewässer der **Wassergüteklasse I** sind selten geworden. Ihr Wasser ist sauerstoffreich und klar mit einer Sichttiefe bis zu 20 m (z. B. der oberbayerische Königssee). Der Gehalt an Pflanzennährstoffen und organischen Resten ist minimal. Die Zahl der vorkommenden Tier- und Pflanzenarten ist ebenso gering wie ihre Individuendichte. Nahezu die gesamte organische Produktion wird von Fischen aufgenommen; es bilden sich kaum Schlammschichten aus organischen Sedimenten.

Selbstverständlich gibt es auch unter den höheren Tier- und Pflanzenarten ausgesprochene Leitorganismen, die nur unter ganz bestimmten Bedingungen vorkommen. Sie erlauben oft schon auf den ersten Blick eine ungefähre Beurteilung der Wassergüte. Für eine Beurteilung sind allerdings die Unterschiede zwischen stehenden und fließenden Gewässern zu berücksichtigen.

Höhere Tier- und Pflanzenarten als Leitorganismen

Wassergüteklasse IV
Teleskop-Rädertier *(Rotaria neptunia)*
Schlammröhrenwurm *(Tubifex tubifex)*
Larve der Schlammfliege *(Eristalis tenax)*

Wassergüteklasse III
Gemeines Hornkraut *(Ceratophyllum demersum)*
Kamm-Laichkraut *(Potamogeton pectinatus)*
Riesensumpfwurm *(Spirostomum ambiguum)*
Glasrädertier *(Epiphanes senta)*
Wappenrädertier *(Brachionus rubens)*
Rollegel *(Herpobdella octocilata)*
Gemeiner Wasserfloh *(Daphnia pulex)*
Wasserassel *(Asellus aquaticus)*

Wassergüteklasse II
Große Mummel oder Teichrose *(Nuphar lutea)*
Wassernuß *(Trapa natans)*
Wasserstern *(Callitriche)*
Schwimmendes Laichkraut *(Potamogeton natans)*
Facetten-Rädertier *(Keratella)*
Öltropfenwürmchen *(Aelosoma hemprichi)*
Bunt-Plattegel *(Glossiphonia complanata)*
Spitzhornschnecke *(Lymnaea stagnalis)*
Dreieckmuschel *(Dreissena polymorpha)*
Plötze *(Rutilus rutilus)*
Flußbarsch *(Perca fluviatilis)*

Das Tümpelaquarium

Nichts ist einfacher, interessanter und unter-
haltsamer als ein Tümpelaquarium. Es schlägt
jedes Fernsehprogramm.

Am schönsten sind Vollglasbecken etwa des
Formates 35×22×25 cm. Aber jedes andere
Becken tut es auch. Mehrere kleine Becken
sind interessanter als ein großes. Man kann sie
ganz unterschiedlich einrichten.

Beim **Sauberwasseraquarium** füllen wir eine
etwa 3 cm starke Schicht aus gewaschenem
Sand ein. Dafür kann man jeden beliebigen
Sand nehmen, gibt ihn portionsweise in ein
großes Haushaltssieb und taucht das Sieb so
lange in einen großen Bottich mit Wasser, bis
das ablaufende Wasser nicht mehr trüb ist. Da
hinein steckt man einige Wasserpflanzen, etwa
Hornblatt *(Ceratophyllum)*, Wasserpest *(Elodea)*, Laichkraut *(Potamogeton)*, Tausendblatt
(Myriophyllum) usw. Das Wasser bezieht man
am besten aus dem gleichen Tümpel, aus dem
man die Pflanzen und Tiere hat. Man bevölkert diesen kleinen Lebensraum entweder mit
allem, was man mit dem Planktonnetz fängt (s.
S. 158), oder man wählt bestimmte Arten aus,
z. B. Kaulquappen. Bei räuberisch lebenden
Arten, wie Libellenlarven, Gelbrandkäfern,
Molchen und ähnlichen muß man natürlich für

Die Entwicklung vom Laich zum Frosch läßt sich bei
nicht zu starkem Besatz im Tümpelaquarium schön
beobachten.

Anleitungen: Tiere

genügend Nahrung sorgen: Regenwürmer oder kleine Fleischstückchen werden gerne genommen. Andere Arten brauchen ständigen Nachschub an planktischen Algen und Zooplankton. Falls die Vermehrungsrate dieser Kleinorganismen im Becken nicht ausreicht, muß man die Zahl der Räuber vermindern oder immer wieder neu Plankton zugeben. Es stellt sich mit der Zeit aber auch von selbst ein Gleichgewicht ein.

Nicht weniger interessant ist ein **Schlamm- und Moderaquarium.** Man stattet es mit einer Portion des natürlichen Weihergrundes aus: Mit Schlamm und alten Blättern und Zweigen – wie es gerade kommt. Es wird einige Zeit dauern, bis sich das sehr trübe Wasser einigermaßen geklärt hat und Beobachtungen möglich sind. Aber es ist erstaunlich, was in diesem Milieu alles lebt.

Man sollte nicht den Ehrgeiz haben, solche Proben natürlicher Lebensgemeinschaften über lange Zeit erhalten zu wollen. Nach ein paar Wochen wird es meist recht still. Da sollte man rechtzeitig für Ersatz sorgen. Das wird immer wieder eine neue Überraschung sein.

Literatur: z. B. »Das Süßwasseraquarium«, Stuttgart.

1

4

Von der Raupe zum Schmetterling

Eine der faszinierendsten Verwandlungen im Tierreich ist die von der Raupe zum Schmetterling. Sie erinnert an die ägyptische Sage vom Vogel Phönix, der sich selbst verbrennt und verjüngt aus der Asche wieder hervorgeht, oder an die Märchen, in denen sich Frösche in Prinzen verwandeln. Tatsächlich könnte der Unterschied zwischen der wurmartigen Larve und dem blütenhaften Vollinsekt kaum größer sein. Im Freien werden wir allerdings wohl selten Zeuge dieser Verwandlung.

Die Eier und Raupen des Tagpfauenauges findet man an Brennesseln. Ihre Entwicklung bis zur Verpuppung läßt sich im Glasbecken beobachten. Mit etwas Glück erlebt man auch das Schlüpfen des Falters.

162

2 3

5 6

Praktische Anleitungen: Tiere

Wenn wir im Garten Raupen finden, sollten wir einmal einige sammeln und in ein genügend großes Glasgefäß (z. B. die auf S. 161 beschriebenen Vollglasbecken) bringen. Wichtig ist, daß wir in einem Gefäß mit Wasser den Raupen die Futterpflanze, an der wir sie fanden, ständig frisch über längere Zeit bieten können. (Man muß dafür sorgen, daß die Raupen nicht ins Wasser fallen können.) Außerdem muß das mit Gaze abgedeckte Gefäß mit Erde, Moos und Zweigen ausgestattet werden, da sich die verschiedenen Arten unter ganz verschiedenen Bedingungen verpuppen: Manche Arten hängen sich auf, andere graben sich ein oder binden sich an Rinde fest.

Die Puppenruhe kann recht lang dauern. Arten, die sich schon im Frühjahr verpuppen, schlüpfen meist noch im Sommer. Spätere Puppen ruhen den Winter über, und wir müssen sie an einen kühlen Ort stellen und gelegentlich mit Wasser übersprühen. Wenn es wärmer wird, sollten wir regelmäßig kontrollieren. Vielleicht haben wir einmal das Glück, das Schlüpfen des Schmetterlings beobachten zu können.

Manche Arten paaren sich auch in Gefangenschaft, und wir können die gesamte Entwicklung vom Ei bis zum Schmetterling verfolgen. Im übrigen sollten wir aber die geschlüpften Schmetterlinge alle bald freilassen.

Vogelbeobachtungen

Die Zahl der Vogelarten, die wir im Garten beobachten können, hält sich in Grenzen – und das ist gerade für den Anfänger durchaus kein Nachteil. Denn in einem guten Vogelgebiet, in dem man an einem Tag 60 Arten und mehr antreffen kann, verwirrt einen die Zahl der Gestalten und Gesänge eher.

Mit einigen Vogelarten ist in beinahe jedem Garten zu rechnen. Z. B. mit Hausrotschwanz, Rotkehlchen, Amsel, Blau- und Kohlmeise, Kleiber, Girlitz, Grünling, Haussperling und Star. Andere Vogelarten findet man nur in städtischer oder nur in ländlicher Umgebung. Und dabei spielt auch noch eine Rolle, ob alte Bäume in der Nähe sind, ein Park oder gar ein Wald, oder ob es Felder und Bauernhöfe in der Nachbarschaft gibt.

Typische Stadtvögel sind: Straßentauben und Türkentauben, Haussperlinge und Mauersegler (oft als »Schwalben« angesehen), Amsel, Grünling, Hausrotschwanz und auf hohen Gebäuden Dohlen und Turmfalken. In Villenvierteln mit ausgedehnten Gärten können hinzu kommen: Gartenrotschwanz, Heckenbraunelle, Fitis, Zilpzalp, Gelbspötter, Grauschnäpper, Singdrossel, Gartengrasmücke, Mönchsgrasmücke und Zaunkönig.

Typisch dörfliche Arten sind z. B.: Rauch- und Mehlschwalbe, Bachstelze, Hänfling, Feldsperling, Grün-, Grau- und Buntspecht, Feldlerche, Sumpfmeise, Gartenbaumläufer, Goldammer, Buchfink.

Das mag für den Anfang schon reichlich verwirrend klingen. In Wirklichkeit ist es aber

Kohlmeise am Holzbeton-Nistkasten.

Kleiber

Gelb- oder Gartenspötter

halb so »schlimm«. Am leichtesten fängt man mit dem Bestimmen der Arten am winterlichen Futterhäuschen an. Mit einem guten Bestimmungsbuch (z. B. Peterson/Mountfort/Hollom, Die Vögel Europas, Hamburg und Berlin) lassen sich die wenigen hier regelmäßig verkehrenden Arten leicht ansprechen: Kohlmeise, Blaumeise, Grünling, Buchfink, Kleiber, Haus- und Feldsperling, Amsel, gelegentlich Rotkehlchen, Buntspecht oder auch nordische Gäste, wie der Bergfink.

Im März/April/Mai verschwinden manche Wintervögel. Dafür tauchen oft nur durchziehende Arten auf, die nach kurzer Zeit wieder verschwinden: z. B. Heckenbraunelle, Zilpzalp, Fitis, Singdrossel, Grasmücken usw. Ab Mai haben wir es dann fast nur noch mit den Brutvögeln unseres Gartens und der nahen Umgebung zu tun. Auch wenn wir nicht das Nest finden (und wir werden aus Rücksicht nicht danach suchen), können wir am Verhalten erkennen, ob eine Art brütet oder nicht: Wenn das Männchen über längere Zeit am selben Platz singt, wenn an einer Stelle immer wieder Warnlaute zu hören sind (meist tickende, schmatzende oder schnarrende Laute), wenn gar ein Vogel mit Futter im Schnabel gesehen wird, so sind das ziemliche sichere Anzeichen. Manche Arten brüten übrigens zwei-, drei- und sogar viermal hintereinander – fast nie aber im selben Nest. Hilfreich für die Bestimmung von Brutvögeln ist die Kenntnis ihres Brutplatzes (s. Tabelle).

An Hilfsmitteln braucht man für die Vogelbeobachtung – außer dem erwähnten Bestimmungsbuch – nur ein Fernglas mit 8- bis 10facher Vergrößerung. (Vergleiche auch »Vogelstimmen«). Besonders gut lassen sich Vögel am Morgen beobachten, während des Nestbaus und beim Füttern der Jungen. Bei manchen Arten ist auf die unterschiedliche Färbung von Männchen und Weibchen zu achten, so beim Buchfink, bei der Gartengrasmücke, bei den beiden Rotschwanzarten und beim Haussperling. Literatur: E. Bezzel, Mein Hobby: Vögel beobachten, München 1982.

Praktische Anleitungen: Tiere

Rotkehlchen

Wo die wichtigsten Gartenvögel ihre Nester bauen

Türkentaube: ganz überwiegend in höheren Nadelbäumen.

Rauchschwalbe: halboffenes Nest in Gebäuden, vor allem Ställen.

Mehlschwalbe: bis auf kleine Öffnung geschlossenes Nest außen an Gebäuden, meist in kleinen Kolonien.

Bachstelze: in Höhlungen und Nischen von Gebäuden, Brücken, auch in Efeu und hohlen Bäumen.

Zaunkönig: nicht hoch überm Boden in dichtem Gebüsch, Baumhöhlen und Gebäuden.

Heckenbraunelle: höchstens bis 2 m hoch in Büschen, Reisighaufen, kleinen Nadelbäumen.

Gelbspötter: höchstens mannshoch in Einzelsträuchern, Hecken, Dornsträuchern und kleinen Bäumen.

Gartengrasmücke: in niedrigen Büschen und von Gras durchwachsenem Gestrüpp.

Mönchsgrasmücke: ähnlich wie vorige Art, eher etwas höher.

Grauschnäpper: auf Gebäudevorsprüngen oder in Nischen, in Kletterpflanzen, auch in natürlichen Halbhöhlen.

Gartenrotschwanz: in Nistkästen, Baumhöhlen, Steinmauern, Scheunen.

Hausrotschwanz: besonders gern in Rohbauten, sonst Gebäudenischen, Mauern, Felsen, künstliche Halbhöhlen.

Rotkehlchen: in Nischen, Höhlen, alten Gefäßen, Winkeln, Böschungen, Efeu usw.

Singdrossel: meist mannshoch in Büschen, Nadelbäumen, Efeu.

Amsel: an Gebäuden, auf Balken, hinter Schlingpflanzen, bis 3 m hoch in Büschen und kleinen Bäumen, selten höher.

Blau- und Kohlmeise: Nistkästen, Mauerhöhlungen, Baumhöhlungen.

Kleiber: Nistkästen, Baumhöhlungen – Eingang wird oft mit Lehm verengert.

Goldammer: im dichten Gras an Böschungen, seltener im niedrigen Gebüsch.

Buchfink: ein mit Moos und Flechten vom gleichen Baum perfekt getarntes Nest auf kräftigen Ästen in unterschiedlicher Höhe.

Girlitz: auf Bäumen und kleinen Büschen.

Grünling: in Kletterpflanzen, immergrünen Schnitthecken und Büschen.

Hänfling: in dichtem Gebüsch, Hecken, Ginster, Heidekraut.

Haussperling: unter Dächern, in Halbhöhlen und Spalten, in dichtem Efeu.

Feldsperling: in Nistkästen, Baumhöhlen.

Star: in Nistkästen, Baumhöhlen, Gebäudenischen.

Vogelstimmen

Die Stimmen unserer Gartenvögel sind ein ganz wichtiges Erkennungsmerkmal. Arten, die man nur selten zu Gesicht bekommt, weil sie fast nur im dichten Gestrüpp leben, kann man oft nur über ihren Gesang feststellen. Ein guter Vogelstimmenkenner kann in kurzer Zeit alle in einem Garten vorkommenden Vogelarten allein an ihren Lautäußerungen erkennen.

Es gibt drei Wege zum Kennenlernen der Vogelstimmen; man sollte sie wenn möglich kombiniert benutzen. Am einprägsamsten ist es, wenn man einen unbekannten Sänger oder

Rufer so lange mit dem Feldstecher verfolgt, bis man aufgrund seiner Erscheinung Klarheit über seine Identität hat (siehe »Vogelbeobachtungen«). Sehr hilfreich ist es, wenn man einen Bekannten hat, der einen mit den Vogelstimmen vertraut macht. Freilich muß man solcherart erworbene Kenntnisse ständig auffrischen, da das Gedächtnis für solche Laute bei den meisten Menschen nicht gut ist. Als dritte Möglichkeit bieten sich die guten Vogelstimmen-Schallplatten und -Kassetten an, die es heute zu kaufen gibt. Dabei sollte man zunächst nur die Stimmen der im Garten häufigsten Arten kaufen.

Vogelnistkästen

Natürlich gibt es sie auch zu kaufen, die Nistkästen für Höhlenbrüter, wie Meisen, Kleiber, Schnäpper, Rotschwanz, Feldsperling usw. Unverwüstlich und sehr praktisch sind die sogenannten Holzbeton-Nistkästen. Aber sie sind auch nicht ganz billig – und es ist sehr einfach, selbst Nistkästen zu basteln.
Da gibt es genaue Bauanleitungen. Auf den Zentimeter kommt es aber überhaupt nicht an. Auch die Natur bietet keine genormten Höhlen. Vögel sind sehr anpassungsfähig. Die Kästen können rund, aus hohlen Baumstämmen sein, dreieckig oder rechteckig. Die Form ist jedem »Bauherrn« selbst überlassen. Nur bei den Größen sind einige Grundregeln zu beachten.
Für Kleinvögel sollten die Innenmaße ungefähr 12×12 cm bei einer Höhe von etwa 25 cm betragen (± 2 cm). Die Einflugöffnung kann rund oder quadratisch sein. Sie sollte immer ganz oben, muß aber nicht in der Mitte liegen. (Es ist einfacher, eine quadratische Öffnung an einer der beiden oberen Ecken auszusägen.) Man rechnet für Kleinmeisen einen Flugflochdurchmesser von 27 mm, für die etwas größeren Arten 35 mm und für den Gartenrotschwanz eine Öffnung mit 30 mm Breite und 45 mm Höhe.
Noch einfacher sind Nistkästen für Halbhöhlenbrüter (Bachstelze, Grauschnäpper, Haus-

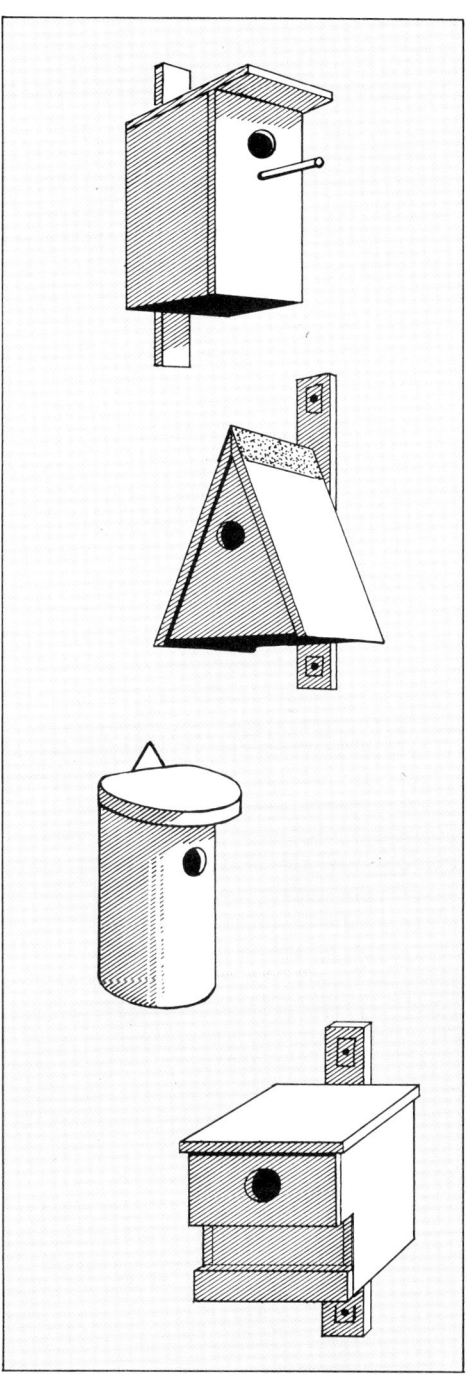

Nistkästen für Höhlenbrüter können verschiedene Größen und Formen haben. Die Größe der Einflugöffnung ist entscheidend.

·167

rotschwanz, auch Rotkehlchen) zu bauen. Die Grundfläche sollte hier ein Innenmaß von etwa 15×15 cm haben, bei einer Höhe von etwa 20 cm. Die Vorderwand wird nur auf etwa knapp die Hälfte der Höhe geschlossen.

Baumläufer brauchen einen speziellen Kasten, der vorne ganz geschlossen ist und auf der Rückseite an der rechten oder linken oberen Kante einen 10–12 cm langen und 2–2,5 cm breiten Einschlupfschlitz hat. Die Öffnung muß dicht an der Baumrinde anliegen.

Generell ist bei Nistkästen darauf zu achten, daß das Dach nach allen Seiten, vor allem aber über der Einflugöffnung, übersteht. Außerdem sollten im Boden ein paar Löcher sein, damit eingedrungenes Wasser ablaufen kann. Dach, Vorder- oder Seitenwand sollten abnehmbar sein, damit die Kästen im Herbst regelmäßig gereinigt werden können.

Beim Aufhängen der Nistkästen ist darauf zu achten, daß weder pralle Sonne noch Westwinde den Kasten ungeschützt treffen. Wie hoch man den Kasten anbringt, hängt mehr davon ab, ob mit Störungen durch andere zu rechnen ist oder nicht. Im eigenen Garten kann man – zur leichteren Kontrolle – die Kästen ruhig in Augenhöhe aufhängen.

Wer einen größeren Garten oder ein ländliches Grundstück hat, kann auch dem so selten gewordenen Steinkauz eine Wohnung anbieten. Das sollte ein 80–100 cm langer Kasten mit einem Querschnitt von etwa 20×20 cm und einer etwas zurückliegenden Einflugöffnung mit einem Durchmesser von 7 cm sein. An der Rückwand empfiehlt es sich, eine Kontrollöffnung von etwa 10×10 cm vorzusehen. Den Kasten befestigt man am besten auf oder unter einem starken waagrechten Ast eines älteren Baumes.

Sehr beliebt sind Starenkästen. Und Stare sind ja auch wirklich lustige Kerle. Sie nehmen aber mancherorts derart überhand, daß zum Teil erhebliche Schäden (z. B. an Kirschen und Trauben) entstehen. Wir sollten daher nicht mehr als einen Starenkasten selbst in einem großen Garten anbringen. Die Innenmaße sind etwa 15×15×30 cm mit einer Einflugöffnung von etwa 5×5 cm.

Andere Nisthilfen für Vögel

Nicht nur Höhlenbrüter sind oft in Wohnungsnot. Auch Boden- und Heckenbrütern (s. Tabelle S. 166) fehlt oft ein geeigneter Platz für ihr Nest. Ganz allgemein können wir da helfen, indem wir in allen nur möglichen Ecken und Enden unseres Gartens kleine Wildnisse entstehen lassen: dichte Gestrüppe von Hochstauden (vor allem Brennesseln) und Gras, mit Altgras verfilzte Büsche, Dornsträucher und dornige Ranken (Brombeeren, Hundsrosen, Weißdorn).

Die für den Nestbau benötigten Astquirle kann man dadurch erzeugen, daß man einen kräftigen Haupttrieb, etwa eines Weißdornbusches, abschneidet. Es werden an der Stelle seitlich neue Triebe entstehen, die man gegebenenfalls noch ein wenig zurechtschneidet. Auch durch Zusammenbinden von Ästen entstehen schöne Quirle. Man muß allerdings dafür sorgen, daß das Bindematerial nicht bald verrottet, und die auseinanderstrebenden Äste das Nest während der Brut zerstören.

Bei Rotkehlchen, Heckenbraunelle, Zaunkönig, Zilpzalp und Fitis sind Reisighaufen als Nistplatz sehr beliebt. Man sollte es sich zur Angewohnheit machen, wenigstens einen Teil der Äste, die ständig in einem Garten anfallen, an geeigneten Stellen im Garten (z. B. in der Hecke), zu Haufen aufzuschichten und der Verrottung zu überlassen. Selbst wenn Reisighaufen nicht als Nistplatz angenommen werden, so dienen sie doch das ganze Jahr über als Rastplatz und Zufluchtort bei Alarm. Außerdem schätzt auch der Igel solche Verstecke (s. folgenden Abschnitt).

Unser Freund, der Igel

Daß dem Igel im Naturgarten besonderer Schutz gewährt wird, versteht sich von selber. Als Schnecken- und Insektenvertilger ist er kaum zu ersetzen – und dazu ist er ja ein außerordentlich drolliges und liebenswertes Geschöpf, wenn er auch gelegentlich als Eierdieb und Kükenmörder Ärger macht.

Igel mögen Fallaub.

Fledermauskästen helfen diesen bedrohten Tieren.

Wenn der Igel auch noch nicht zu den gefährdeten Tierarten gehört, so ist er doch in vielen Gebieten schon recht selten geworden. Und das liegt nicht nur an den hohen Verlusten, die er auf den Straßen erleidet, sondern mehr noch an der Art, wie man heutzutage seinen Garten steril und pflegeleicht hält. Da findet kein Igel mehr Nahrung oder Versteck.

Wir sollten daher alles tun, diesem liebenswerten und nützlichen Burschen das Leben ein bißchen leichter zu machen. Wichtig sind neben guten Ernährungsmöglichkeiten (die den Verzicht jeglichen Gifts voraussetzen) trockene Unterschlupfmöglichkeiten in Schuppen, unter Holzstößen usw. Für die Überwinterung sollte man an einer geschützten Hauswand beschwerte Bretter oder Steinplatten so aufschichten, daß zwischen Boden und »Dach« ein Raum von etwa 80×50×15 cm entsteht. Hier kann der Igel mit altem Laub und Gras sein Winternest bauen. Auch Laub- und Reisighaufen werden gerne als Wochenbett und zur Winterruhe aufgesucht. Leider kommt es immer wieder vor, daß beim Aufräumen solcher Haufen plötzlich ein Igel an der Gabel steckt. Rücksicht auf die Bedürfnisse des Igels sind besser als Milch und Winterhilfe.

Helft den Fledermäusen

Manche Leute sollen sich ja immer noch grausen vor diesen merkwürdigen Säugetieren mit Flügeln. Viel Gelegenheit dazu jedenfalls gibt es nicht mehr. Denn alle bei uns vorkommenden 22 Fledermausarten gehören zu den hochgradig bedrohten Tierarten.

Wir können ihnen im Naturgarten vor allem dadurch helfen, daß wir ihre Nahrungsgrundlagen erhalten. Das sind vor allem Nachtschmetterlinge und eine ganze Reihe anderer in der Dämmerung fliegender Insekten (Käfer, Steinfliegen, Schnaken usw.). Wir müssen also dafür sorgen, daß solche Insekten in unserem Garten Lebensmöglichkeiten finden. Eine entsprechende Vegetation und vor allem und immer wieder: Verzicht auf jeden Giftgebrauch sind also Voraussetzungen für die Existenz von Fledermäusen.

Immer mehr aber fehlt es diesen ungewöhnlichen Tieren auch an Unterschlupfmöglichkeiten, wo sie tagsüber ruhen, wo sie ihre Jungen zur Welt bringen und wo sie Kälteperioden geschützt überstehen können. Für manche Arten (z. B. Mausohr und Hufeisennasen) genügt es, wenn ruhige warme Dachböden und größere Heizungskeller durch entsprechende Einflugöffnungen zugänglich gemacht werden (Fledermäuse sind im allgemeinen sehr wärmebedürftig und empfindlich gegen Zug).

Für einige Arten reicht es aus, an warmen Südwänden auf 2–3 cm starken, dicht anliegenden Latten ein Brett zu montieren, das unten offen ist. Wenn die Wand sehr glatt ist, muß das Brett ungehobelt sein, damit sich die Fledermäuse festkrallen können. Die Länge des Brettes ist ab 25 cm beliebig, ebenso die Breite. Unter solchen Fledermausbrettern nehmen vor allem Langohr-, Mops-, Zweifarb-, Breitflügel-, Bart- und Zwergfledermäuse Zuflucht.

In Baumhöhlen suchen Schutz: der Abendsegler, die Rauharmige Fledermaus, Bechstein- und Wasserfledermäuse, Großohrfledermaus sowie Rauhhäutige und Gefranste Fledermaus. Man kann ihnen mit sauber gearbeiteten, fugenlosen Kästen helfen. Man sollte ungehobelte Bretter verwenden, 20–24 mm stark für Seitenwände, Dach, Rückwand und Boden, 10–15 mm starke Brettstücke für die Vorderwand, die quer aufeinander genagelt werden. Bauanleitungen können über den Bund für Vogelschutz bezogen werden.

Im Gegensatz zu Vogelnistkästen, hängt man Fledermauskästen 4–6 m hoch in die pralle Sonne. Der Anflug darf nicht durch Zweige behindert werden. Während des Sommers

Die Blindschleiche, eine schützenswerte Art.

sollen Fledermauskästen nicht kontrolliert werden.

Zum Schutz von Reptilien

In unserem Klima gibt es nur wenige Vertreter der wärmeliebenden Reptilien. Eidechsen und Schlangen lieben ein heißeres Klima. Von Schildkröten, Geckos, Chamäleons, Leguanen, Waranen, Skinken und dergleichen ganz zu schweigen. Nur 12 Arten dieser Wirbeltierklasse sind bei uns heimisch. Davon stehen 8 als ausrottungsgefährdet auf der »Roten Liste«. Am meisten bedroht sind Sumpfschildkröte, Smaragdeidechse, Aspisviper, Würfelnatter und Äskulapnatter. Zur zweiten und dritten Gefährdungsgruppe gehören Mauereidechse, Kreuzotter und Schlingnatter.

Mit einiger Sicherheit kann man daher nur noch die Blindschleiche, die Waldeidechse, die Zauneidechse und die Ringelnatter antreffen. Aber auch sie finden immer weniger geeignete Lebensräume, und deshalb sollten wir ihnen unsere Hilfe anbieten, zumal sie alle, einschließlich der Ringelnatter, völlig harmlos sind.

Grundbedingung ist auch hier wieder die Schaffung geeigneter, vielfältiger Lebensräume und Lebensgemeinschaften. Eine gewisse lebendige Unordnung im Garten wirkt meist anziehender als besondere Einzelschutzmaßnahmen. Ein Streifen von altem Gras am Zaun, ein kleines Gestrüpp in einem Winkel, ein belebter Tümpel, ein Komposthaufen (in dem Ringelnattern gern ihre Eier ablegen) – und immer wieder: kein Gift!, das ist Lebensschutz und Reptilienschutz zugleich.

Zusätzlich können wir den sonnenhungrigen Tieren das Leben schöner machen, indem wir für sonnige Steine, liegende Stämme und dergleichen sorgen. Die Ringelnatter liebt neben solch trockenen Plätzen besonders auch das Wasser, in dem sie vorzüglich schwimmt. Eidechsen verstecken sich gern in Haufen aus groben Steinen. Beim Mähen seiner Wiese sollte man auf Blindschleichen achten, sie sind oft nicht schnell genug und werden so ein Opfer der Sense oder des Mähbalkens.

Literatur

ARNOLD, E. N. und J. A. BURTON: Pareys Reptilien- und Amphibienführer Europas, Hamburg und Berlin 1979

BÄCHI-NUSSBAUMER, E.: So färbt man mit Pflanzen, Bern und Stuttgart 1976

BANK, O. und A. KRUSCH: So baut man Teiche, Hamburg und Berlin 1973

BERTSCH, K.: Die Wiese als Lebensgemeinschaft, Ravensburg 1947

BERTSCH, K.: Unsere Gesteinsfluren und Trockenrasen als Lebensgemeinschaft, Ravensburg 1947

BERTHOLD, P. u. a.: Praktische Vogelkunde, Greven 1974

BEZZEL, E.: Mein Hobby: Vögel beobachten, BLV Naturführer, München, Wien, Zürich 1982

BLAB, J. u. a.: Rote Liste der gefährdeten Tiere und Pflanzen in der BRD, naturschutz aktuell 1, Greven 1977

BRUCKER, G. und D. KALUSCHE: Bodenbiologisches Praktikum, Biol. Arbeitsbücher 19, Heidelberg 1976

Bund Naturschutz in Bayern (Hrsg.): Ökologischer Garten, frischer alternativ, Frankfurt 1981

CHINERY, M.: Insekten Mitteleuropas, Hamburg und Berlin 1979

DECKART, M.: Mikroskopieren – zum Zeitvertreib, humboldt-TB 249, München 1975

DIERL, W.: Insekten, BLV Naturführer, München, Wien, Zürich 1981

DIERL, W.: Schmetterlinge, BLV Naturführer, München, Wien, Zürich 1981

DYLLA, K. und G. KRÄTZNER: Das biologische Gleichgewicht in der Lebensgemeinschaft Wald, Biol. Arbeitsbücher 9, Heidelberg 1972

EHLERS, M.: Baum und Strauch in der Gestaltung der deutschen Landschaft, Berlin und Hamburg 1960

ELLENBERG, H. (Hrsg.): Ökosystemforschung, Berlin, Heidelberg, New York 1973

FABRE, J.-H.: Insekten, hrsg. v. D. Black, Dortmund 1979

FABRY, R.: Bodenkunde für Schule und Praxis, München 1950

FRANCÉ, R. H.: Die Welt der Pflanzen, München 1962

FRANCK, G.: Gesunder Garten durch Mischkultur, München 1980

GOETHE, J. W.: Die Metamorphose der Pflanzen, Stuttgart 1960

GROHMANN, G.: Lesebuch der Pflanzenkunde, Stuttgart 1962

GUGGENHEIM, K. und A. PORTMANN (Hrsg.), JEAN-HENRI FABRE: Das offene Geheimnis, Insel Taschenbuch 269, Frauenfeld 1977

HEGI, G.: Alpenflora, hrsg. v. H. Merxmüller, München 1959

HEUSSER, H.: Biologische Gartenweiher, Naturforsch. Ges. Schaffhausen, Flugblatt II/ 4, 1970

HEYNITZ, K. v. und G. MERCKENS: Das biologische Gartenbuch, Stuttgart 1982

HOWARD, SIR ALBERT: Mein landwirtschaftliches Testament, Kempten 1979

JOREK, N.: Leben im Naturgarten, Niedernhausen 1982

KABISCH, K. und J. HEMMERLING: Tümpel, Teiche und Weiher, Hannover 1982

KLOFT, W. J.: Ökologie der Tiere, Uni TB 729, Stuttgart 1978

KNAPP, R.: Einführung in die Pflanzensoziologie, Stuttgart 1971

KÖLBL, K.: Kölbls Kräuterfibel, München 1961

KRANICH, E. M.: Die Formensprache der Pflanze, Stuttgart 1976

KREUTER, M.-L.: Der Biogarten, München, Wien, Zürich 1982

KRÜSSMANN, G.: Die Bäume Europas, Berlin und Hamburg 1968

LERCH, G.: Pflanzenökologie, Wissensch. TB 27, Berlin 1972

LE ROY, L. G.: Natur ausschalten – Natur einschalten, Stuttgart 1978

LIEBMANN, H.: Handbuch der Frischwasser- und Abwasserbiologie, Bd. 1, München 1960

LOHMANN, M.: Natur als Ware, München 1971

– : Ökofibel (hrsg. v. Bund Naturschutz i. B.) München o. J.

Literatur

—: Asyl für Verfolgte (Naturgarten), natur 5/82, München 1982

—: Lexikon für Gartenfreunde, München 1983

LYNEBORG, L. und N. JØNSON: Tagfalter, BLV Naturführer, München, Bern, Wien 1975

MATZ, G. und D. WEBER: Amphibien und Reptilien, BLV Bestimmungsbuch, München, Wien, Zürich 1983

OSCHE, G.: Ökologie, Freiburg 1973

PETERSON, R. u. a.: Die Vögel Europas, Hamburg und Berlin 1965

POTT, E.: Bach-Fluß-See, BLV Naturführer, München, Bern, Wien 1979

ROTH, G. D.: Wetterkunde für alle, BLV Wetterführer, München, Bern, Wien 1979

ROTHMALER, W.: Exkursionsflora von Deutschland, Berlin 1959

SALZMANN, H. C. u. a.: Gartenfreuden für Kenner, hrsg. v. SZU/WWF, Zofingen 1982

SCHAD, W. und E. SCHWEPPENHÄUSER: Blütenspaziergänge, Dornach 1975

SCHAUER, TH. und C. CASPARI: Der große BLV Pflanzenführer, München, Wien, Zürich 1982

SCHAUER, TH. und C. CASPARI: Farbige Pflanzenwelt, BLV Bestimmungsbuch, München, Wien, Zürich 1983

SCHMIDT, H.: Die Wiese als Ökosystem, Köln 1981

SCHMEIL-FITSCHEN: Flora von Deutschland, 87. A. v. W. Rauh und K. Senghas, Heidelberg 1982

SCHWARZ, U.: Der Naturgarten, hrsg. v. WWF, Frankfurt 1980

SEIFERT, A.: Gärtnern, Ackern – ohne Gift, München 1971

STEINER, H.: Die Lebensgemeinschaft des Apfelbaumes. Der Obstbau 3–5, 1958

STEINER, R.: Landwirtschaftlicher Kursus, Dornach 1929

SIMONIS, W.-CH.: Taschenbuch der Heil- und Gewürzkräuter, Frankfurt 1976

STRASBURGER, E. u. a.: Lehrbuch der Botanik, Stuttgart 1954

STEINECKE, F.: Das Plankton des Süßwassers, Biol. Arbeitsbücher 1, Heidelberg 1972

STUGREN, B.: Grundlagen der allgemeinen Ökologie, Jena 1974

SUCHANTKE, A.: Die Zeitgestalt der Pflanze, Erziehungskunst 6–8, Stuttgart 1973

THIENEMANN, A. F.: Leben und Umwelt, rde 22, Hamburg 1956

THOMAS, E. und J. T. WHITE: Die Hecke, Hildesheim 1982

TISCHLER, W.: Agrarökologie, Jena 1965

VOGEL, G. und H. ANGERMANN: dtv-Atlas zur Biologie, München 1969

WIELAND, D.: Bauen und Bewahren auf dem Lande, München 1978

WILDERMUTH, H.: Natur als Aufgabe, Basel 1980

WILMANNS, O.: Ökologische Pflanzensoziologie, Uni-TB 269, Heidelberg 1973

WILSON, E. O. und W. H. BOSSERT: Einführung in die Populationsbiologie, Heidelberger TB 133, Berlin, Heidelberg, New York 1973

ZIMMERLI, E.: Freilandlabor Natur, Zürich 1975

Register

(Seitenzahlen halbfett bedeuten: Abbildung)

Register

Register

Weitere BLV-Bücher zum Thema:

Marie-Luise Kreuter
Der Bio-Garten
Gemüse, Obst und Blumen naturgemäß
angebaut

Das Pflichtbuch für jeden Bio-Gärtner beschreibt Wesen und Methoden des naturgemäßen Anbaus. Es beschäftigt sich mit grundlegenden Gartenarbeiten und behandelt Themen wie
Kompost, Mulchen, Fruchtwechsel und Mischkulturen, Pflanzenschutz und Düngung mit naturgemäßen Mitteln. Anleitungen zur Aussaat,
Pflanzung, Pflege und Ernte, Empfehlungen für
geeignete Sorten und naturgemäßen Pflanzenschutz enthalten die Hauptteile »Nutzgarten«
und »Ziergarten«.
5. Auflage, 400 Seiten, 129 Farbfotos,
32 s/w-Fotos, 269 Zeichnungen

BLV Garten- und Blumenpraxis 318
Marie-Luise Kreuter
1×1 des Bio-Gärtnerns
Kurz, prägnant und praxisnah führt die Autorin
in die Grundlagen des Bio-Gärtnerns ein. Sie
vermittelt Verständnis für die »biologische« Arbeitsweise und behandelt zentrale Themen wie
Kompostieren, Mulchen, Düngung, Fruchtwechsel, Mischkultur und naturgemäßer Pflanzenschutz. Leicht verständlich wird dargestellt,
welche Methoden und Verfahren sich für bestimmte Pflanzen und Gartenbereiche eignen.
128 Seiten, 151 Farbfotos, 1 s/w-Foto,
1 Zeichnung

BLV Garten- und Blumenpraxis 315
Marie-Luise Kreuter
Biologischer Pflanzenschutz
Naturgemäße Abwehr von Schädlingen
und Krankheiten

Hier wird gezeigt, wie man sich mit naturgemäßen Mitteln gegen Krankheiten und Schädlinge
im Garten wehren kann. Der Begriff »Biologische Balance« und die zentralen Themen des
Pflanzenschutzes – Vorbeugen, Berücksichtigung der Nützlinge, hausgemachte Pflanzenschutzmittel oder im Handel erhältliche Bio-
Präparate – werden ausführlich erläutert.
2. Auflage, 128 Seiten, 152 Farbfotos,
2 s/w-Fotos, 22 Zeichnungen

BLV Naturführer 122/123
Einhard Bezzel
Mein Hobby: Vögel beobachten
Wie – wann – wo?

Ein Leitfaden für Vogelfreunde, die ihr Interesse an der Vogelwelt zum sinnvollen Hobby machen möchten. Er vermittelt die Grundlagen der
Vogelbeobachtung und gibt Hinweise zu Ausrüstung, Fotografieren und Bestimmenlernen.
Eine Einführung in das Thema »Vogelstimmen«
findet man ebenso wie Anleitungen, wo, wie und
wann man Vögel beobachten kann.
192 Seiten, 84 Farbfotos, 38 s/w-Fotos,
25 Zeichnungen, 6 Sonagramme

BLV Naturführer 130/131
Karl-Peter Buttler
Mein Hobby:
Pflanzen kennenlernen
Botanisieren und Geländebeobachtungen

Wer die Pflanzenwelt erforschen und ein sinnvolles Hobby daraus machen will, findet in diesem Naturführer hilfreiche Anleitungen. Er
zeigt, wie auch der Laie das Bestimmen von
Pflanzen erlernen kann, erklärt wichtige Botanisiertechniken und gibt praktische Tips zur Anlage einer Pflanzensammlung oder eines Foto-
Herbars. Erfahrene Hobby-Botaniker finden
Anleitungen für Vegetationsaufnahmen und lernen die Regeln für Beobachtungen im Gelände.
192 Seiten, 76 Farbfotos, 3 s/w-Fotos,
52 Zeichnungen

BLV Verlagsgesellschaft München

Weitere BLV-Bücher zum Thema:

Marie-Luise Kreuter

Der Bio-Garten

Gemüse, Obst und Blumen naturgemäß angebaut

Das Pflichtbuch für jeden Bio-Gärtner beschreibt Wesen und Methoden des naturgemäßen Anbaus. Es beschäftigt sich mit grundlegenden Gartenarbeiten und behandelt Themen wie Kompost, Mulchen, Fruchtwechsel und Mischkulturen, Pflanzenschutz und Düngung mit naturgemäßen Mitteln. Anleitungen zur Aussaat, Pflanzung, Pflege und Ernte, Empfehlungen für geeignete Sorten und naturgemäßen Pflanzenschutz enthalten die Hauptteile »Nutzgarten« und »Ziergarten«.
5. Auflage, 400 Seiten, 129 Farbfotos, 32 s/w-Fotos, 269 Zeichnungen

BLV Garten- und Blumenpraxis 318

Marie-Luise Kreuter

1×1 des Bio-Gärtnerns

Kurz, prägnant und praxisnah führt die Autorin in die Grundlagen des Bio-Gärtnerns ein. Sie vermittelt Verständnis für die »biologische« Arbeitsweise und behandelt zentrale Themen wie Kompostieren, Mulchen, Düngung, Fruchtwechsel, Mischkultur und naturgemäßer Pflanzenschutz. Leicht verständlich wird dargestellt, welche Methoden und Verfahren sich für bestimmte Pflanzen und Gartenbereiche eignen.
128 Seiten, 151 Farbfotos, 1 s/w-Foto, 1 Zeichnung

BLV Garten- und Blumenpraxis 315

Marie-Luise Kreuter

Biologischer Pflanzenschutz

Naturgemäße Abwehr von Schädlingen und Krankheiten

Hier wird gezeigt, wie man sich mit naturgemäßen Mitteln gegen Krankheiten und Schädlinge im Garten wehren kann. Der Begriff »Biologische Balance« und die zentralen Themen des Pflanzenschutzes – Vorbeugen, Berücksichtigung der Nützlinge, hausgemachte Pflanzenschutzmittel oder im Handel erhältliche Bio-Präparate – werden ausführlich erläutert.
2. Auflage, 128 Seiten, 152 Farbfotos, 2 s/w-Fotos, 22 Zeichnungen

BLV Naturführer 122/123

Einhard Bezzel

Mein Hobby: Vögel beobachten

Wie – wann – wo?

Ein Leitfaden für Vogelfreunde, die ihr Interesse an der Vogelwelt zum sinnvollen Hobby machen möchten. Er vermittelt die Grundlagen der Vogelbeobachtung und gibt Hinweise zu Ausrüstung, Fotografieren und Bestimmenlernen. Eine Einführung in das Thema »Vogelstimmen« findet man ebenso wie Anleitungen, wo, wie und wann man Vögel beobachten kann.
192 Seiten, 84 Farbfotos, 38 s/w-Fotos, 25 Zeichnungen, 6 Sonagramme

BLV Naturführer 130/131

Karl-Peter Buttler

Mein Hobby: Pflanzen kennenlernen

Botanisieren und Geländebeobachtungen

Wer die Pflanzenwelt erforschen und ein sinnvolles Hobby daraus machen will, findet in diesem Naturführer hilfreiche Anleitungen. Er zeigt, wie auch der Laie das Bestimmen von Pflanzen erlernen kann, erklärt wichtige Botanisiertechniken und gibt praktische Tips zur Anlage einer Pflanzensammlung oder eines Foto-Herbars. Erfahrene Hobby-Botaniker finden Anleitungen für Vegetationsaufnahmen und lernen die Regeln für Beobachtungen im Gelände.
192 Seiten, 76 Farbfotos, 3 s/w-Fotos, 52 Zeichnungen

BLV Verlagsgesellschaft München